EinFach Deutsch
Unterrichtsmodell

Heinrich Mann
Der Untertan

Von
Johannes Diekhans
Claudia Müller-Völkl
Michael Völkl

Herausgegeben von
Johannes Diekhans
Lukas Diekhans

Fortsetzung Baustein 3

3.2	Heßlings politischer und gesellschaftlicher Aufstieg		
3.2.1	Die etablierte Macht – Heßlings Begegnung mit Buck	S. 101 – 107	Textarbeit Tafelbild
3.2.2	Heßlings Bündnis mit Jadassohn	S. 109 – 116	Textarbeit Tafelbild
3.3	Der Prozess gegen Lauer		Textarbeit Diskussionsanlass
3.3.1	Die Anpassung der öffentlichen Meinung an die Macht	S. 184 – 203	Textarbeit Tafelbild Schreibauftrag
3.3.2	Die Verteidigungsrede Bucks	S. 205 – 210	Textarbeit Tafelbild
3.3.3	Die Konsequenzen des Prozesses	S. 211 – 214	Textarbeit Tafelbild

Baustein 4: Der Untertan auf dem Höhepunkt der Macht (S. 97 – 107 im Modell)

4.1	Heßlings Pakt mit der Macht	S. 284 – 295	Textarbeit Tafelbild Schreibauftrag
4.2	Der Untertan und die Frauen		
4.2.1	Guste Daimchen	S. 381 – 386	Textarbeit
4.2.2	Käthchen Zillich	S. 388 – 390	Textarbeit Schreibauftrag
4.3	Der Höhepunkt des Romans – Die Denkmalsenthüllung	S. 398 – 402 S. 402 – 407	Textarbeit Tafelbild Schreibauftrag

Baustein 5: Der Roman als Satire auf den Untertan und den Kaiser (S. 108 – 126 im Modell)

5.1	Der Roman als Satire		
5.1.1	Die satirische Erzählweise	S. 314 S. 314 – 317 S. 314 – 326	Textarbeit Tafelbild Arbeitsblatt 19
5.1.2	Heßling als satirische Personifikation des Kaisers	S. 93 – 94	Textarbeit szenisches Spiel Arbeitsblatt 20
5.2	„Der Untertan" als Roman der „Miss-Bildung"?		
5.2.1	Heßlings zunehmende Identifikation mit dem Kaiser	gesamter Roman	Textarbeit Tafelbild
5.2.2	Heßling als Protagonist eines Entwicklungsromans?		Textarbeit Tafelbild Arbeitsblatt 21
5.3	„Der Untertan" als Zeitroman	gesamter Text S. 425 – 428 S. 440 – 441 S. 441 – 443 S. 444 – 446	Textarbeit Tafelbild Arbeitsblatt 22
5.4	Die Satire im Film	gesamter Roman	Textarbeit Filmauswertung

Heinrich Mann: Der Untertan

Baustein 1: Annäherung an den Roman (S. 21–45 im Modell)

1.1	Der „Zitateteppich"	ausgewählte Zitate	Textarbeit Schreibauftrag Arbeitsblätter 1–2
1.2	Während der Lektürephase – Ein erster Textüberblick	gesamter Roman	Schreibauftrag Arbeitsblatt 3
1.3	Während der Lektürephase – Die Begegnung mit dem Autor	S. 413–416	Textarbeit Arbeitsblätter 4–5 Zusatzmaterial 1
1.4	Reflexion des Leseprozesses	S. 417–424 gesamter Roman	Schreibauftrag szenisches Spiel Textarbeit Tafelbild Arbeitsblätter 6–10

Baustein 2: Die Sozialisation Heßlings (S. 46–84 im Modell)

2.1	Heßling als Kind	S. 4	Textarbeit Tafelbild Arbeitsblätter 11–12
2.2	Die familiäre Prägung	S. 4–6	Textarbeit Tafelbild szenisches Spiel Arbeitsblatt 13
2.3	Die gesellschaftliche Sozialisation		
2.3.1	Übertragungen der Vater-Figur	S. 7	Textarbeit Tafelbild Arbeitsblatt 14
2.3.2	Die schulische Sozialisation	S. 7–11	Textarbeit Tafelbild Arbeitsblatt 15
2.3.3	Exkurs: Diederichs Kindheit als „Muster" für die Entwicklung eines „autoritären Charakters"?	S. 4–10	Textarbeit Tafelbild Schreibauftrag Arbeitsblatt 16
2.3.4	Die Sozialisation durch die „Neutotonia" und das Militär	S. 12 S. 25–26 S. 29–30 S. 32–33 S. 41–48	Textarbeit Tafelbild Arbeitsblatt 17 Zusatzmaterialien 1 und 2
2.4	Heßlings erste Begegnung mit dem Kaiser	S. 48–51 S. 56–57	Textarbeit Tafelbild Arbeitsblatt 18
2.5	Die Beziehung zu Agnes als Sozialisationsalternative?	S. 13–17 S. 58–63 S. 77–82	Textarbeit Tafelbild Schreibauftrag

Baustein 3: Der soziale Aufstieg des Untertans in Netzig (S. 85–96 im Modell)

3.1	Die Ausgangslage für Heßlings Aufstieg		
3.1.1	Die Rückkehr des Untertans	S. 90–91	Textarbeit Schreibauftrag szenisches Spiel
3.1.2	Heßlings Selbstbild im Konflikt mit den Erwartungen der Umwelt	S. 92–96	Textarbeit Tafelbild

Bildnachweis:

|Alamy Stock Photo, Abingdon/Oxfordshire: United Archives GmbH / © DEFA-Stiftung 9.1, 30.1, 31.1. |Picture-Alliance GmbH, Frankfurt a.M.: dpa/DB UPI 79.1; dpa/von Jutrczenka, Bernd 36.1. |ullstein bild, Berlin: ullstein bild 129.1.

westermann GRUPPE

© 2021 Westermann Bildungsmedien Verlag GmbH, Georg-Westermann-Allee 66, 38104 Braunschweig
www.westermann.de

Das Werk und seine Teile sind urheberrechtlich geschützt. Jede Nutzung in anderen als den gesetzlich zugelassenen bzw. vertraglich zugestandenen Fällen bedarf der vorherigen schriftlichen Einwilligung des Verlages. Nähere Informationen zur vertraglich gestatteten Anzahl von Kopien finden Sie auf www.schulbuchkopie.de.

Für Verweise (Links) auf Internet-Adressen gilt folgender Haftungshinweis: Trotz sorgfältiger inhaltlicher Kontrolle wird die Haftung für die Inhalte der externen Seiten ausgeschlossen. Für den Inhalt dieser externen Seiten sind ausschließlich deren Betreiber verantwortlich. Sollten Sie daher auf kostenpflichtige, illegale oder anstößige Inhalte treffen, so bedauern wir dies ausdrücklich und bitten Sie, uns umgehend per E-Mail davon in Kenntnis zu setzen, damit beim Nachdruck der Verweis gelöscht wird.

Druck A^1 / Jahr 2021
Alle Drucke der Serie A sind im Unterricht parallel verwendbar.

Redaktion: Anja Berkemeier
Druck und Bindung: Westermann Druck GmbH, Georg-Westermann-Allee 66, 38104 Braunschweig

ISBN 978-3-14-**022778**-0

Vorwort

Der vorliegende Band ist Teil einer Reihe, die Lehrerinnen und Lehrern erprobte und an den Bedürfnissen der Schulpraxis orientierte Unterrichtsmodelle zu ausgewählten Ganzschriften und weiteren relevanten Themen des Faches Deutsch bietet.
Im Mittelpunkt der Modelle stehen Bausteine, die jeweils thematische Schwerpunkte mit entsprechenden Untergliederungen beinhalten.
In übersichtlich gestalteter Form erhält der Benutzer/die Benutzerin zunächst einen Überblick zu den im Modell ausführlich behandelten Bausteinen.

Es folgen:

- Hinweise zu den Handlungsträgern
- Zusammenfassung des Inhalts und der Handlungsstruktur
- Vorüberlegungen zum Einsatz des Romans im Unterricht
- Hinweise zur Konzeption des Modells
- Ausführliche Darstellung der einzelnen Bausteine
- Zusatzmaterialien

 Arbeitsfrage

 Einzelarbeit

 Partnerarbeit

 Gruppenarbeit

 Unterrichtsgespräch

 Schreibauftrag

 szenisches Spiel, Rollenspiel

 Mal- und Zeichenauftrag

 Bastelauftrag

 Projekt, offene Aufgabe

 Webcode

Ein besonderes Merkmal der Unterrichtsmodelle ist die Praxisorientierung. Enthalten sind kopierfähige Arbeitsblätter, Vorschläge für Klassen- und Kursarbeiten, Tafelbilder, konkrete Arbeitsaufträge, Projektvorschläge. Handlungsorientierte Methoden sind in gleicher Weise berücksichtigt wie eher traditionelle Verfahren der Texterschließung und -bearbeitung.
Das Bausteinprinzip ermöglicht es dabei den Benutzern, Unterrichtsreihen in unterschiedlicher Weise und mit unterschiedlichen thematischen Akzentuierungen zu konzipieren. Auf diese Weise erleichtern die Modelle die Unterrichtsvorbereitung und tragen zu einer Entlastung der Benutzer bei.

Das vorliegende Modell bezieht sich auf folgende Textausgabe:
Heinrich Mann: Der Untertan. Herausgegeben von Johannes Diekhans und Lukas Diekhans, erarbeitet von Claudia Müller-Völkl und Michael Völkl. Westermann: Braunschweig 2021.
ISBN: 978-3-14-022706-3

> In diesem Unterrichtsmodell wird an zahlreichen Stellen auf sogenannte **Webcodes** verwiesen.
> Über diese können Sie editierbare Arbeitsblätter und Zusatzmaterialien zu den einzelnen Bausteinen bequem online abrufen.
> Geben Sie dazu den jeweiligen Webcode (z. B. SNG-22778-001) in der Suchleiste auf **www.westermann.de/webcodes** ein. Eine Übersicht aller Webcodes befindet sich auf S. 147.

Inhaltsverzeichnis

1. **Figuren** 10

2. **Inhalt** 14

3. **Vorüberlegungen zum Einsatz des Romans im Unterricht** 18

4. **Die Konzeption des Unterrichtsmodells** 20

5. **Die thematischen Bausteine des Unterrichtsmodells** 21

   Baustein 1: Annäherung an den Roman 21
   1.1   Der „Zitateteppich" 21
   1.2   Während der Lektürephase – Ein erster Textüberblick 23
   1.3   Während der Lektürephase – Die Begegnung mit dem Autor 23
   1.4   Reflexion des Leseprozesses 27
   Arbeitsblatt 1:   „Zitateteppich"* 30
   Arbeitsblatt 2:   Ein Szenenbild* 31
   Arbeitsblatt 3:   Ein Überblick über die Romanhandlung* 32
   Arbeitsblatt 4:   Thomas Andre: Diesen „Mann" muss man auch heute noch lesen* 34
   Arbeitsblatt 5:   Frank Walter Steinmeier – Rede anlässlich des 150. Geburtstags von Heinrich Mann* 36
   Arbeitsblatt 6:   Literarisches Alphabet* 39
   Arbeitsblatt 7:   Persönliche Einschätzungen* 40
   Arbeitsblatt 8a: Interview mit Diederich Heßling – Die identifikatorische Perspektive* 41
   Arbeitsblatt 8b: Interview mit einem Leser oder einer Leserin über Diederich Heßling – Die kritische Perspektive* 42
   Arbeitsblatt 9:   Test zum Inhalt (+ Lösung)* 43
   Arbeitsblatt 10: Persönliche Wertungen* 45

   Baustein 2: Die Sozialisation Heßlings 46
   2.1   Heßling als Kind 46
   2.2   Die familiäre Prägung 49
   2.3   Die gesellschaftliche Sozialisation 52
   2.3.1 Übertragungen der Vater-Figur 52
   2.3.2 Die schulische Sozialisation 53
   2.3.3 Exkurs: Diederichs Kindheit als „Muster" für die Entwicklung eines „autoritären Charakters"? 56
   2.3.4 Die Sozialisation durch die „Neuteutonia" und das Militär 61
   2.4   Heßlings erste Begegnung mit dem Kaiser 64
   2.5   Die Beziehung zu Agnes als Sozialisationsalternative? 68

---

* Arbeitsblätter und Zusatzmaterialien, die auch als editierbare Materialien als Webcode zur Verfügung stehen, sind mit einem Sternchen gekennzeichnet. Auf S. 147 befindet sich eine Übersicht aller Webcodes.

Arbeitsblatt 11: Die Charakterisierung des kleinen Diederich (S. 4) – Eine Analyse der sprachlichen Gestaltung* 73
Arbeitsblatt 12: Der Begriff der Sozialisation* 74
Arbeitsblatt 13: Erziehung und Sozialisation im Hause Heßling (+ Lösung)* 75
Arbeitsblatt 14: Referatsthema zum Textvergleich Heinrich Mann – Franz Kafka* 77
Arbeitsblatt 15: Auszug aus einer Schulordnung* 78
Arbeitsblatt 16: Erich Fromm: Die Entwicklung eines „autoritären Charakters"* 79
Arbeitsblatt 17: Heßling und die „Neuteutonen" (+ Lösung)* 80
Arbeitsblatt 18: Heßlings erste Begegnung mit dem Kaiser (+ Lösung)* 83

Baustein 3: Der soziale Aufstieg des Untertans in Netzig 85
3.1 Die Ausgangslage für Heßlings Aufstieg 85
3.1.1 Die Rückkehr des Untertans 85
3.1.2 Heßlings Selbstbild im Konflikt mit den Erwartungen der Umwelt 87
3.2 Heßlings politischer und gesellschaftlicher Aufstieg 89
3.2.1 Die etablierte Macht – Heßlings Begegnung mit Buck 89
3.2.2 Heßlings Bündnis mit Jadassohn 90
3.3 Der Prozess gegen Lauer 91
3.3.1 Die Anpassung der öffentlichen Meinung an die Macht 92
3.3.2 Die Verteidigungsrede Bucks 94
3.3.3 Die Konsequenzen des Prozesses 95

Baustein 4: Der Untertan auf dem Höhepunkt der Macht 97
4.1 Heßlings Pakt mit der Macht 97
4.2 Der Untertan und die Frauen 102
4.2.1 Guste Daimchen 102
4.2.2 Käthchen Zillich 103
4.3 Der Höhepunkt des Romans – Die Denkmalsenthüllung 104

Baustein 5: Der Roman als Satire auf den Untertan und den Kaiser 108
5.1 Der Roman als Satire 108
5.1.1 Die satirische Erzählweise 108
5.1.2 Heßling als satirische Personifikation des Kaisers 111
5.2 „Der Untertan" als Roman der „Miss-Bildung"? 112
5.2.1 Heßlings zunehmende Identifikation mit dem Kaiser 112
5.2.2 Heßling als Protagonist eines Entwicklungsromans? 114
5.3 „Der Untertan" als Zeitroman 115
5.4 Die Satire im Film 119
Arbeitsblatt 19: Definition Satire* 121
Arbeitsblatt 20: Heßlings Rede vor seinen Arbeitern – Montagetechnik (+ Lösung)* 122
Arbeitsblatt 21: Definition Entwicklungsroman* 124
Arbeitsblatt 22: Texterschließung: Erich Mühsam, „Appell an den Geist" (+ Lösung)* 125

6. Zusatzmaterial 127

- Z 1: Franz Blei: Der Thomasmann und der Heinrichmann* 127
- Z 2: Viktor Mann über das Korpswesen im Roman „Der Untertan"* 128
- Z 3: Brief von Thomas an Heinrich Mann* 129
- Z 4: Klausurvorschlag 1 mit Bewertungsbogen* 131
- Z 5: Klausurvorschlag 2 mit Bewertungsbogen* 138
- Z 6: Vorschläge für eine selbstständige Seminar- oder Facharbeit* 144

7. Literaturverzeichnis 145

8. Übersicht Webcodes 147

Heinrich Mann: Der Untertan

Szene aus dem Film „Der Untertan". Regie: Wolfgang Staudte, 1951

„Ich werde also nicht vom Fürsten sprechen, sondern vom Untertan, den er sich formt; nicht von Wilhelm II., sondern vom Zeugen Heßling. Sie haben ihn gesehen! Ein Durchschnittsmensch mit gewöhnlichem Verstand, abhängig von Umgebung und Gelegenheit, mutlos, solange hier die Dinge schlecht für ihn standen, und von großem Selbstbewusstsein, sobald sie sich gewendet hatten."

Heinrich Mann: Der Untertan. Westermann: Braunschweig 2021, S. 206, Z. 8–13.

Figuren

„Der Untertan" ist formal als Figurenroman zu klassifizieren, da seine Handlung auf eine einzige Hauptfigur hin konzipiert ist. Aber anders als in traditionellen Bildungs- und autobiografischen Romanen ist Diederich Heßling keineswegs als individuell gezeichnete Figur von Interesse, sondern vor allem als satirisch karikierter Typus. In seiner Rollendefinition als „Untertan" agiert er in erster Linie als Vertreter bestimmter gesellschaftlicher Denk- und Verhaltensweisen. Auch die handlungstechnisch allesamt auf die Hauptfigur bezogenen Nebenfiguren dienen vor allem dazu, in ihrer Gesamtheit ein Panorama der wilhelminischen Gesellschaft zu repräsentieren.

Die folgende Auflistung beinhaltet nur einen Ausschnitt des Gesamtpersonals:

Diederich Heßling: Der Sohn eines Fabrikbesitzers in Netzig entwickelt sich von einem schüchternen Kind zu einem mächtigen und einflussreichen Unternehmer und Politiker. Als karrierefördernd erweist sich sein inneres Wesen: Geprägt durch die verschiedenen auf ihn einwirkenden Erziehungs- und Sozialisationsinstanzen bildet er eine exemplarische Untertanenmentalität aus, zu deren typischen Elementen Charakterzüge wie sture Autoritätsgläubigkeit und Konformismus, unverhohlenes Machtstreben und persönliche Feigheit sowie Drückebergertum gehören. Dementsprechend weckt auch der Name „Heßling" Assoziationen mit den „hässlichen" Seiten eines Menschen. „Diederich" wiederum stellt eine Nebenform zu „Dietrich" dar, was sich aus der altfränkischen Bezeichnung für „Herrscher des Volkes" entwickelte. Die konsonantisch weiche Aussprache des eigentlich prätentiösen Vornamens betont zusätzlich den Charakter Heßlings.

Diederich Heßlings Vater: Diederichs Vater ist Besitzer einer Papierfabrik in Netzig. Bevor er zu Wohlstand gekommen ist, hat er als „Büttenschöpfer [...] in den alten Mühlen" (S. 5, Z. 5–6) gearbeitet und „hatte dazwischen alle Kriege mitgemacht" (ebd., Z. 7). Er vertritt die preußischen Ideale, kontrolliert die Arbeitsabläufe in seiner Fabrik penibel, „Ehrenfestigkeit und Pflicht" (ebd., Z. 19–20) bestimmen sein Handeln, und diese Tugenden prügelt er in seinen Sohn hinein. Dieser fürchtet und verehrt ihn gleichermaßen. Die Art, wie seine Frau den Sohn erzieht, kann der Vater nicht akzeptieren. Mit ihrer „gefühlseligen Art" (S. 6, Z. 4) verdirbt sie aus Sicht des Vaters den Jungen. Der Vater stirbt, als Diederich Student ist.

Diederich Heßlings Mutter: Diederichs Mutter ist eine schwache Person. Ihren Mann fürchtet sie und wagt z. B. nicht, während des Essens viel zu sich zu nehmen. Stattdessen versteckt sie sich lieber nach der gemeinsamen Mahlzeit in einem Schrank, um sich satt zu essen.

Zu ihrem Sohn hat sie ein ambivalentes Verhältnis. Einerseits machen die beiden gemeinsam Musik und erzählen sich Märchen, andererseits verprügelt sie ihn wie ihr Mann (vgl. S. 6, Z. 15–16). Letztlich verachtet Diederich seine Mutter aufgrund „der Ähnlichkeit mit ihm selbst" (S. 6, Z. 20–21). Nachdem er Guste Daimchen geheiratet hat, wohnt seine Mutter bei ihm in einem Bedienstetenzimmer.

Magda Heßling: Sie ist die jüngere Schwester Diederichs, der nach dem Tod des Vaters gemeinsam mit einem Buchhalter (Sötbier) ihr Vormund wird. Magda heiratet den Prokuristen Kienast. Die Vermählung kommt unter tatkräftiger Mithilfe von Diederich zustande, der bei der Firma, in der Kienast arbeitet, eine Maschine für die Papierherstellung bestellt hat, diese aber nicht bezahlen kann und zurückgeben möchte.

Friedrich Kienast: Er ist Prokurist der Firma Büschli und Cie., die ihn zu den Heßlings schickt, weil Diederich die Maschine aufgrund angeblicher Mängel zurückgeben möchte. Von Beginn an zeigt er Interesse an Magda, die dieses Interesse erwidert. Er erkennt sofort, das die Maschine manipuliert wurde, ist jedoch bereit, dieses zu verschweigen, wenn Diederich ihn bei der Verbindung mit Magda unterstützen würde. Der stimmt sofort zu und so kommt es zur Vermählung. Kienast spielt im weiteren Verlauf noch eine wichtige Rolle, weil er bei der Fusion der heßlingschen Fabrik mit einer wirtschaftlich in Not geratenen anderen Fabrik aktiv wird und Heßling so zu einem Großunternehmer macht.

Emmi Heßling: Sie ist die ältere Schwester Diederichs. Als ältere Schwester hat sie – zumindest geht sie davon aus – das erste Anrecht auf eine Ehe. Entsprechend empfindlich reagiert sie, als Kienast nicht sie, sondern ihre jüngere Schwester umwirbt und heiratet. In der Folge entwickelt sie ein durchaus emanzipatorisches Bewusstsein, indem sie das Verhalten der Pastorentochter Käthchen Zillich, die außerhalb der Stadt als Edelprostituierte agiert, rechtfertigt: „Wir Mädchen haben ebenso das Recht, unsere Individualität auszuleben! Die Männer sollen froh sein, wenn sie uns dann nachher noch kriegen!" (S. 228, Z. 15–17) In der Folge geht sie eine Affäre mit einem Leutnant ein, die jedoch nicht in einer Ehe mündet, weil sich dieser versetzen lässt, was dazu führt, dass Emmi sich aus Verzweiflung umbringen will. Diederich verhindert dieses jedoch. Letztlich bleibt sie unverheiratet.

Agnes Göppel: Die erste Frau im Leben Diederichs ist eine zarte Persönlichkeit und von schwächlicher Gesundheit. Sie liebt Diederich und will ihn heiraten, dieser verliert jedoch das Interesse an ihr und lässt sie aus materiellen Erwägungen heraus mitleidlos fallen.

Guste Daimchen, verheiratete Heßling: Die selbstbewusste und auch äußerlich kräftig wirkende Erbin eines respektablen Vermögens wird von ihrem Verlobten Wolfgang Buck verlassen und geht deshalb auf das Werben

Diederichs ein, den sie schließlich heiratet. In der Ehe, aus der drei Kinder hervorgehen, ordnet sie sich ihrem Mann bereitwillig unter.

Der alte (Vater) Buck: Er gilt in Netzig aufgrund seiner persönlichen Unbescholtenheit und seiner Verdienste als liberaler Revolutionär in den Jahren 1848/49 als altehrwürdige Eminenz in Gesellschaft und Politik, wobei er für die alten Ideale des Liberalismus eintritt. Er verliert jedoch, nicht zuletzt aufgrund skrupelloser Interventionen Diederichs, zunehmend an öffentlichem Einfluss und wird in den wirtschaftlichen Ruin getrieben.

Wolfgang Buck: Der Sohn des alten Buck teilt die politische Grundhaltung seines Vaters. Beruflich betätigt er sich zunächst als Anwalt, entscheidet sich aber schließlich für eine Schauspielkarriere in Berlin. Deshalb verlässt er auch seine Netziger Verlobte Guste Daimchen. Gegenüber Heßling erweist er sich in mehreren Gesprächen als die reifere und intellektuell überlegene Persönlichkeit.

Sötbier: Der Buchhalter der Papierfabrik hat zusammen mit Heßlings Vater die Firma aufgebaut. Nach dessen Tod wird er gemeinsam mit Diederich Vormund der Schwestern Emmi und Magda. Als umsichtiger und verantwortungsvoll agierender Geschäftsmann leistet er Widerstand gegen die unbedachte und riskante Geschäftspolitik des Firmenerben, worauf ihn dieser entlässt.

Napoleon Fischer: Der Maschinenmeister arbeitet in der Papierfabrik Heßlings. Als einflussreicher Vertreter der Netziger Sozialdemokratie agiert er zugleich als wichtiger Verhandlungspartner der Nationalliberalen um Heßling, der ihm letztlich sogar zu einem Reichstagsmandat verhilft. Zur Erreichung seiner persönlichen Ziele stellt er freilich die Ideale und die eigentlichen politischen Ziele der Arbeiterbewegung hintan.

Jadassohn: Der promovierte Jurist und Assessor bei der Staatsanwaltschaft in Netzig strebt mit allen Mitteln eine Karriere an. Zu diesem Zweck unterstützt er vorbehaltlos die Nationalliberalen in Netzig und strengt in diesem Zusammenhang einen Schauprozess gegen den Fabrikbesitzer Lauer wegen Majestätsbeleidigung an. Obschon jüdischer Abstammung, gibt sich Jadassohn in der Öffentlichkeit judenfeindlich, um seine Karriere in der antisemitisch eingestellten Öffentlichkeit des Kaiserreichs nicht zu gefährden. Sogar sein Aussehen ordnet er seinem beruflichen Fortkommen unter, als er sich in Paris einer Operation zur Ohrenverkleinerung – er hat auffällig große, abstehende Ohren – unterzieht.

Karl Lauer: Karl Lauer ist der Schwiegersohn des alten Bucks. Er besitzt in Netzig eine Fabrik und ist sehr angesehen. Als Liberaler und Freimaurer vertritt er fortschrittliche Ideen und interpretiert seine Rolle als Unternehmer modern, indem er z. B. seine Arbeiter am Gewinn seiner Firma beteiligt. Nachdem ein Fabrikarbeiter, der zuvor von Heßling entlassen worden ist, weil er sich während der Arbeit zusammen mit seiner Braut kurz ausgeruht hat, auf offener Straße aufgrund einer angeblichen Beleidigung von einem Wachsoldaten erschossen worden ist, äußert er sich kritisch und ironisch über „die herrschende Kaste" (S. 129, Z. 34). Infolgedessen wird er wegen Mäjestätsbeleidigung angeklagt und zu einer halbjährigen Gefängnisstrafe verurteilt.

Heuteufel: Heuteufel ist Arzt in Netzig, u. a. der Hausarzt der Heßlings. Er ist im Ort angesehen, ist wie Karl Lauer Freimaurer und besitzt eine liberale Gesinnung. Er ist der Schwager von Pastor Zillich, den es wurmt, dass die freisinnigen Reden, die Heuteufel in unterschiedlichen Situationen hält, mehr Zuspruch finden als die Predigten des Pastors.
Als Diederich sich mit seiner Hilfe vor dem Militärdienst drücken will, verweigert sich Heuteufel. Er bescheinigt ihm nicht, „dass er skrofulos und rachitisch sei" (S. 42, Z. 22), sondern äußert ironisch die Meinung, „das Dienen werde ihm trefflich bekommen" (S. 42, Z. 24–25).
Schließlich lässt sich Heuteufel von den Liberalen als Kandidat für den Reichstag aufstellen und erhält die meisten Stimmen. In einer Stichwahl verliert er dann jedoch gegen den sozialdemokratischen Kandidaten.
Er lehnt den Bau des von Heßling initiierten Kaiser-Wilhelm-Denkmals ab und setzt sich dagegen für den Bau eines Säuglingsheims ein.

Pastor Zillich: Zillich ist Pastor in Netzig und Anhänger des Kaisers. Für ihn entspricht es der Grundhaltung eines Christen, nicht liberal eingestellt zu sein, und er verachtet Menschen mit freisinniger Einstellung.

Käthchen Zillich: Die mit kokettem Selbstbewusstsein ausgestattete Tochter des Pastors Zillich ist eine gute Freundin von Magda und Emmi Heßling. Sie lässt die Wertvorstellungen des konservativ eingestellten Elternhauses und die Normen der Gesellschaft hinter sich, indem sie außerhalb der Stadt ihre Dienste als Edelprostituierte anbietet. Zu ihrem diskreten Kundenkreis gehören verschiedene Vertreter der besseren Gesellschaft Netzigs, unter anderem Jadassohn und Diederich Heßling, der kurzzeitig daran gedacht hat, sie zu heiraten, falls eine Beziehung zu Guste Daimchen nicht zustande gekommen wäre.

Inhalt

Heinrich Mann hatte seinen satirischen Roman „Der Untertan" bereits im Jahre 1914 fertiggestellt. Der Text konnte aber erst nach dem Wegfall der Kriegszensur vier Jahre später erstmals in einer vollständigen Ausgabe veröffentlicht werden. In seinem Werk zeichnet der Verfasser nämlich ein äußerst zeitkritisches Porträt der Gesellschaft und der Politik während des deutschen Kaiserreichs, insbesondere unter der Herrschaft Wilhelms II.

Im Mittelpunkt der Handlung steht Diederich Heßling, aus dessen Leben in sechs locker gefügten Kapiteln erzählt wird. Der inhaltliche Bogen spannt sich von der frühen Kindheit des Protagonisten bis hin zur Konsolidierung seiner gesellschaftlichen Machtstellung und zu seinem persönlichen Triumph in Form eines Kaiser-Wilhelm-Denkmals.

Der historische Zeitraum erstreckt sich von der Zeit der Reichsgründung – Heßling dürfte um 1870 geboren sein – bis 1897, in dem der 100. Geburtstag des Reichsgründers Wilhelm I. gefeiert wurde, zu dessen Ehren am Ende des Romans ein Reiterdenkmal enthüllt wird. Daneben ermöglichen noch andere Bezüge des fiktiven Geschehens auf historische Ereignisse eine genaue zeitliche Eingrenzung: So haben die Arbeiterunruhen „Unter den Linden" am Ende des I. Kapitels ihr Vorbild in den Arbeitslosenaufständen 1892, und die Rom-Reise des Kaisers (Kapitel V) fand 1893 statt.

Handlungsverlauf

Kapitel I (S. 4 – 57):
Diederich Heßling verbringt seine Kindheit als Sohn eines angesehenen Papierfabrikanten in der Kleinstadt Netzig. Den ob seiner Autorität und Strenge übermächtigen Vater fürchtet und verehrt er zugleich. Mit seiner Mutter, aufgrund ihrer Schwäche und Ängstlichkeit der direkte Gegensatz zu ihrem Mann, verbindet ihn die Angst vor dem Familienoberhaupt. Die in der Familie vorherrschenden autoritären Strukturen erlebt Heßling auch in der Schule. Auf das repressive Bildungssystem reagiert er mit strikter Anpassung.
In Berlin beginnt er das Studium der Chemie. Während seiner Studienzeit scheitert ein Beziehungsversuch mit Agnes Göppel, einer Tochter aus bürgerlichem Hause, an Heßlings großer innerer Unsicherheit gegenüber Frauen. Rückhalt und Selbstvertrauen findet er jedoch in der Mitgliedschaft bei den „Neuteutonen", einer schlagenden Verbindung mit deutschnationaler Gesinnung und kraftmeierischen Ritualen.
Als sein Vater im Sterben liegt, eröffnet sich ihm die Perspektive, künftig die väterliche Firma zu übernehmen. Dem anstehenden Pflichtwehrdienst entzieht er sich nach kurzer Zeit, indem er fadenscheinige gesundheitliche Gründe vorbringt. Damit steht einem Abschluss seines Studiums nichts mehr im Wege. In diesem Zeitraum ereignet sich außerdem ein prägendes Schlüsselerlebnis im Leben Heßlings: Anlässlich einer politischen Demonstration der Sozialdemokraten in Berlin begegnet er dem jungen Kaiser Wilhelm II. von Angesicht zu Angesicht.

Kapitel II (S. 58 – 89):
Das zufällige Wiedersehen Heßlings mit Agnes Göppel führt zu einem vertieften Liebesverhältnis zwischen den beiden. Agnes ermöglicht ihm bislang unbekannte, aber auch verwirrende Gefühlserfahrungen und versucht, ihn außerdem für die Welt der Kunst und Literatur zu begeistern.

Den Höhepunkt der Zweisamkeit bildet eine gemeinsame Urlaubsreise aufs Land, die zunächst in heiterer und ungezwungener Atmosphäre verläuft, aber in einer großen Enttäuschung endet. Heßling zeigt sich den charakterlichen Anforderungen einer echten partnerschaftlichen Beziehung nicht gewachsen und schützt sich mit einer Abwertungs- und Distanzierungsstrategie: Agnes, für die er in früheren Jahren Verehrung empfinden hat, nimmt er nur noch als inferiore Person wahr, und auch die Gewogenheit ihrer Familie ihm gegenüber wertet er lediglich als ökonomisches Kalkül, um die göppelsche Firma durch eine finanziell vielversprechende Heirat zu retten. Schließlich entzieht er sich dem Werben vonseiten Agnes' durch demütigende Akte harscher Zurückweisung. Ihrem Vater gegenüber rechtfertigt er sein Verhalten mit einem allerdings leicht als Taktik zu durchschauenden Verweis auf seinen Ehrbegriff.

Die gleiche Verstocktheit, die Heßling im persönlichen Bereich gegenüber Agnes zeigt, legt er auch in politischen Fragen an den Tag: Gegenüber dem mit der Sozialdemokratie sympathisierenden Wolfgang Buck, Sohn eines äußerst angesehenen Netziger Bürgers, verteidigt er mit ideologischer Verbohrtheit und Vehemenz den Machtanspruch des Hohenzollern-Hauses.

Kapitel III (S. 90 – 141):

Der inzwischen promovierte Heßling kehrt voller Selbstbewusstsein als neues Familienoberhaupt nach Netzig zurück. Auf der Rückfahrt von Berlin lernt er Guste Daimchen kennen, die aufgrund einer Erbschaft eine gute Partie darstellt, aber bereits mit Wolfgang Buck verlobt ist. Als neuer Verantwortlicher in der väterlichen Firma strebt er eine wirtschaftliche Expansion an. Dabei versucht er, sich mit einem strengen Regiment Respekt zu verschaffen, stößt damit aber verdiente Mitarbeiter vor den Kopf.

Als er sich mit persönlichen Besuchen in die bürgerliche Gesellschaft seiner Stadt einführt, geht sein erster Weg zu dem Altliberalen Buck, einem Kämpfer der Revolution von 1848/49 und dem Vater Wolfgang Bucks, von dessen Persönlichkeit er sich sichtlich beeindruckt zeigt. Allerdings findet er anderswo politische Verbündete. Gegenüber Scheffelweis, dem farblosen Bürgermeister Netzigs, dem Staatsanwalt Jadassohn und Pastor Zillich gibt er sich als Anhänger eines kaisertreuen Nationalismus zu erkennen. Gemeinsam streben sie einen Wechsel der politischen Machtverhältnisse in Netzig in ihrem Sinne an.

Als vor dem Gebäude der Regierung ein Arbeiter durch den Schuss eines Wachsoldaten zu Tode kommt, solidarisiert sich die Gruppe um Heßling im Gegensatz zu anderen Bürgern der Stadt mit dem Schützen, den sie als Wahrer der öffentlichen Ordnung gegen sozialistische Umtriebe rühmt. Daraufhin kommt es im örtlichen Wirtshaus zu verbalen Auseinandersetzungen, in deren Folge Heßling Lauer, den Schwiegersohn des alten Bucks, zu einer Majestätsbeleidigung provoziert, was Jadassohn zur Anzeige bringen will. In stark angetrunkenem Zustand verfasst die Gruppe der Kaisertreuen um Heßling zudem ein Ergebenheitstelegramm an den Kaiser. Heßling sorgt dafür, dass die Netziger Zeitung ein in Wirklichkeit aus seiner Feder stammendes Dankesschreiben des Kaisers an den Todesschützen veröffentlicht.

Kapitel IV (S. 142 – 214):

Jadassohn strengt einen Prozess gegen Lauer an. Als Heßling als Hauptzeuge der Anklage auftritt und Lauer zu Gefängnishaft verurteilt wird, wendet sich die öffentliche Stimmung in Netzig gegen ihn. Dadurch verschlechtert sich auch seine geschäftliche Lage: Eine gegen den Rat seines Geschäftsführers neu angeschaffte Papiermaschine kann er nicht mehr finanzieren. Allerdings deutet sich ein Ausweg aus den Geldproblemen an, als sich Kienast, der Vertreter der Firmenfabrik, mit der Rücknahme des Geräts einverstanden erklärt und sich überdies mit Magda, der Schwester Heßlings, verlobt.

Am Vortag des Prozesses begegnet Heßling bei einem Spaziergang in der Stadt dem jungen Buck, der zum Verteidiger Lauers vor Gericht bestimmt ist. Ein weiteres Mal erweisen sich die zur Sprache kommenden politischen Standpunkte als unvereinbar.

Wider Erwarten verläuft der Prozess günstig im Sinne der Anklage. Die Meinung der anwesenden Zuschauer, anfangs noch eindeutig der Seite des Angeklagten zugeneigt, kippt zugunsten Heßlings, der nach der Verurteilung Lauers zu einem angesehenen und umworbenen Mitglied der besseren Gesellschaft aufsteigt.

Kapitel V (S. 215 – 313):
Heßling bringt die tatsächliche Höhe der Erbschaft Guste Daimchens in Erfahrung, was sein Interesse an ihr zusätzlich befördert. Er nutzt eine Fabrikführung, um erste körperliche Annäherungsversuche zu unternehmen.
Im städtischen Theater wird ein von der Gattin des Regierungspräsidenten von Wulckow verfasstes Stück gegeben. Während der Aufführung kommt es hinter der Bühne zu politischen Absprachen zwischen von Wulckow und Heßling. Der sich damit andeutende Wandel der Machtverhältnisse in Netzig wird von Heßling noch in anderer Hinsicht betrieben: Es gelingt ihm, den Ruf des hochangesehenen alten Buck zu belasten, indem er das Gerücht in Umlauf bringt, dass es sich bei Guste Daimchen, der Verlobten seines Sohnes, eigentlich um seine uneheliche Tochter handle.
Mithilfe der heimlichen Unterstützung der Netziger Sozialdemokraten, vermittelt durch seinen Maschinenmeister Napoleon Fischer, erringt Heßling ein Stadtverordnetenmandat. Seinen neugewonnenen Einfluss setzt er dazu ein, dass mit dem Erbe des Papierfabrikanten Klüsing nicht wie geplant ein Kinderheim, sondern ein Kaiserdenkmal gebaut werden soll. Dabei deutet sich eine zunehmende Verquickung zwischen politischen und persönlichen finanziellen Interessen Heßlings an: Über eine geplante Grundstücksspekulation kommt es zu einer heftigen Auseinandersetzung mit von Wulckow, der als hoher Beamter sein persönliches Gewinnstreben in dieser Sache unter der Decke halten will.
Als Wolfgang Buck überraschend die Verlobung mit Guste Daimchen löst, um eine Schauspielkarriere in Berlin zu beginnen, geht Heßling offen eine Verbindung mit der Verlassenen ein. Im Rahmen seiner Hochzeitsfeierlichkeiten erhält er auf Betreiben von Wulckows einen kaiserlichen Orden verliehen, wodurch das Einvernehmen zwischen beiden wiederhergestellt ist.

Kapitel VI (S. 314 – 412):
Da Heßling während der Hochzeitsreise erfährt, dass der deutsche Kaiser Rom besucht, begibt sich das Brautpaar ebenfalls in die italienische Hauptstadt. Dort sucht Heßling beständig die Nähe des Herrschers, um diesen vor vermeintlichen Attentätern zu schützen.
In Netzig steht die Wahl des Abgeordneten an. Dabei favorisieren die national Gesinnten nicht den liberalen Kandidaten Dr. Heuteufel, sondern den Sozialdemokraten Fischer, mit dem geheime Absprachen bestehen. Während des Wahlkampfs bringt der alte Buck Andeutungen über mögliche wirtschaftliche Interessen Heßlings in Umlauf. Im Rahmen einer tumultartig verlaufenden Wahlversammlung gelingt es diesem jedoch, die Vorwürfe auf seine politischen Gegner umzulenken, was zur völligen gesellschaftlichen Demontage und zum Bankrott des alten Buck führt. Daraus vermag Heßling ebenso finanziellen Gewinn zu ziehen wie durch geschickte Spekulationen, die ihn in den Besitz der konkurrierenden Papierwerke Gausenfeld bringen. Mithilfe des neu gewählten Abgeordneten Fischer setzt er schließlich auch den Bau des Kaiserdenkmals durch. Damit sieht sich Heßling auf dem Höhepunkt seines Machtstrebens in Netzig.
Seine gesellschaftliche Stellung erleichtert es ihm, familiäre Streitigkeiten in seinem Sinne zu beeinflussen, und als ein anonymer Briefeschreiber delikate Details aus dem Sexualleben Heßlings verbreitet, präsentiert er seinen ehemaligen Schulkameraden und Parteifreund Gottlieb Hornung als Alleinschuldigen, um die Angelegenheit aus der Öffentlichkeit zu bringen.

Die als feierliche Demonstration seines gesellschaftlichen Einflusses geplante Einweihung des Kaiserdenkmals in Netzig fällt durch ein heftiges Gewitter buchstäblich ins Wasser. Der Dankesorden wird Heßling hektisch und ohne jedes würdige Zeremoniell von einem Schutzmann überreicht.

Als am Ende der Romanhandlung der alte Buck stirbt, ist Heßling zufällig an seinem Totenbett zugegen. Buck nimmt ihn nur als spukhafte Erscheinung des Kaisers wahr.

Vorüberlegungen zum Einsatz des Romans im Unterricht

„Dieses Buch Heinrich Manns, heute, gottseidank, in Aller Hände"[1] – mit diesen Worten feierte der Rezensent Ignaz Wrobel, alias Kurt Tucholsky, die 1918 erschienene Erstausgabe des Romans „Der Untertan".

Die vergangenen gut 100 Jahre haben dieses Urteil nachhaltig bestätigt. Bis heute ist die Bedeutung des Werks nicht nur innerhalb der deutschen Literaturgeschichte unbestritten. Die zahlreichen fremdsprachigen Übersetzungen belegen das große internationale Interesse, das der satirischen Entlarvung des „Untertanen" Diederich Heßling von den Vereinigten Staaten bis Japan zuteilgeworden ist. Und auch die kongeniale Umsetzung des Romanstoffes für den Film durch den Regisseur Wolfgang Staudte (DDR 1951) wäre nicht vorstellbar gewesen ohne die herausragende Qualität der Textvorlage.

Über seine innere Triebfeder als Schriftsteller schreibt Heinrich Mann in seiner Autobiografie: *„Mein eigenes Dasein hängt ganz davon ab, dass sittliche Bemühungen möglich sind."*[2] Gerade „Der Untertan" ist ein Musterbeispiel für ein engagiertes Schreiben aus moralischer Verantwortung heraus. Der Roman gehört nicht nur als scharfsinniges Spiegelbild der gesellschaftlichen Zustände im wilhelminischen Deutschland und als brillante Satire auf Wilhelm II. zu den Meisterwerken literarischer Zeitkritik.[3] Kurz vor dem Ausbruch des Ersten Weltkrieges 1914 abgeschlossen, verstehen viele Interpretationen den Text auch als hellsichtige Vorwegnahme des Untergangs des Deutschen Kaiserreichs und der Katastrophe des Nationalsozialismus. Heinrich Mann selbst hat dieser Deutungsdimension seines Werks Vorschub geleistet: Zum Zeitpunkt der Romankonzeption *„fehlte mir von dem ungeborenen Faschismus der Begriff, und nur die Anschauung nicht"*[4].

Zur Schullektüre legitimiert den Roman vor allem seine besondere pädagogische Eignung im Rahmen der Werte-Vermittlung. Der Wesenscharakter Heßlings, der aus Feigheit vor den Repräsentanten und Instanzen der „Macht" von gesellschaftlichen Zwängen abhängig bleibt und nicht aus seinem von Duckmäusertum und tyrannischem Gebaren gegenüber Schwächeren geprägten Handlungsschema auszubrechen vermag, ist Provokation und Zumutung, gerade für junge Leserinnen und Leser. Der Lebensweg des Untertans wirkt damit letztlich ex negativo als Schule der Demokratie. Die hinter den satirischen Überspitzungen und Abgründen deutlich werdende zentrale Botschaft des Romans lautet: Eine menschenwürdige Gesellschaft braucht den mündigen und verantwortungsvoll handelnden Einzelnen. Bürgersinn und Zivilcourage bilden unerlässliche Voraussetzungen für ein Leben in Freiheit und Selbstbestimmung. Eine Radfahrermentalität ist das Gegenteil davon.

Das vorliegende Unterrichtsmodell wendet sich bevorzugt an die Jahrgangsstufen 10–13 und versteht sich als Handreichung für die Lehrkraft, um Orientierung in der erzählerischen Fülle des Romans zu bieten und einen schülergerechten Zugang zur Thematik des Romans zu ermöglichen. Im Sinne dieser Ziele erscheint es angezeigt, den Werdegang Heßlings, seinen sozialen Aufstieg in Netzig und seine sich parallel vollziehende kritiklose Angleichung

---

[1] Der vollständige Text Kurt Tucholskys findet sich im Anhang der Textausgabe, S. 441–443.
[2] Mann, Heinrich: Ein Zeitalter wird besichtigt, Reinbek b. Hamburg 1976, S. 187.
[3] Hierzu vgl. u. a. Heinrich Manns Essay „Kaiserreich und Republik", in: Mann, Heinrich: Politische Essays, Frankfurt a. Main 1977, S. 20–57, hier bes. die Ausführungen zum Typus des Untertans, S. 26–41.
[4] Mann, Heinrich: Ein Zeitalter wird besichtigt, Reinbek b. Hamburg 1976, S. 187.

an sein unbedingtes Vorbild, Kaiser Wilhelm II., grundsätzlich entlang der Chronologie der Handlung zu erarbeiten. Ein solches Vorgehen kommt überdies leistungsschwächeren Lerngruppen entgegen, die im Falle einer ausschließlich problemorientierten Erschließung Gefahr laufen würden, sich im umfangreichen Romaninhalt zu verlieren.

Der Leseprozess wird eingeleitet durch eine Erstbegegnung im Rahmen einer Schulstunde. Der Baustein 1 bietet hierzu eine Auswahl an methodischen Vorschlägen. Anschließend lesen die Schülerinnen und Schüler die Ganzschrift als Hausaufgabe, gegebenenfalls entsprechend der Bausteinfolge in Etappen. Daran knüpft wiederum die gemeinsame Interpretation des Romans im Unterricht an.

Die dem Modell zugrunde liegende Fachliteratur ist dem Literaturverzeichnis (S. 145) zu entnehmen. Für die vertiefte Vorbereitung der Unterrichtssequenz kann die Lehrkraft außerdem auf folgende Internetseiten zurückgreifen:

www.buddenbrookhaus.de (Abruf: 31.08.2021)
(Internetpräsenz des Heinrich-und-Thomas-Mann-Zentrums in Lübeck)

www.heinrich-mann-gesellschaft.de/ (Abruf: 31.08.2021)
(wissenschaftliche Plattform zur Heinrich-Mann-Forschung)

www.literaturlexikon.uni-saarland.de/index.php?id=5927 (Abruf: 31.08.2021)
(ausführliches Figurenlexikon zu „Der Untertan")

Im Rahmen der einzelnen Bausteine werden immer wieder auch Vorschläge für Kurzreferate gemacht, die vorab verteilt werden sollten und ein zeitökonomisches Arbeiten ermöglichen. Im Einzelnen geht es um diese Themen:

Baustein	Thema	Material
1.3	„Vom Kaufmannssohn zum Schriftsteller" – Heinrich Manns Biografie 1871 – 1914	Internetrecherche
1.3	Die Beziehung zwischen Heinrich und Thomas Mann	Zusatzmaterial 1, Internetrecherche
2.3.1	Textvergleich mit einer Parabel von Franz Kafka	Arbeitsblatt 14 Internetrecherche
2.3.2	Schule im Kaiserreich	Internetrecherche
	Studentenverbindungen im Kaiserreich	Internetrecherche
5.3	Erich Mühsam (1878 – 1934) – ein radikaler Zeitgenosse Heinrich Manns	Internetrecherche
5.3	Vergleich zweier Rezensionen	Anhang der Textausgabe, S. 440 – 443

Zwei **Klausurvorschläge** mit entsprechendem Bewertungsbogen finden sich in den **Zusatzmaterialien 4** und **5**, S. 131 – 143, Webcode SNG-22778-820 und SNG-22778-622. Darüber hinaus finden sich Themen für eine selbstständige **Seminar- oder Facharbeit** im **Zusatzmaterial 6**, S. 144 (Webcode SNG-22778-778).

Die den Bausteinen zugeordneten Arbeitsblätter und die Zusatzmaterialien sind als **Webcodes** abrufbar, indem die Adresse **www.westermann.de/webcodes** aufgerufen wird und der im Text angegebene Webcode (z. B. SNG-22778-001) in die Leerzeile, die nach dem Aufruf der Seite erscheint, eingegeben wird.

Die Konzeption des Unterrichtsmodells

Baustein 1 bietet unterschiedliche Möglichkeiten einer Annäherung an den Roman. Dazu zählt zunächst ein sogenannter „Zitateteppich", mit dessen Hilfe das Interesse der Schülerinnen und Schüler an dem Romangeschehen und an der Figur des Protagonisten geweckt und die Motivation gesteigert werden soll, den umfangreichen Text zu lesen.
Außerdem werden Möglichkeiten genannt, die Phase der häuslichen Lektüre zu überbrücken und den Leseprozess zu reflektieren.

Baustein 2 thematisiert den Sozialisationsprozess des jungen Heßling. Dabei steht im Vordergrund, in welcher Weise die charakterliche Disposition des kleinen Diederich Heßling, die familiären Einflüsse sowie wirksam werdende gesellschaftliche Erziehungsinstanzen zur Ausprägung der Untertanenmentalität Heßlings beitragen. Außerdem geht der Baustein der Frage nach, ob der Beziehungsversuch Heßlings mit Agnes Göppel als echte Sozialisationsalternative gedeutet werden kann.

Baustein 3 beschäftigt sich mit der auf die Sozialisierung als Untertan folgende gesellschaftliche Positionierung Heßlings in seiner Heimatstadt Netzig. Basierend auf einer intensiven analytischen Auseinandersetzung mit ausgewählten Kernstellen erarbeitet die Lerngruppe das Selbstbild Heßlings und die Voraussetzungen für seinen Aufstieg und identifiziert den Gerichtsprozess gegen Lauer als den entscheidenden Wendepunkt für die weitere politische Karriere des Untertans.

Baustein 4 bietet den Abschluss der inhaltlichen Texterschließung. Heßling hat Einfluss auf die lokale Politik gewonnen, er bleibt dabei aber im Grunde seines Wesens der ängstliche Untertan, der voller Ehrfurcht die Macht verehrt und zum Ausgleich im privaten Lebenskreis den Tyrannen spielt. Einen besonderen Untersuchungsschwerpunkt bildet die Rede Heßlings zur Einweihung des kaiserlichen Reiterdenkmals, bei der die Diskrepanz zwischen seinem Selbstbild und der Wirklichkeit besonders deutlich zutage tritt.

Baustein 5 nimmt gattungstypologische Aspekte des Romans in den Blick. Die Schülerinnen und Schüler werden für die meisterhafte satirische Erzählweise Heinrich Manns sensibilisiert und analysieren die Rezeption des Texts als Zeitroman sowie eine Filmadaption des Stoffes. Die den Baustein abschließende Frage, inwieweit „Der Untertan" als Entwicklungsroman zu bezeichnen ist, bietet gleichzeitig die Möglichkeit zu einer abrundenden Reflexion über die Ergebnisse der gesamten Unterrichtseinheit.

Die thematischen Bausteine des Unterrichtsmodells

Baustein 1

Annäherung an den Roman

Dieser Baustein verfolgt das Ziel, Motivation für den Leseprozess zu schaffen und diesen zu organisieren. Zunächst stimmt die im Unterricht durchzuführende Erstbegegnung mit der Textausgabe und dem Autor auf die häusliche Lektüre ein. Die sich anschließende Reflexionsphase motiviert die Schülerinnen und Schüler dazu, ihre individuellen Leseeindrücke zu artikulieren und miteinander zu vergleichen. Auf dieser Grundlage können im Weiteren thematische Schwerpunkte des Romans identifiziert und erste Deutungsperspektiven eröffnet werden.

1.1 Der „Zitateteppich"

Schülerinnen und Schüler zu motivieren, einen Roman für den Unterricht zu lesen, der einen Umfang von über 400 Seiten umfasst, stellt sowohl für die Lehrpersonen als auch für die Lernenden eine Herausforderung dar. Unabhängig davon, ob der Text vorab in Gänze oder entsprechend der Kapitelstruktur sukzessive gelesen werden soll, ist es deshalb sinnvoll, sie in einer vorgeschalteten Stunde an die Romanhandlung, die Thematik und den Protagonisten heranzuführen. Dieses kann geschehen, indem eine vorausgehende Unterrichtseinheit für eine Stunde unterbrochen wird und die Schülerinnen und Schüler eine Sammlung von Zitaten und eine Abbildung aus der Romanverfilmung enthalten. Dabei geht es nicht darum, bereits einen Verstehensprozess zu initiieren, sondern eine erste Wahrnehmung der Handlungsatmosphäre zu artikulieren und selbst literarisch aktiv zu werden. Dazu erhalten die Lernenden das **Arbeitsblatt 1**, S. 30 (Webcode SNG-22778-101) mit folgenden Aufträgen, die mit Ausnahme der letzten Aufgabe in Kleingruppen von 3 bis 5 Schülerinnen und Schülern ausgeführt werden:

- *Lesen Sie die Zitate und tauschen Sie sich in der Gruppe darüber aus, welche inneren Bilder sie in Ihnen auslösen.*
- *Worum könnte es in dem Roman gehen, aus dem die Zitate stammen?*
- *Protagonist ist ein Mann mit Namen Diederich Heßling. Verfassen Sie auf der Grundlage der Zitate und der Abbildung aus einer Verfilmung der Romanhandlung einen Text, der folgendermaßen beginnt: Ich sehe vor mir einen Menschen, der …*

- *Sie können auch einen eigenen literarischen Text (Märchen, Kurzgeschichte, Parabel, Gedicht ...) verfassen, in dem Sie drei Sätze aus dem „Zitateteppich" verwenden.*

Die letzte Aufgabe, die zu Hause erledigt werden kann, setzt voraus, dass eine weitere Stunde einbezogen wird. In jedem Fall sollten die Schülerinnen und Schüler ihre Texte wiederum in einer Kleingruppe austauschen. Unabhängig von der gewählten Textart werden die Lernenden ein ambivalentes Bild „ihres" Protagonisten zeichnen. Aspekte wie träumerische Veranlagung, Macht, Gewalt, Angst, Rausch, Unterwerfung, Krankheit, Unsicherheit, Selbstbewusstsein ... werden darin eine Rolle spielen. Vielleicht werden auch bereits Bezüge zwischen diesen thematischen Schwerpunkten hergestellt.

Die Besprechung der Schreibprodukte kann auf der Grundlage folgender Impulse geschehen:

- *Lesen Sie sich Ihre Texte gegenseitig in der Gruppe vor.*
- *Geben Sie Rückmeldungen dazu, welche inneren Bilder möglicherweise den Verfasser oder die Verfasserin geleitet haben.*
- *Als Autor bzw. Autorin erläutern Sie anschließend, was Sie vor dem Hintergrund der Zitate mit Ihrem Text in besonderer Weise zum Ausdruck bringen wollten.*

Es schließt sich der Leseauftrag des ersten Kapitels oder des gesamten Romans an.

Alternativ ist es auch möglich, nur mit einem Szenenbild aus der Verfilmung des Romans von Wolfgang Staudte aus dem Jahr 1951 zu beginnen und auf diesem Weg die Lesemotivation zu wecken.

Dieses Bild wird den Schülerinnen und Schülern mithilfe einer Dokumentenkamera oder des **Arbeitsblattes 2**, S. 31 (Webcode SNG-22778-293) präsentiert.

Das Bild zeigt die Schlussszene des Films. Diederich Heßling steht stramm vor dem Reiterstandbild des Kaisers, das soeben eingeweiht worden ist. Bei der Einweihung des neuen Reiterstandbilds für den Kaiser in Netzig hat ein Unwetter die Festgemeinschaft vertrieben und die Festaufbauten zerstört. Allein Diederich Heßling, soeben mit dem Wilhelmsorden ausgezeichnet, steht stramm und blickt zu seinem Idol auf.

In einem ersten Schritt erschließen sich die Schülerinnen und Schüler den Bildinhalt auf individuelle Weise mithilfe eines produktionsorientierten Auftrags:

- *Schauen Sie sich das Bild eine Weile an und begeben Sie sich anschließend in Gedanken in die dargestellte Szenerie hinein. Was sehen Sie? Was hören Sie? Welchen Weg gehen Sie? Was kommt Ihnen seltsam vor? Gelingt es Ihnen, mit der Person ins Gespräch zu kommen? Worüber sprechen Sie? Oder scheitert der Versuch? Mit welchen Empfindungen gehen Sie wieder aus dem Bild heraus?*
- *Verfassen Sie einen entsprechenden Text, der folgendermaßen beginnen könnte: Wo bin ich hier? Vor mir ...*

Ausgewählte Texte werden in der Folge vorgelesen und miteinander verglichen. Daran anknüpfend wird im Unterrichtsgespräch noch einmal der Bildinhalt in den Blick genommen:

- *Sie sehen das Schlussbild der Verfilmung des Romans „Der Untertan" aus dem Jahr 1951. Stellen Sie auf der Grundlage der Abbildung gemeinsam Überlegungen zur Hauptfigur und zu möglichen Themen an.*

Im Unterrichtsgespräch könnten folgende Erwartungen an den Roman formuliert werden:

- Der Roman spielt wahrscheinlich in der Zeit des Deutschen Kaiserreichs.
- Es könnte um die Autorität des Kaisers und um die bereitwillige Unterordnung von Zivilisten unter das Militär gehen.
- Es könnte sein, dass es am Ende des Romans einsam um die Hauptfigur wird.
- Da man das Gesicht der Hauptfigur nicht sieht, ist ihre Individualität wohl gar nicht so wichtig.
- Der vielleicht durch einen Sturm verwüstete Festplatz könnte darauf hindeuten, dass die im Roman dargestellten Zustände nicht „wetterfest" sind, also eventuell vor dem Niedergang stehen oder zu einem Niedergang führen.

Anschließend ergeht der Leseauftrag an die Schülerinnen und Schüler.

1.2 Während der Lektürephase – Ein erster Textüberblick

Unabhängig davon, ob der Roman vorab in Gänze oder entsprechend der Kapitelstruktur sukzessive gelesen werden soll, ist es gleichfalls sinnvoll, dass die Schülerinnen und Schüler den inhaltlichen Aufbau während der häuslichen Rezeption in groben Zügen festhalten. Das erleichtert die spätere Orientierung und stellt einen aktiven Leseprozess sicher. Mit dem **Arbeitsblatt 3**, S. 32 f. (Webcode SNG-22778-981) erhalten die Lernenden eine entsprechende Tabelle, die es auszufüllen gilt. Darin sollen sie die wichtigsten Handlungsschritte zusammenfassend eintragen. Außerdem sollen sie für jedes Kapitel eine treffende Überschrift finden, die Neugier auf den Inhalt weckt, und aus jedem Kapitel drei bis fünf Zitate auswählen, mit denen sich die Hauptfigur Diederich Heßling besonders treffend charakterisieren lässt.

1.3 Während der Lektürephase – Die Begegnung mit dem Autor

Während die Schülerinnen und Schüler den Text zu Hause lesen, kann im schulischen Kontext eine erste Annäherung an die Lebensgeschichte Heinrich Manns über die **im Anhang der Textausgabe** enthaltene tabellarische Biografie erfolgen („Wichtige Lebensstationen Heinrich Manns", S. 413 – 416, Webcode SNG-22778-529). Ersatzweise kann auch die Heinrich Mann-Biografie im online-Angebot des Deutschen Historischen Museums herangezogen werden:

www.dhm.de/lemo/biografie/heinrich-mann (Abruf: 31.08.2021)

Bei der Heranziehung älterer biografischer Übersichten ist die Tatsache zu beachten, dass Heinrich Manns Todesdatum inzwischen vom 12. auf den 11. März 1950 korrigiert wurde. Laut Recherchen der Heinrich-Mann-Gesellschaft zum 60. Todestag des Autors fand sich in der FBI-Akte zu Heinrich Mann ein ärztlicher Bericht, der als Todeszeitpunkt den 11. März um 23:28 Uhr nennt.

In einem ersten Arbeitsschritt lernen die Schülerinnen und Schüler die wichtigsten biografischen Fakten zu Heinrich Mann kennen:

> ■ *Gehen Sie die Übersicht „Wichtige Lebensstationen Heinrich Manns"*
> *(S. 413 – 416) durch und notieren Sie sich mindestens fünf auffällige Tatsachen im Leben Heinrich Manns, die Ihnen besonders interessant erscheinen.*

Anschließend erfolgt eine Vertiefung in Form einer Internetrecherche:

- *Recherchieren Sie mithilfe geeigneter Internetseiten Hintergründe und Zusammenhänge zu den von Ihnen ausgewählten Tatsachen.*

Die „Begegnung mit dem Autor" kann fortgesetzt und ergänzt werden, indem zwei Texte bearbeitet werden, in denen es darum geht, aus heutiger Sicht einen Blick auf den Autor und seine Bedeutung zu werfen. Dabei handelt es sich zum einen um einen Zeitungsartikel des Journalisten und Literaturkritikers Thomas Andre vom 26. März 2021 aus dem Hamburger Abendblatt (**Arbeitsblatt 4**, S. 34 f., Webcode SNG-22778-753) und zum anderen um eine Rede des Bundespräsidenten Frank-Walter Steinmeier vom 25. März 2021 (**Arbeitsblatt 5**, S. 36, Webcode SNG-22778-642). Beide Texte sind vor dem Hintergrund des 150. Geburtstags Heinrich Manns 2021 entstanden.

Die beiden Texte können arbeitsteilig in Gruppen zu vier Schülerinnen und Schülern oder auch sukzessive erarbeitet werden. Dabei geht es nicht um eine umfassende Analyse, sondern darum, den Autor Heinrich Mann über die tabellarische Übersicht hinaus näher kennenzulernen.

Die Aufträge zu dem Zeitungsartikel (Arbeitsblatt 4, S. 34 f.) lauten:

- *Mit der tabellarischen Übersicht zu Heinrich Manns Leben haben Sie den Autor in Grundzügen bereits kennengelernt. Welche weiteren (biografischen) Details vermittelt Ihnen dieser Text? Listen Sie diese stichwortartig auf.*
- *„Ein runder Geburtstag, der gefeiert werden muss" (Z. 19 f.): Welche Argumente liefert der Journalist und Literaturkritiker aus Anlass des 150. Geburtstags Heinrich Manns, sich auch heute noch mit dem Roman „Der Untertan" und seinem Autor zu beschäftigen?*
- *Wie bewerten Sie die Darstellungsweise? Fühlen Sie sich von dem Text angesprochen, den Roman zu lesen, oder eher nicht?*

Der Journalist und Literaturkritiker Thomas Andre formuliert seine „Würdigung" (Z. 1) in einer saloppen, in Teilen auch ironisch provozierenden Sprache, wenn er z. B. von „ignorante[n] Pubertiere[n] (Z. 9), spricht oder erwähnt, dass „ohne Heinrich Mann [...] es weitaus weniger Texte [gäbe], mit denen man Schülerinnen und Schüler quälen könnte" (Z. 7 f.). Auf den ersten Blick dürften sich die Lernenden dadurch angesprochen fühlen. Die Einschränkung „Wer die Literatur liebt, der wird bei jenen beiden Literaturgrößen freudvolle Lektürestunden finden" (Z. 9 f.) könnte diesen vorschnellen Blick jedoch relativieren und vielleicht sogar Interesse wecken.

Folgende biografische Details gehen über die tabellarische Auflistung hinaus:

- die gegensätzliche Sicht der Brüder Thomas und Heinrich Mann auf das wilhelminische Deutschland (vgl. Z. 14 – 17),
- die thematischen Akzentsetzungen im Roman „Der Untertan" (vgl. Z. 23 f.),
- die unterschiedliche Wertschätzung der beiden Brüder (vgl. Z. 25 f.),
- die besondere Bedeutung der Romane „Der Untertan" und „Professor Unrat" aus der Sicht von Thomas Andre (vgl. Z. 33 – 36),
- die Weigerung Heinrich Manns, wie der Vater Kaufmann zu werden (vgl. Z. 48),
- die materielle Absicherung durch das Erbe des Vaters (vgl. Z. 49 f.),
- die drastisch ablehnende Haltung des Vaters gegenüber dem Berufswunsch Heinrichs (vgl. Z. 54 f.) und die daraus resultierenden „psychologischen Hürden" (Z. 51),
- ...

Die besondere Würdigung fußt vor allem auf folgenden Argumenten:

- die gesellschaftskritische, demokratische Grundhaltung Heinrich Manns,
- Heinrich Mann als Autor „von zwei glänzenden Zeitromanen" (Z. 27),
- die Aktualität der Romane,
- die „Erzähleleganz" (Z. 44),
- die aufklärerische und kompromisslose Haltung Heinrichs.

Wie die Schülerinnen und Schüler die Darstellungsweise bewerten und ob sie sich davon angesprochenen fühlen, hängt sicher auch von ihrer persönlichen Einstellung zum Deutschunterricht und zur Literatur ab. Erkennen werden sie in jedem Fall, dass hier jemand schreibt, der sich in besonderer Weise für den Autor Heinrich Mann, den „man auch heute noch lesen [muss]" (Z. 1), engagiert. Dieses geschieht in einer Weise, die durchaus in die Nähe der Lernenden rückt.

Die Rede des Bundespräsidenten (Arbeitsblatt 5, S. 36 ff.) kann mit folgenden Aufträgen erschlossen werden:

> *Mit der tabellarischen Übersicht zu Heinrich Manns Leben haben Sie den Autor in Grundzügen bereits kennengelernt. Welche weiteren biografischen Details vermittelt Ihnen die Rede des Bundespräsidenten? Listen Sie diese stichwortartig auf.*

> *„Glattrasiert, ohne Ecken und Kanten, ist Heinrich Mann nicht zu haben." Was zeichnete den Schriftsteller Heinrich Mann, wie der Bundespräsident ihn charakterisiert, aus? Erstellen Sie auf der Grundlage der Rede stichwortartig ein solches Charakterprofil.*

> *Wie bewerten Sie die Darstellungsweise des Redners? Fühlen Sie sich von dem Text angesprochen, den Roman zu lesen, oder eher nicht? Hören Sie sich gegebenenfalls die Rede im Internet an.*

In einer präsidialen, adressatengerechten und durchaus bürgernahen Sprache und deutlich im Stil einer Festtagsrede würdigt der Bundespräsident den Schriftsteller Heinrich Mann. Im Zentrum steht dabei weniger der biografische Kontext, sondern vielmehr das Charakterprofil Manns. Dennoch erfahren die Schülerinnen und Schüler auch weitere Details, die über die tabellarische Auflistung der Lebensdaten hinausgehen:

- die Würdigung des Schriftstellers zu seinem 60. Geburtstags durch Personen aus unterschiedlichen Bereichen des kulturellen Lebens,
- die Vereinnahmung (vgl. Z. 16 f.) durch die DDR nach seinem Tod,
- im „Schatten seines [...] Bruders" (Z. 17 f.),
- die Schreibmotivation Heinrich Manns (vgl. Z. 29 – 31),
- die besondere Rolle während der Weimarer Republik (vgl. Z. 49 – 52),
- Einsatz für einen europäischen Staatenbund (vgl. Z. 54 f.),
- Ausschluss aus der Akademie der Künste nach der Machtergreifung der Nationalsozialisten (vgl. Z. 63),
- 1933 Bücherverbrennung (vgl. Z. 65),
- Verlust der Rolle eines „öffentliche[n] Schriftsteller[s]" (Z. 69) im amerikanischen Exil.

Steinmeier zeichnet in seiner Rede ein facettenreiches Charakterprofil, das die Schülerinnen und Schüler berühren dürfte, wenn sie sich darauf einlassen:

- politischer Anspruch im Schreiben (vgl. Z. 29),
- großer Schriftsteller und „europäische[r] Moralist" (Z. 8),
- „Denker, Dichter und Demokrat[.]" (Z. 19),
- dem Leben zugewandt (vgl. Z. 22–24),
- „vornehm-unnahbarer Künstler" (Z. 23 f.) vs. Lesung im Kaufhaus (vgl. Z. 24),
- Autor mit großer Bedeutung für die Gegenwart (vgl. Z. 27),
- natürliche Verbindung von „Geist und Politik" (Z. 29) in der Demokratie als Handlungsmaxime,
- Anspruch, die Welt durch die Literatur zu verändern (vgl. Z. 34 f.),
- „Meister der Satire" (Z. 41),
- literarische Verarbeitung von „Sehnsüchten und Lebensängsten" (Z. 42), die auch für die unmittelbare Gegenwart Bedeutung haben,
- „politischer Intellektueller" (Z. 50),
- Einsatz für die „Verständigung mit Frankreich" (Z. 56),
- Visionär (vgl. Z. 57),
- Glaube an ein „Zeitalter […] der Vernunft" (Z. 67 f.),
- „Anhänger der Aufklärung" (Z. 70),
- „Vorbild" (Z. 71),
- Einsatz für „Menschlichkeit" (Z. 88).

Wie die Schülerinnen und Schüler die Darstellungsweise bewerten und ob sie sich davon angesprochenen fühlen, hängt von ihrem individuellen Interesse und Engagement ab. Zu wünschen wäre es, dass dieses facettenreiche Bild, welches der Bundespräsident unter Einbezug der unmittelbaren Gegenwart zeichnet, die Lesemotivation befördert.

Als produktive Zusatzaufgabe kann aussagekräftiges Bildmaterial zu Leben und Werk Heinrich Manns gesucht werden, um eine ansprechende Bildcollage für den Kursraum anzufertigen.

■ *Recherchieren Sie aussagekräftiges Bildmaterial zu Heinrich Mann und erstellen Sie in Gruppen eine Bildcollage mit entsprechenden Bildunterschriften. Hängen Sie diese Collagen im Kursraum auf.*

Eine weitere Alternative zu diesem Vorgehen stellen Schülervorträge über Heinrich Mann dar. Mithilfe mehrerer Kurzreferate kann auf diese Weise ein instruktives Bild vom Leben und Schaffen des Autors gezeichnet werden.
Unter anderem bieten sich die folgenden thematischen Schwerpunkte an:

- Vom Kaufmannsohn zum Schriftsteller: Heinrich Manns Lebensweg in den Jahren von 1871 bis 1914
- Das Verhältnis zwischen Heinrich und Thomas Mann: Konkurrenz oder Symbiose? (Leistungsstärkeren Bearbeitern bzw. Bearbeiterinnen dieses Themas kann als Anregung der von dem österreichischen Schriftsteller Franz Blei (1871–1942) verfasste satirische Text „Der Thomasmann und der Heinrichmann", siehe **Zusatzmaterial 1**, S. 127, Webcode SNG-22778-471, zur Verfügung gestellt werden, in dem die beiden Brüder als unterschiedliche Angehörige der Familie der Holzkäfer karikiert werden.)

1.4 Reflexion des Leseprozesses

Diese Phase bildet das Bindeglied zwischen der Textlektüre und der darauf aufbauenden Behandlung des Romans im Unterricht. Die folgenden methodischen Anstöße regen zum einen die Schülerinnen und Schüler dazu an, ihre individuellen Leseerfahrungen zu artikulieren und mit denen ihrer Mitschülerinnen und Mitschüler zu vergleichen. Zum anderen erhält die Lehrkraft Rückmeldungen über den jeweiligen Leseerfolg und über sich innerhalb der Lerngruppe herausbildende Interessenschwerpunkte.

Literarisches Alphabet

Der Romantitel wird als Akronym aufgefasst. Jedem Buchstaben wird eine thematische Verknüpfung, ein treffendes Schlagwort, eine Leseassoziation oder Ähnliches zugeordnet (**Arbeitsblatt 6**, S. 39, Webcode SNG-22778-513). Dieser Auftrag kann sowohl in Einzel- als auch in Partnerarbeit bearbeitet werden.

> ■ *Füllen Sie das Arbeitsblatt aus. Jeder Buchstabe ist als Wortanfang zu betrachten, der einen thematischen oder assoziativen Gedanken zum Roman einleitet.*

Die Ergebnisse können einen Anlass für ein Unterrichtsgespräch darstellen, in dem die Schülerinnen und Schüler Themenvorschläge für die gemeinsame Behandlung des Romans formulieren können.

Unvollendete Sätze

Den Schülerinnen und Schülern werden unvollständige Sätze vorgelegt, die in sinnvoller Weise fortzusetzen sind (**Arbeitsblatt 7**, S. 40, Webcode SNG-22778-392). Solche Sätze mit offenem Ende regen die Schülerinnen und Schüler dazu an, individuelle Leseeindrücke und persönliche Standpunkte zu formulieren. Auf diesem Wege entstehen zugleich Impulse für vertiefende Unterrichtsgespräche.

> ■ *Vervollständigen Sie die folgenden Sätze so, dass diese Ihre persönlichen Ansichten und Einschätzungen widerspiegeln.*

Interview mit und über Diederich Heßling

Diese Aufgabe bedient sich der Methode kontrastierender Interviews. Während ein Teil der Schüler und Schülerinnen die identifikatorische Perspektive einnimmt und ein Interview aus der Sicht Heßlings erstellt (**Arbeitsblatt 8a**, S. 41, Webcode SNG-22778-154), beschäftigt sich der andere Teil des Kurses mit dem gleichen Interview (**Arbeitsblatt 8b**, S. 42, Webcode SNG-22778-811), die Fragen werden jedoch aus der kritischen Sicht des Romanlesers bzw. der Romanleserin beantwortet. Auf diese Weise wird das nach außen präsentierte Selbstbild Heßlings einer systematischen Dekonstruktion unterzogen.
Hinsichtlich der wählbaren Sozialformen ist Einzelarbeit ebenso möglich wie Partnerarbeit. Die jeweiligen Arbeitsaufträge lauten:

Zu Arbeitsblatt 8a:

> ■ *Stellen Sie sich vor, Sie wären Diederich Heßling, der gerade interviewt wird. Versetzen Sie sich in die Person Heßlings und füllen Sie den vorliegenden Fragebogen im Sinne dieser Figur aus. Dies können Sie auch gerne gemeinsam mit Ihrem Sitznachbarn bzw. Ihrer Sitznachbarin tun.*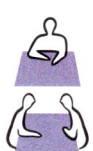

Zu Arbeitsblatt 8b:

- *Beantworten Sie die Interviewfragen so, dass die Antworten Ihrer persönlichen Sicht der Figur entsprechen. Dies können Sie auch gerne gemeinsam mit Ihrem Sitznachbarn bzw. Ihrer Sitznachbarin tun.*

Die Lösungen werden im Plenum szenisch vorgestellt und besprochen.

Test zum Text

Das **Arbeitsblatt 9**, S. 43 (Webcode SNG-22778-448) umfasst mehrere einfach gehaltene Fragen zum Inhalt des Romans. Damit können zum einen die Schülerinnen und Schüler ihren eigenen Leseerfolg kontrollieren. Zum anderen erhält auch die Lehrkraft eine Gelegenheit, Rückmeldungen über die Leseergebnisse zu sammeln.

Für die Gestaltung der Arbeitsphase bietet es sich an, die Arbeitsblätter zunächst in Stillarbeit ausfüllen und dann von einem Lernpartner oder einer Lernpartnerin durchsehen zu lassen. Die Ergebnisse können dem **Lösungsblatt 9**, S. 44 (Webcode SNG-22778-448), das dem Arbeitsblatt 9 angehängt ist, entnommen werden.

Feedback zum Roman

Das **Arbeitsblatt 10**, S. 45 (Webcode SNG-22778-135) bietet den Schülerinnen und Schülern Gelegenheit, den Verlauf ihres individuellen Rezeptionsprozesses systematisch zu überprüfen und zu bewerten. Die ausgefüllten Arbeitsblätter können im Plenum vorgestellt und anschließend ausgehängt werden. Dadurch sind sie dauerhaft vorhanden und können am Ende der Unterrichtssequenz wiederum herangezogen werden, um die Frage zu klären, ob und inwieweit sich die jeweiligen Einschätzungen zum Roman durch die vertiefende Behandlung im Unterricht verschoben haben.

Der geschichtliche Hintergrund

Heinrich Mann entwirft in seinem Roman ein sehr anschauliches Zeitbild der wilhelminischen Politik und Gesellschaft. In der Regel ist davon auszugehen, dass den Schülerinnen und Schülern die historischen Zusammenhänge aus dem Geschichtsunterricht bekannt sind. Sollte dies jedoch nicht der Fall sein, kann ein Sachtext erarbeitet werden (**Anhang der Textausgabe, S. 417 – 424**, Webcode SNG-22778-814):

Die Schülerinnen und Schüler werten in Partnerarbeit weitgehend selbstständig den Sachtext aus.

- *Lesen Sie den Sachtext und klären Sie gemeinsam mit einem Sitznachbarn bzw. einer Sitznachbarin Aussagen, die Sie nicht verstanden haben.*

- *Formulieren Sie sieben bis zehn Fragen, auf die der Text eine Antwort gibt, und beantworten Sie die Fragen wechselseitig.*

- *Fassen Sie thesenartig die wichtigsten Aussagen zum Deutschen Kaiserreich unter Wilhelm II. zusammen.*

In einem weiteren Schritt werden dann Bezüge zum Roman hergestellt:

- *Zeigen Sie auf, welche historischen Feststellungen des Sachtextes eine Parallele im Roman finden.*

Ein summierendes Tafelbild könnte folgendermaßen gestaltet werden:

**Der historische Hintergrund des Romans „Der Untertan" –
Auswertung eines Sachtextes**

- Kaiser Wilhelm II., ein „Mann der öffentlichen Pose" (Anhang der TA, S. 417, vgl. Z. 2 – 3), wird auch im Roman als Schauspieler charakterisiert, vgl. v. a. die Verteidigungsrede Bucks im Prozess gegen Lauer.
- Heßlings Streben, als Firmenchef um jeden Preis zu expandieren, entspricht der starken Stellung ökonomischer Interessen in der wilhelminischen Gesellschaft (vgl. Anhang der TA, S. 418, Z. 4 – S. 419, Z. 22).
- Das Ansehen und die vorherrschende Stellung der Armee in der Gesellschaft (vgl. Anhang der TA, S. 418, Z. 22 ff.) prägt auch Denken und Handeln Heßlings, der seine eigene Wehrdienstzeit verklärt, um sein gesellschaftliches Ansehen zu steigern.
- Der ideologische Streit der Parteien des Kaiserreichs (vgl. Anhang der TA, S. 420, Z. 8 – S. 421, Z. 8) äußert sich im Roman im Gegeneinander der liberalen, der nationalen und der sozialdemokratischen Partei.
- Heßling spiegelt als promovierter Chemiker den hohen Rang der Naturwissenschaften in der Bildungslandschaft des Kaiserreichs (vgl. Anhang der TA, S. 421, Z. 16 – 27).
- Das Weltmachtstreben Wilhelms II. und der herrschenden Eliten des Kaiserreichs (vgl. Anhang der TA, S. 421, Z. 28 – S. 424, Z. 14) kommt in der Rede Heßlings bei der Denkmalsenthüllung deutlich zum Ausdruck.

Notizen

„Zitateteppich"

„Diederich Heßling war ein weiches Kind, das am liebsten träumte, sich vor allem fürchtete und viel an den Ohren litt." (S. 4, Z. 1–2)	„Denn Diederich war so beschaffen, dass die Zugehörigkeit zu einem unpersönlichen Ganzen, zu diesem unerbittlichen, menschenverachtenden, maschinellen Organismus, der das Gymnasium war, ihn beglückte, dass die Macht, die kalte Macht, an der er selbst, wenn auch nur leidend, teilhatte, sein Stolz war." (S. 7, Z. 30 – S. 8, Z. 1)	„Ja, Diederich fühlte wohl, dass alles hier, die Behandlung, die geläufigen Ausdrücke, die ganze militärische Tätigkeit vor allem darauf hinzielte, die persönliche Würde auf ein Mindestmaß herabzusetzen. Und das imponierte ihm". (S. 43, Z. 9–13)
„Ein Rausch, höher und herrlicher als der, den das Bier vermittelt, hob ihn auf die Fußspitzen, trug ihn durch die Luft." (S. 56, Z. 20–22)	„Die Macht, die über uns hingeht und deren Hufe wir küssen! [...] Gegen die wir nichts können, weil wir alle sie lieben! Die wir im Blut haben, weil wir die Unterwerfung darin haben!" (S. 56, Z. 26–29)	„Er fühlte, angstvoll lauschend, wie die öffentliche Meinung einlenkte und ganz leise denen näherkam, die geschickter waren und die Macht hatten." (S. 192, Z. 20–22)
„Den Fuß, an dem er sie festhalten wollte, stieß sie ihm ins Gesicht und sprang heraus, dass es krachte." (S. 220, Z. 10–12)	*(Abbildung: Denkmalsenthüllung, Alamy Stock Photo: United Archives GmbH / © DEFA-Stiftung)*	„Hinter dem Burgtor führte die Landstraße zu dem Hügel mit der Schweinichenburg, wo einst der kleine Diederich gemeinsam mit Frau Heßling das Grausen vor dem Burggespenst genossen hatte." (S. 223, Z. 10–12)
„Seine Stimmung schien so bedrohlich, dass die drei Frauen Schweigen bewahrten." (S. 226, Z. 36–37)	„Alle diese Katastrophen, die Wesensäußerungen der Macht waren, hatten ihn erhoben und tief befriedigt." (S. 306, Z. 14–15)	„Da begann Diederichs Herz so stark zu klopfen, dass er anhalten musste." (S. 341, Z. 33–34)
„Durch diese harte Zeit hatte er sich nun so weit hindurchgekämpft, dass bloß noch die Früchte zu pflücken waren." (S. 36, Z. 28–30)	„Diederich gab Acht, dass er beim Hinaufsteigen nicht stolperte, denn die Beine waren ihm plötzlich weich geworden, auch sah er verschwommen." (S. 402, Z. 27–29)	„Er hatte seinen Hut verloren, am Boden seiner Schuhe schlenkerte Wasser, und in der rückwärtigen Erweiterung der Beinkleider trug er eine Pfütze mit sich herum." (S. 410, Z. 17–19)

(alle Zitate: Heinrich Mann: Der Untertan. Westermann: Braunschweig 2021)

■ *Lesen Sie die Zitate und tauschen Sie sich in der Gruppe darüber aus, welche inneren Bilder sie in Ihnen auslösen.*

■ *Worum könnte es in dem Roman gehen, aus dem die Zitate stammen?*

■ *Protagonist ist ein Mann mit Namen Diederich Heßling. Verfassen Sie auf der Grundlage der Zitate und der Abbildung aus einer Verfilmung der Romanhandlung einen Text, der folgendermaßen beginnt: Ich sehe vor mir einen Menschen, der ...*

■ *Sie können auch einen eigenen literarischen Text (Märchen, Kurzgeschichte, Gedicht ...) verfassen, in dem Sie drei Sätze aus dem „Zitateteppich" verwenden.*

Ein Szenenbild

■ *Schauen Sie sich das Bild eine Weile an und begeben Sie sich anschließend in Gedanken in die dargestellte Szenerie hinein. Was sehen Sie? Was hören Sie? Welchen Weg gehen Sie? Was kommt Ihnen seltsam vor? Gelingt es Ihnen, mit der Person ins Gespräch zu kommen? Worüber sprechen Sie? Oder scheitert der Versuch? Mit welchen Empfindungen gehen Sie wieder aus dem Bild heraus?*

■ *Verfassen Sie einen entsprechenden Text, der folgendermaßen beginnen könnte: Wo bin ich hier? Vor mir …*

Ein Überblick über die Romanhandlung

Kapitel	Überschrift	Inhalt	Zitate
I			
II			
III			

Kapitel	Überschrift	Inhalt	Zitate
IV			
V			
IV			

© Westermann Gruppe
Best.-Nr. 022778

Thomas Andre: Diesen „Mann" muss man auch heute noch lesen

[...]
Hamburg. Beginnen soll diese Würdigung mit der recht trivialen Aussage, wie gesegnet die Kulturnation mit der Familie Mann ist. Beziehungsweise vor allem deren Zentralgestirn, den Brüdern Heinrich und Thomas: Was für ein deutsches Kraftfeld aus Sprache und Geschichte, Politik und Kunst, Scheitern und Wiederauferstehen, Irren und Erkennen! Ohne die Gebrüder Mann wäre die Historie Deutschlands ärmer. [...]

Ohne Heinrich und Thomas Mann gäbe es weitaus weniger Texte, mit denen man Schülerinnen und Schüler quälen könnte. Das mit der Qual verdankt sich freilich stets eher den anderweitigen, nicht literarischen Vorlieben ignoranter Pubertiere. Wer die Literatur liebt, der wird bei jenen beiden Literaturgrößen freudvolle Lektürestunden finden. Für Deutschlehrer im Lernstoff immer besonders attraktiv: die politische Einordnung, die Konkurrenz und vorübergehende Entzweiung der Brüder.

Heinrich Mann: Erkennen, das war seine Disziplin

Hier der monarchistische Erster-Weltkriegsbejubler-und-später-dann-Deutschland-Ehrenretter Thomas Mann, der aus Kalifornien Radioansprachen („Deutsche Hörer!") hielt, um die verblendeten Landsleute wachzurütteln. Dort der überzeugte Demokrat Heinrich Mann, der den Wilhelminismus kritisierte und früh gegen die Nazis war.

Erkennen, das war seine Disziplin. Am 27. März 1871 wurde Heinrich Mann, der 1933 aus Hitler-Deutschland emigrierte, in Lübeck geboren. Vor 150 Jahren also. Ein runder Geburtstag, der gefeiert werden muss, aber wegen dieser verdammten Pandemie nur digital begangen werden kann; mit einer Festwoche, die ihm seine Heimatstadt schenkt.

Mit einer Neuausgabe von „Der Untertan", seinem bekanntesten Roman, erschienen 1918, in dem Heinrich Mann so böse und treffend den autoritären Ungeist seines tumben, aufstrebenden, mentalitätsmäßig schon länger vergifteten, kaputten Landes porträtierte. Der Ältere der beiden Brüder – Thomas wurde 1875 geboren – stand am Ende seines Lebens deutlich im Schatten seines erfolgreicheren Bruders, und er ist auch im Nachleben der nachrangige Schriftsteller.

Heinrich Mann ist der Autor von zwei glänzenden Zeitromanen

Wobei die Frage erlaubt sein muss, wie gut selbst die modernen Klassiker heute altern. Sieht man mal von Hardcore-Germanisten ab, die die mäandernden Sätze[1] Thomas Manns für den Goldstandard deutscher Formulierungskunst halten, sind Zweifel angebracht. Warum sollte „Lotte in Weimar"[2] heute noch gelesen werden, wenn selbst Eben-noch-Heroen[3] wie John Updike[4] oder Philip Roth[5] Gerüchte aus der Welt von gestern sind?

Heinrich Mann ist allerdings der Autor von zwei glänzenden Zeitromanen, die, zum Beispiel, viel wichtiger und klüger, bleibender sind als ebenjenes Buch „Lotte in Weimar". Neben „Der Untertan" ist das „Professor Unrat". Beide Romane sind Mahnmale für den sklavischen Geist des deutschen Bürgertums und seine Doppelmoral.

Wie könnte das Schlechte, das eine Gesellschaft hervorgebracht hat, nicht entscheidend bleiben für ihr gegenwärtiges und zukünftiges Geschick. Insofern sind Heinrich Manns Romane von einer bestechenden Aktualität, und sie werden es bleiben. Das gilt längst nicht für alle seine Bücher. Aber eben auch nicht für die seines Bruders.

---

[1] hier: verschachtelte Sätze, die ein Thema mit Abschweifungen und auf Umwegen behandeln
[2] Roman Thomas Manns aus dem Jahr 1939, in dessen Zentrum der Dichter Johann Wolfgang von Goethe steht
[3] Helden, hier: angesehene Schriftsteller
[4] Johan Updike (1932–2009), amerikanischer Schriftsteller
[5] Philip Roth (1933–2018), amerikanischer Schriftsteller

Das Erbe des Vaters ermöglichte Karriere als Schriftsteller
Der literarische Realismus, das gute, alte, ungebrochene Erzählen, wie es in Heinrich Manns Romanen zu finden ist, hat im „Untertan", das verdeutlicht die Re-Lektüre[1], nichts Muffiges. Es muss längst nicht immer alles modern, gar postmodern oder smart sein. Heinrich Manns Erzähleleganz
45 ist eine Eleganz des Altmodischen. Hätte man einen Instagramkanal, man würde zur persönlichen Feier des Altmeisters nun glatt ein Stillleben mit Heinrich-Mann-Buch in die Welt schießen. Vielleicht als Buch-Selfie mit Hosenträgern.

Der Kaufmannssohn aus der Hansestadt, der selbst nicht Kaufmann werden wollte, ist, wie viele sich zur Kunst Berufene in alten Zeiten, zumindest ideell ein Selfmademan gewesen. Das Erbe des
50 Vaters, das er im Ganzen ablehnte, aber im Kleinen nicht verschmähen konnte, erlaubte ihm wie seinem Bruder, eine Karriere als Schriftsteller zu beginnen. Die psychologischen Hürden aber müssen gewaltig gewesen sein.

Vater bekämpfte bis zu seinem Tod den Berufswunsch seines Erstgeborenen
Sein Vater Thomas Johann Heinrich Mann bekämpfte bis zu seinem Tod den Berufswunsch seines
55 Erstgeborenen und adressierte kurz vor seinem Tod die Vormünder im Falle seines Ablebens: Diese sollten, schrieb der Senator und Getreidehändler, sich bemühen, „den Neigungen meines ältesten Sohnes zu einer literarischen Thätigkeit entgegenzutreten".

Zu „gründlicher, erfolgreicher" Tätigkeit in jenem Bereich, heißt es weiter in dem vernichtenden Notat, „fehlen ihm m. E. die Vorbedingnisse[2]: genügendes Studium und umfassende Kenntnisse.
60 Der Hintergrund seiner Neigungen ist träumerisches Sichgehenlassen und Rücksichtslosigkeit gegen andere, vielleicht aus Mangel am Nachdenken".

Aus dem Träumer, dem Sich-gehen-Lassenden (welcher Mensch mit Herz ist das nicht mit 20?) wurde im Verlaufe seines Lebens ein bekannter Schriftsteller, der den Grimm[3] seiner Feinde nie scheute und gegen Dunkeldeutschland[4] das Licht der Literatur setzte. Wie gesagt: Feiern wir sei-
65 nen 150. Geburtstag. In vier Jahren ist sein Bruder dran.

Hamburger Abendblatt, 26.03.2021
www.abendblatt.de/article231896915/Diesen-Mann-muss-man-auch-heute-noch-lesen.html (Aufruf: 27.08.2021)

---

[1] erneute Lektüre
[2] Voraussetzungen
[3] Zorn, Hass
[4] hier: metaphorischer Ausdruck für Menschenfeindlichkeit, Rassismus und Unterdrückung (auch in der Gegenwart)

- *Mit der tabellarischen Übersicht zu Heinrich Manns Leben haben Sie den Autor in Grundzügen bereits kennengelernt. Welche weiteren (biografischen) Details vermittelt Ihnen dieser Text? Listen Sie diese stichwortartig auf.*

- *„Ein runder Geburtstag, der gefeiert werden muss" (Z. 19f.): Welche Argumente liefert der Journalist und Literaturkritiker aus Anlass des 150. Geburtstags Heinrich Manns, sich auch heute noch mit dem Roman „Der Untertan" und seinem Autor zu beschäftigen?*

- *Wie bewerten Sie die Darstellungsweise? Fühlen Sie sich von dem Text angesprochen, den Roman zu lesen, oder eher nicht?*

Frank Walter Steinmeier –
Rede anlässlich des 150. Geburtstags von Heinrich Mann

Die folgende Rede hielt der Bundespräsident Frank Walter Steinmeier am 25. März 2021 – aufgrund der Corona-Pandemie von seinem Amtssitz Schloss Bellevue aus als Livestream – auf Einladung der Berliner Akademie der Künste anlässlich des 150. Geburtstags Heinrich Manns.

Schönen guten Abend aus Bellevue, wo immer Sie gerade zuschauen!

Es ist nicht das erste Mal, dass die Berliner Akademie der Künste einen Festakt zu Ehren von Heinrich Mann ausrichtet.

Im März 1931 lud sie ein in ihre Räume am Pariser Platz, um dem frisch gewählten Vorsitzenden ihrer Sektion für Dichtkunst zu seinem 60. Geburtstag zu gratulieren. Unter den Gästen waren damals Ricarda Huch[1] und Alfred Döblin[2], die Redner hießen Max Liebermann[3], Adolf Grimme[4] und Thomas Mann. Sie würdigten den Jubilar als modernen Künstler und „heimlichen Politiker", als „Grand écrivain"[5] und als „europäischen Moralisten".

So feierte man seinerzeit, in der Weimarer Republik, den Schriftsteller Heinrich Mann. Was für eine großartige, illustre Geburtstagsrunde!

Heute hat die Akademie der Künste erneut eingeladen, um Heinrich Mann zu ehren, diesmal zu seinem 150. Geburtstag. Das Setting ist, aus unterschiedlichen Gründen, etwas anders als damals: Livestream statt feierlicher Empfang, Videobotschaft statt Festrede, Bundespräsident statt Bruder und Nobelpreisträger[6].

Aber ich freue mich, dass wir heute Abend versuchen wollen, Heinrich Mann und seine Zeit wieder aufleben zu lassen. Wir wollen uns einem Schriftsteller nähern, der nach seinem Tod 1950 von der DDR politisch vereinnahmt wurde, der in Westdeutschland in den Schatten seines großen kleinen Bruders geriet, der heute zwar nicht vergessen ist, aber kaum noch gelesen wird.

Es gilt, einem Denker, Dichter und Demokraten neu zu begegnen, dessen Leben uns heute selbst wie ein großer Roman vorkommt. Heinrich Mann zog es aus Lübeck fort bis nach Italien; er fand seine geistige Heimat im Frankreich des 18. und 19. Jahrhunderts[7]; er schrieb im Deutschen Kai-

---

[1] Ricarda Huch (1864–1947), deutsche Schriftstellerin, Philosophin und Historikerin
[2] Alfred Döblin (1878–1957), deutscher Schriftsteller und Psychiater
[3] Max Liebermann (1847–1935), deutscher Maler und Grafiker
[4] Adolf Grimme (1889–1963), deutscher Kulturpolitiker, erster niedersächsischer Kultusminister und Generaldirektor des Nordwestdeutschen Rundfunks
[5] großen Schriftsteller
[6] Thomas Mann erhielt 1929 den Nobelpreis.
[7] Gemeint ist vor allem die Zeit der Aufklärung.

serreich, in der Weimarer Republik und im Exil; er bewegte sich in der Bohème[1] und auf dem politischen Parkett; er schätzte die Nachtbar und den Salon, gab sich als vornehm-unnahbarer Künstler – und las bei Karstadt am Berliner Hermannplatz.

Glattrasiert, ohne Ecken und Kanten, ist Heinrich Mann nicht zu haben. Widersprüche und Ambivalenzen, Tragisches und Groteskes kennzeichnen sein Leben und sein Werk. Ich finde, gerade deshalb ist er ein faszinierender Autor, der uns auch heute noch viel zu sagen hat.

Damals, an seinem 60. Geburtstag, ergriff Heinrich Mann in der Akademie auch selbst das Wort. Er sprach, wie so oft, über das Verhältnis von Geist und Politik. In der Demokratie, sagte er, sei es „ganz natürlich", wenn der Staat und die Schriftsteller „sich zusammenfinden, um, jeder auf seine Art und mit seinen Mitteln, der Gesellschaft zu nützen."

Heinrich Mann wollte der Gesellschaft nützen, auf seine Art und mit seinen Mitteln. Er wollte Menschen verändern und auf die Wirklichkeit einwirken, als moderner Romancier und als kritischer Intellektueller, als Künstler und als Citoyen[2]. Bis zuletzt arbeitete er daran, die Welt mit Hilfe des Wortes zu einem besseren Ort zu machen, allen Enttäuschungen zum Trotz.

Er war ein Humanist und ein Aufklärer [...]. Vernunft und Wahrheit, Frieden und Freiheit, Gerechtigkeit und Güte, das waren die Ideale, um die sein Schreiben seit der Jahrhundertwende kreiste.

In seinen großen Romanen, vom Professor Unrat bis zum Henri Quatre, übersteigerte, überformte, verdichtete Heinrich Mann die Wirklichkeit, um, wie er schrieb, die „Seele der Menschen und der Gesellschaft" bloßzulegen. Er war ein Meister der Satire, der im Untertan nicht nur das Kaiserreich hellsichtig kritisierte, sondern auch von Sehnsüchten und Lebensängsten erzählte, die uns bis heute nicht loslassen.

Heinrich Mann glaubte an die aufklärerische Kraft der Literatur. „Niemand", schrieb er, „lehrt das Wissen um das gesellschaftliche Leben und um das Leben schlechthin, wie [...] die Dichtkunst." Deshalb gehört die Literatur für ihn mitten hinein ins öffentliche Leben, gerade in einer Demokratie, die auf die Urteilskraft ihrer Bürgerinnen und Bürger angewiesen ist. „Wer mitreden, mitwählen, seine Meinung durchsetzen will", davon war er überzeugt, der „muss auch lesen".

In der Weimarer Republik trat Heinrich Mann selbst hinaus auf die öffentliche Bühne, als Romanautor, aber auch als politischer Intellektueller. Er schrieb Essays und Artikel, hielt Reden, unterstützte Aufrufe, übernahm Ämter. Von Anfang an ergriff er dabei, anders als manch anderer Schriftsteller, Partei für die Sache der Republik.

Heinrich Mann rief dazu auf, in einer zerrissenen Gesellschaft Brücken zu schlagen und die „werdende Demokratie" durch vernünftiges Handeln lebensfähig zu machen. Er feierte die Verfassung in Zeiten der Krise, kritisierte Angriffe auf die Meinungs- und Kunstfreiheit, warnte vor ungezügeltem Kapitalismus. Unermüdlich setzte er sich für die Verständigung mit Frankreich ein, plädierte für „übernationale" Zusammenarbeit und einen europäischen Staatenbund.

Vor allem aber schrieb er gegen die Nationalsozialisten an, gegen ihre Lügen, ihren Terror, ihren Hass. Und er wurde, als Repräsentant der Republik, selbst zur Zielscheibe dieses Hasses. Sein Ideal einer Öffentlichkeit, in der räsoniert[3], argumentiert, kultiviert gestritten wird, stieß auf eine Wirklichkeit, in der Häme, Hetze und brutale Gewalt die Oberhand gewannen.

Heinrich Mann sah die Katastrophe kommen, viel früher als andere. Kurz nach der Machtübergabe an Hitler wurde er aus der Akademie der Künste ausgeschlossen. Nur wenige Tage später floh er nach Frankreich. Sein Name stand auf der ersten Ausbürgerungsliste des Nazi-Regimes, im Mai 1933 wurden auch seine Bücher hier in Berlin ins Feuer geworfen.

Aber seine Stimme blieb hörbar, auch im französischen Exil. Heinrich Mann versuchte, die Kräfte im Kampf gegen die Nazis zu bündeln. Er machte Mut, dass auf das „Zeitalter des Irrationalen" ein neues der Vernunft folgen werde. Erst im Exil in den USA verlor er seine Rolle als öffentlicher Schriftsteller.

Ich finde, einer wie er, ein Anhänger der Aufklärung und Verteidiger der Demokratie, sollte uns gerade heute Vorbild sein. Denn wir erleben ja wieder, wie die Demokratie verächtlich gemacht wird, wie der Hass öffentliche Debatten vergiftet, wie sich autoritäres Denken und Irrationalismus verbünden, wie mancherorts die Sehnsucht nach nationaler Abschottung wächst.

---

[1] unkonventionelles, nicht an bürgerlichen Normen orientiertes Künstlermilieu
[2] engagierter Bürger
[3] nachdenken, vernünftig reden

Auch deshalb bin ich der Akademie der Künste dankbar, dass sie den Nachlass Heinrich Manns in einem Online-Portal zusammenführt, damit sein Werk weiterhin wirken kann. Und ich danke Ihnen, liebe Jeanine Meerapfel[1] und lieber Werner Heegewaldt[2], dass Sie diesen Abend möglich gemacht haben, auch und gerade in der Corona-Zeit, in der uns wieder und erneut bewusst wird, wie sehr wir die Kultur brauchen, um als Gesellschaft im Gespräch zu bleiben und uns über uns selbst zu verständigen.

Die Akademie, vor 325 Jahren gegründet, trägt heute ganz entscheidend dazu bei, dass Kunst und Kultur gesellschaftliche Debatten anregen, irritieren und bereichern können – ganz so, wie Heinrich Mann sich das gewünscht hat. Auch dafür meinen herzlichen Dank!

In seinem Roman „Die kleine Stadt" lässt Heinrich Mann eine Operntruppe in ein verschlafenes italienisches Städtchen einfallen. Die Künstler bringen Farbe und Bewegung ins öffentliche Leben, und am Ende resümiert der Advokat:

„Was sind wir? Eine kleine Stadt. Was haben jene uns gebracht? Ein wenig Musik. Und dennoch – wir haben uns begeistert, wir haben gekämpft, und wir sind ein Stück vorwärtsgekommen in der Schule der Menschlichkeit!"

Ein Stück vorwärtszukommen in der Schule der Menschlichkeit – ich finde, das ist auch heute nicht das schlechteste Ziel. Ich wünsche Ihnen und uns allen einen wunderbaren Abend mit Heinrich Mann.

Herzlichen Dank!

Frank-Walter Steinmeier: Videobotschaft bei der digitalen Festveranstaltung „Denker, Dichter, Demokrat. Heinrich Mann zum 150. Geburtstag", Bundespräsidialamt, Berlin, 25.03.2021; www.bundespraesident.de/SharedDocs/Reden/DE/Frank-Walter-Steinmeier/Reden/2021/03/210325-Videobotschaft-Heinrich-Mann.html (Aufruf: 27.08.2021)

---

[1] Präsidentin der Berliner Akademie der Künste
[2] Direktor des Archivs der Berliner Akademie der Künste

- *Mit der tabellarischen Übersicht zu Heinrich Manns Leben haben Sie den Autor in Grundzügen bereits kennengelernt. Welche weiteren biografischen Details vermittelt Ihnen die Rede des Bundespräsidenten? Listen Sie diese stichwortartig auf.*

- *„Glattrasiert, ohne Ecken und Kanten, ist Heinrich Mann nicht zu haben." (Z. 25)*
  Was zeichnete den Schriftsteller Heinrich Mann, wie der Bundespräsident ihn charakterisiert, aus? Erstellen Sie auf der Grundlage der Rede stichwortartig ein solches Charakterprofil.

- *Wie bewerten Sie die Darstellungsweise des Redners? Fühlen Sie sich von dem Text angesprochen, den Roman zu lesen, oder eher nicht? Hören Sie sich gegebenenfalls die Rede im Internet an.*

Literarisches Alphabet

D _____

E _____

R _____

U _____

N _____

T _____

E _____

R _____

T _____

A _____

N _____

■ *Füllen Sie das Arbeitsblatt aus. Jeder Buchstabe ist als Wortanfang zu betrachten, der einen thematischen oder assoziativen Gedanken zum Roman einleitet.*

© Westermann Gruppe
Best.-Nr. 022778

Persönliche Einschätzungen

■ *Vervollständigen Sie die folgenden Sätze so, dass diese Ihre persönlichen Ansichten und Einschätzungen widerspiegeln.*

Diederich Heßling ist ein _____

_____

Diederich Heßling ist kein _____

_____

Der bestimmende Einfluss von Familie und Gesellschaft auf den jungen Heßling zeigt sich vor allem darin, dass _____

_____

Der Kaiser ist für Heßling wie ein _____

_____

Die Beziehung zwischen Heßling und Agnes scheitert an der Tatsache, dass _____

_____

Heßling und Guste Daimchen passen so gut zueinander, weil _____

_____

Es wäre besser, Heßling und Guste Daimchen wären kein Paar, weil _____

_____

Bei der Stadt Netzig denke ich an _____

_____

Die wichtigste Aussage des Romans besteht für mich darin, _____

_____

Den Roman „Der Untertan" sollten Menschen lesen, die _____

_____

Interview mit Diederich Heßling –
Die identifikatorische Perspektive

Aus welchem Grund engagieren Sie sich in der Politik?

Was können die Wähler von Ihnen und Ihrer Partei erwarten?

Was bedeuten Ihnen Ehe und Familie?

Wie sehen Sie den Stellenwert der Arbeiter in Ihrer Firma und in der Gesellschaft?

Welche gesellschaftliche Aufgabe kommt in Ihren Augen Kunst und Kultur zu?

Wie würden Sie sich bitte mithilfe von 3–5 Begriffen selbst charakterisieren?

■ *Stellen Sie sich vor, Sie wären Diederich Heßling, der gerade interviewt wird. Versetzen Sie sich in die Person Heßlings und füllen Sie den vorliegenden Fragebogen im Sinne dieser Figur aus. Dies können Sie auch gerne gemeinsam mit Ihrem Sitznachbarn bzw. Ihrer Sitznachbarin tun.*

Interview mit einem Leser oder einer Leserin über Diederich Heßling – Die kritische Perspektive

Aus welchem Grund engagiert sich Heßling in der Politik?

Was können die Wähler von ihm und seiner Partei erwarten?

Was bedeuten Heßling Ehe und Familie?

Wie sieht er den Stellenwert der Arbeiter in seiner Firma und in der Gesellschaft?

Welche gesellschaftliche Aufgabe kommt in Heßlings Augen Kunst und Kultur zu?

Wie würden Sie Heßling mithilfe von 3–5 Begriffen charakterisieren?

■ *Beantworten Sie die Interviewfragen so, dass die Antworten Ihrer persönlichen Sicht der Figur entsprechen. Dies können Sie auch gerne gemeinsam mit Ihrem Sitznachbarn bzw. Ihrer Sitznachbarin tun.*

Test zum Inhalt

1. Wie heißen die Schwestern von Diederich Heßling?

_____

_____

2. Welches Studienfach schließt er mit dem Doktortitel ab?

_____

_____

3. Wie lautet der Name seiner studentischen Verbindung?

_____

_____

4. An wen denkt Heßling, als er von der „persönlichsten Persönlichkeit" spricht?

_____

_____

5. Welches für Heßling peinliche Geheimnis könnte Dr. Heuteufel ausplaudern?

_____

_____

6. Für welches Geschäft fungiert Karnauke als Vermittler?

_____

_____

7. Welche Figur stirbt am Ende des Romans?

_____

_____

Beantworten Sie die Fragen in ganzen Sätzen.

Test zum Inhalt (Lösung)

1. Wie heißen die Schwestern von Diederich Heßling?

Heßlings Schwestern heißen Emmi und Magda.

2. Welches Studienfach schließt er mit dem Doktortitel ab?

Heßling promoviert im Fach Chemie.

3. Wie lautet der Name seiner studentischen Verbindung?

Der Name der Verbindung lauter „Neuteutonia".

4. An wen denkt Heßling, als er von der „persönlichsten Persönlichkeit" spricht?

Der Ausdruck bezeichnet Kaiser Wilhelm II.

5. Welches für Heßling peinliche Geheimnis könnte Dr. Heuteufel ausplaudern?

Heßling hat, um dem Wehrdienst zu entgehen, Heuteufel in einem Brief gebeten, er solle ihm Skrofulose und Rachitis bescheinigen.

6. Für welches Geschäft fungiert Karnauke als Vermittler?

Karnauke vermittelt den Grundstücksverkauf Heßlings an von Wulckows Vetter Quitzin.

7. Welche Figur stirbt am Ende des Romans?

Am Ende des Romans stirbt der alte Buck.

Persönliche Wertungen

Die Lektüre des Romans empfand ich als:

_____

_____

_____

Besonders gut gefallen hat mir:

_____

_____

_____

Weniger gefallen hat mir:

_____

_____

_____

Am meisten beschäftigt hat mich:

_____

_____

_____

Unklar blieb für mich:

_____

_____

_____

Im Unterricht sollte unbedingt eingegangen werden auf:

_____

_____

_____

© Westermann Gruppe
Best.-Nr. 022778

Baustein 2

Die Sozialisation Heßlings

Dieser Baustein beschäftigt sich mit dem familiären und gesellschaftlichen Sozialisationsprozess Diederich Heßlings, der ursächlich für die Ausbildung und Verfestigung seiner Untertanenmentalität ist und der in den Kapiteln I – II dargestellt ist.

Bereits im Elternhaus wird sein ambivalentes Verhältnis zu Macht jedweder Art geformt: In der Gestalt des Vaters erlebt das ängstliche und sensible Kind das Phänomen der Macht einerseits als einschüchternd, andererseits aber in gewisser Weise auch als anziehend und sogar als Instrument für den eigenen Vorteil, wie sein Umgang mit den Arbeitern in der väterlichen Fabrik zeigt. Die von seiner Mutter vorgelebten Werte der Einfühlung und der Sentimentalität dagegen werden vom Vater als unzulässige Existenzform unterdrückt.

Diese Grunderfahrungen Heßlings mit der Macht und ihren Repräsentanten finden zusätzliche Bestätigung durch die ihn beeinflussenden gesellschaftlichen Institutionen: So prägt ihn das von einem autoritären Geist durchdrungene Schulsystem ebenso wie der Militärdienst und die im Kreise einer schlagenden Studentenverbindung verbrachte Studienzeit. Den Höhepunkt und Abschluss dieses Sozialisationsweges bildet Heßlings erste Konfrontation mit dem Kaiser. Seine Beziehung zu Agnes Göppel dagegen lässt zwar zumindest die Möglichkeit einer Entwicklungsalternative anklingen, diese bleibt jedoch letztlich folgenlos.

Die Textgrundlage für diesen Baustein bilden das erste und das zweite Romankapitel. Mit dem Tod des Vaters und der Beendigung des Studiums durch eine Promotion ist der charakterliche Schulungsprozess Heßlings vollendet und damit auch die Untertanenmentalität vollständig ausgebildet.

2.1 Heßling als Kind

Der den Roman einleitende und die Erstbegegnung des Lesers und der Leserin mit der Hauptfigur Dietrich Heßling bestimmende Absatz (S. 4, Z. 1 – 10) charakterisiert diesen als sensibles und kränkliches Kind, das sich vor der Welt außerhalb seines Elternhauses fürchtet und sich am liebsten in die schaurig-schönen Fiktionen seiner Märchenbücher flüchtet. Damit wird eine charakterliche Grunddisposition dargelegt, die eine äußerst empfängliche Grundlage für die sich im weiteren Erzählverlauf vollziehenden inner- und außerfamiliären Formungsprozesse bildet.

Zur analytischen Erschließung dieser für das Verständnis der Hauptfigur höchst relevanten Textpassage bietet sich ein Vorgehen an, das sich nicht nur auf eine rein inhaltliche Auswertung beschränkt, sondern zugleich die aufgrund ihrer Anschaulichkeit sehr gelungene sprachliche Umsetzung mitberücksichtigt.

Zunächst wird die Textstelle gemeinsam gelesen bzw. von der Lehrperson vorgelesen. Die Primärrezeption der Schülerinnen und Schüler kann mit folgendem Impuls abgerufen werden:

Diederich Heßling ist der Protagonist des Romans „Der Untertan". Wie lernen der Leser und die Leserin ihn kennen? Welche Assoziationen gedanklicher und emotionaler Art löst der erste Textabschnitt bei Ihnen aus?

Die Schülerinnen und Schüler werden in einem ersten Zugriff auf den Text wahrscheinlich Mitgefühl mit dem Kind äußern, hinterfragen, wie ein Junge in dem Alter zu solchen Verhaltensdispositionen kommt und möglicherweise auch typisch kindliche, aber auch belastende Merkmale identifizieren.

Anhand des Ausschnitts werden in der Folge noch einmal die Dispositionen, die das Leben des Kindes ausmachen, aufgelistet und zu einem ersten Resümee zusammengefasst:

- ■ *Schreiben Sie stichwortartig heraus, welche Charaktermerkmale bzw. Verhaltensweisen des Kindes in diesem ersten Textabschnitt deutlich werden.*
- ■ *Fassen Sie diese Merkmale in einem vorläufigen Resümee zusammen.*
- ■ *Wie bewerten Sie eine Kindheit, die von solchen Verhaltensdispositionen geprägt ist? Welche Fragen drängen sich dem Leser/der Leserin zwangsläufig auf?*

Charaktermerkmale und Verhaltensweisen des kleinen Diederich

- sensibel
- verträumt
- verängstigt   → eine sehr belastende, bemitleidenswerte Kindheit
- krank   → wenig „märchenhaft"
- Stubenhocker   → Frage des Lesers/der Leserin nach den Ursachen
- traumatisiert
- …

In der Folge kann noch einmal die auffällige sprachliche Gestaltung des Textabschnitts in den Blick genommen werden.

- ■ *Untersuchen Sie, mit welchen sprachlichen Mitteln der kleine Diederich Heßling im ersten Absatz des Romans (S. 4) charakterisiert wird und welche Funktion diese Mittel haben.*

Die Ergebnisse können in Form eines Tafelbildes gesammelt und systematisch dargestellt werden. Schwächeren Lerngruppen kann das **Arbeitsblatt 11**, S. 73 (Webcode SNG-22778-594) gegeben werden. Dort ist die linke Spalte bereits ausgefüllt.

- ■ *Untersuchen Sie, welche Funktion die sprachlichen Mittel im Einzelnen haben, mit denen der kleine Diederich zu Beginn des Romans charakterisiert wird.*

Baustein 2: Die Sozialisation Heßlings

Die Charakterisierung des kleinen Diederich (S. 4) – Eine Analyse der sprachlichen Gestaltung

sprachliches Mittel	Funktion für die Charakterisierung Heßlings/ Deutung
sprechender Name „Diederich Heßling" (Z. 1)	Der Vorname „Dietrich" wird konsonantisch verweichlicht, der Nachname „Heßling" weckt beim Leser/bei der Leserin negative Assoziationen („Hass", „hässlich")
Formulierung „weiches Kind" (Z. 1)	Das Attribut „weich" veranschaulicht Heßlings mangelndes Selbstvertrauen sowie seine Formbarkeit, die neutrale Bezeichnung „Kind" statt „Junge", „Knabe" betont das Fehlen typisch „männlicher" Wesenszüge.
Verbkette (Klimax) „träumte" – „fürchtete" – „litt" (Z. 1–2)	Das Leben des kleinen Diederich ist geprägt von Tagträumerei, permanenter Ängstlichkeit und Krankheit. Möglicherweise entwickelt sich bei ihm das eine aus dem anderen.
Inversion „Ungern [...]" (Z. 2)	Das vorangestellte Modaladverb „ungern" betont die abwehrend-antriebslose Grundhaltung Diederichs.
Parallelismus: „[...] im Winter die warme Stube, im Sommer den engen Garten" (Z. 3)	Diederich ist zu jeder Jahreszeit ein Stubenhocker und Einzelgänger.
Antithese aus der warmen Stube (vgl. Z. 3) und dem Geruch der „Lumpen" (Z. 4)	Diederichs unmittelbare Umgebung erweckt nicht den Eindruck von Kinderfreundlichkeit.
Antithese aus den „Goldregen- und Fliederbüschen" (Z. 4–5) und dem „hölzerne[n] Fachwerk" (Z. 5)	Dem natürlichen Leben wird eine starre, vom Menschen gemachte Welt entgegengesetzt.
Apposition „dem geliebten Märchenbuch" (Z. 6–7)	Diederich hat offensichtlich das kindliche Bedürfnis, sich in die Fantasiewelt der Märchen zu begeben.
Ausrufesätze „Neben ihm [...] selbst!" (Z. 7 ff.), „Oder an [...] her!" (Z. 9–10)	Die Gestalten aus der Märchenwelt versetzen Diederich jedoch in reale Angstzustände.

Im Zentrum der folgenden Arbeitsschritte, die sich beinahe zwangsläufig aus der Analyse des Textbeginns ergeben, steht der Einfluss bestimmter Sozialisationsinstanzen auf den Charakter des jungen Diederich. Als Vorbereitung ist zunächst eine theoretische Klärung des aus der Sozialpsychologie stammenden Fachterminus „Sozialisation" sinnvoll. Hierzu werten die Schülerinnen und Schüler zunächst einen entsprechenden Sachtext (siehe **Arbeitsblatt 12**, S. 74, Webcode SNG-22778-719) aus.

■ *Erarbeiten Sie aus dem Ihnen vorliegenden Lexikonartikel die wesentlichen Bedeutungsmerkmale des Begriffs „Sozialisation".*

Ein mögliches Tafelbild kann so aussehen:

Der Begriff der Sozialisation

- Hineinwachsen des Individuums in die Gesellschaft
- Erwerb sozialen Verhaltens und sozialer Interaktionsformen sowie gesellschaftlicher Normen und Werte
- lebenslanger Prozess; Phasen:
  a) primäre Sozialisation in den ersten beiden Lebensjahren: Entwicklung der Persönlichkeit und grundlegender emotionaler, kognitiver und kommunikativer Strukturen
  b) sekundäre Sozialisation: Erwerb sozialer Regeln und Verhaltensweisen sowie gesellschaftlicher Werte
  c) tertiäre Sozialisation im beruflichen und sozialen Umfeld des Erwachsenen
  d) quartäre Sozialisation im höheren Alter
- wichtige Sozialisationsinstanzen: Familie, Peergroup, Einrichtungen im Bereich der Bildung, Kultur, Gesellschaft, Arbeitswelt

---

Daran schließt sich folgende Aufgabe zum Textverständnis an:

> ■ *Überlegen Sie: Welche Sozialisationsphase wird in den ersten beiden Kapiteln des Romans „Der Untertan" dargestellt und welche Sozialisationsinstanzen sind für die geschilderte innere Entwicklung von Diederich Heßling relevant?*

Die ersten beiden Kapitel des Romans beschreiben am Beispiel Diederichs einen für die Zeit des Kaiserreichs typischen Sozialisationsprozess. An die Zusammenstellung der auf Heßling einwirkenden Sozialisationsinstanzen durch die Schülerinnen und Schüler kann die Lehrkraft zugleich einen Überblick über die folgenden Erarbeitungsphasen anschließen. Zunächst geht es vor allem um:

- die Familie
- die Schule
- die „Neutotonia" und das Militär

2.2 Die familiäre Prägung

Die Eltern bilden die erste und wichtigste Sozialisationsinstanz im Leben Diederich Heßlings. Der Vater, ein Kriegsveteran, der sich aus einfachsten Verhältnissen zum Besitzer einer Papierfabrik emporgearbeitet hat (vgl. S. 5, Z. 5–9), ähnelt mit seinem „Kaiserbart[]" (ebd., Z. 22) dem mächtigsten Mann im Staat, dem deutschen Kaiser. Vor allem auf „Ehrenfestigkeit und Pflicht" (ebd., Z. 19–20) achtend, erzieht er seinen Sohn nicht mit emotionaler Zuwendung, sondern mit äußerster Strenge unter häufiger Zuhilfenahme körperlicher Strafen (vgl. S. 4, Z. 15).
Diederich erlebt seinen Vater in diesem Zusammenhang als übermächtige Autorität, an der keinerlei Zweifel erlaubt ist. Dabei ist sein Verhältnis zum Oberhaupt der Familie von Ambivalenz geprägt: Einerseits empfindet er eine elementare Furcht, aus der seine völlige Ergebenheit in den väterlichen Willen resultiert. Andererseits liebt er seinen Vater (vgl. ebd., Z. 12). Zeigt der Vater jedoch eine Schwäche, wenn er beispielsweise ein Vergehen des

Sohnes nicht bemerkt, erwachen bei Diederich versteckte Zweifel an der väterlichen Allmacht (vgl. ebd., Z. 15–16). Auf einen Treppensturz des Vaters reagiert er sogar mit offen gezeigter Schadenfreude (vgl. ebd., Z. 17–19).

Im Kontext der Persönlichkeitsentwicklung Diederichs ist überdies die Feststellung von Bedeutung, dass er bereits als Kind die Instrumentalisierbarkeit fremder Macht für die eigenen Zwecke kennenlernt. Im Umgang mit den Arbeitern seines Vaters benimmt er sich wie „ein launenhafter Pascha" (S. 5, Z. 1), der die Angst der Arbeiter vor dem alten Heßling ausnutzt und sich regelrecht als Stellvertreter von dessen Macht hofieren lässt. Das Erdulden väterlicher Strafen nimmt er sogar als Auszeichnung gegenüber den Arbeitern wahr: „Ich habe Prügel bekommen, aber von meinem Papa. Ihr wäret froh, wenn ihr auch Prügel von ihm bekommen könntet. Aber dafür seid ihr viel zu wenig" (S. 4, Z. 23–25).

Die Mutter personifiziert das wesensmäßige Gegenteil zum Vater. Sie begegnet ihrem Sohn mit Zärtlichkeit (vgl. S. 6, Z. 19), und anders als ihr Mann erlaubt sie ihm musische Erfahrungen und Freiraum für kindliche Fantasien in „von Gemüt überfließende[n] Dämmerstunden" (ebd., Z. 24–25). In den Augen ihres Gatten jedoch verdirbt sie durch ihre „gefühlsselige[] Art" (ebd., Z. 4) die Erziehung des Sohnes. Beide eint eine tiefgehende Angst vor dem Vater, da auch die Mutter nicht immer alle Regeln im Hause beachtet und wie ihr Sohn ebenfalls beim Lügen erwischt wird (vgl. ebd., Z. 6–7). Diese Gemeinsamkeit macht es Diederich seinerseits unmöglich, seine Mutter zu respektieren, da er in ihr lediglich seine eigene Unfähigkeit, den Ansprüchen des Vaters zu genügen, gespiegelt sieht (vgl. ebd., Z. 20–21). Im Übrigen nutzt er auch gegenüber seiner Mutter den Windschatten väterlicher Macht: Wenn sie ihn in einem Anfall von „Rachsucht" (ebd., Z. 16) ungerechtfertigt schlägt, setzt er sie mit der Drohung unter Druck, den Vorfall dem Vater zu melden (vgl. ebd., Z. 17).

Die Rolle der Eltern für die Sozialisation Diederichs lässt sich in Form einer Gruppenarbeit analysieren, die durch die Integration einer grafischen Gestaltungsaufgabe eine zusätzliche kreative Ebene umfasst.

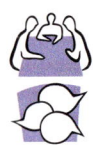

■ *Erarbeiten Sie aus dem Text, S. 4–7, die Beziehungen zwischen Diederich, seinem Vater und seiner Mutter und berücksichtigen Sie dabei auch das Verhalten Diederichs gegenüber den Arbeitern seines Vaters. Welche charakterliche Entwicklung nimmt Diederich im Zuge dieses Sozialisationsprozesses? Hinweis zur Ergebnispräsentation: Stellen Sie Ihre Ergebnisse in einer übersichtlichen und möglichst anschaulichen grafischen Form dar, die als Grundlage für ein gemeinsames Tafelbild dienen könnte.*

Die grafischen Entwürfe können schriftlich festgehalten werden, um sie im Rahmen der Besprechung miteinander vergleichen zu können.

Ein mögliches Tafelbild könnte folgendermaßen gestaltet sein:

Erziehung und Sozialisation im Hause Heßling

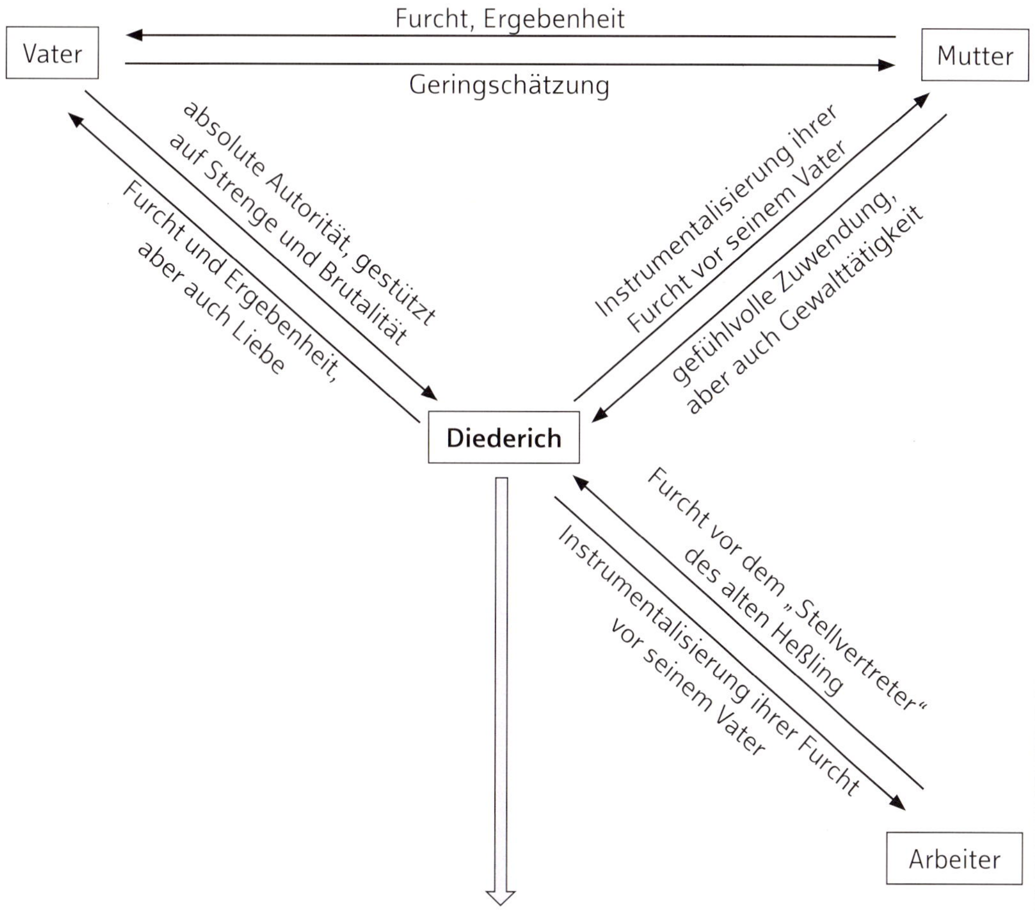

```
                  Furcht, Ergebenheit
    Vater  ←─────────────────────────── Mutter
           ───────────────────────────→
                   Geringschätzung

         ↖                           ↗
          absolute Autorität,      Instrumentalisierung ihrer
          gestützt auf Strenge     Furcht vor seinem Vater
          und Brutalität
         ↙                           ↘
          Furcht und Ergebenheit,    gefühlvolle Zuwendung,
          aber auch Liebe            aber auch Gewalttätigkeit

                      Diederich

                         ↑  Furcht vor dem „Stellvertreter"
                         │  des alten Heßling
                         ↓  Instrumentalisierung ihrer Furcht
                            vor seinem Vater
                                              Arbeiter
```

Diederich lernt, sich den Repräsentanten der Macht bedingungslos zu beugen, die von ihr ausgehende Autorität aber auch zum eigenen Vorteil zu nutzen.

Der Arbeitsauftrag eignet sich ebenso als Hausaufgabe. In schwächeren Lerngruppen kann entweder der Aufgabenteil zur grafischen Umsetzung weggelassen oder die Struktur des Tafelbildes bereits auf einem Arbeitsblatt vorgegeben werden, auf dem vonseiten der Schülerinnen und Schüler nur mehr die Inhalte zu ergänzen sind (siehe **Arbeitsblatt 13**, S. 75, Webcode SNG-22778-143). Die Lösung ist dem **Lösungsblatt 13**, S. 76 (Webcode SNG-22778-143) zu entnehmen.

Ergänzend kann dieses auffällige Beziehungsgefüge durch ein Standbild sichtbar gemacht werden, das in jedem Fall textanalytisch (s. o.) vorbereitet werden muss:

- *Erstellen Sie zu dem von Ihnen erarbeiteten Beziehungsgefüge ein Standbild. Die Rolle der „Arbeiter" kann von einem Schüler bzw. einer Schülerin dargestellt werden. Arbeiten Sie in Gruppen zu fünf Schülerinnen und Schülern.*

- *Überlegen Sie sich eine mögliche Aussage, die charakteristisch für die Mitglieder der Familie Heßling und für die Gruppe der Arbeiter sein könnte. Während der Präsentation sprechen die Rollenträger und -trägerinnen nacheinander diesen Satz.*

- *Beschreiben Sie als zuschauende Schülerin bzw. zuschauender Schüler nach der Präsentation, was Sie im Detail gesehen haben, und beurteilen Sie, ob die Darstellung der Textvorlage gerecht wird.*

In der Vorbereitung ihrer Standbilder sollten die Lernenden in jedem Fall die Aussagen der Rollenträger festlegen. Am Ende der Präsentation kann die Lehrperson ausgewählte Gruppen auffordern, spontan jeweils einen Schritt in eine selbstgewählte Richtung zu tätigen und dann als Standbild erneut einzufrieren, um anschließend zu begründen, warum sich die Rollenträger in eine bestimmte Richtung bewegt haben. Wird eine Nähe zu einem anderen Rollenträger aufgebaut? Wird bewusst Distanz gesucht? Spiegelt sich in dem Schritt möglicherweise eine angedeutete Entwicklung, die im weiteren Handlungsverlauf sichtbar wird?

2.3 Die gesellschaftliche Sozialisation

2.3.1 Übertragungen der Vater-Figur

Im Anschluss an die familiäre Sozialisation kann die Lehrkraft zum nächsten inhaltlichen Teilbereich, nämlich der Analyse der außerfamiliären Sozialisationsfaktoren, überleiten.
Die von Diederich geradezu existenziell vollzogene Unterwerfung unter die väterliche Autorität geht einher mit einer Übertragung dieser Empfindung auf weitere, als ebenso Furcht einflößend und unnahbar wahrgenommene Personen seines näheren Umfelds: auf den jederzeit zu Strafmaßnahmen bereiten Polizisten, auf den bedrohlichen Schornsteinfeger sowie auf den Doktor, dessen schmerzvoller Behandlung er hilflos ausgeliefert ist (vgl. S. 7). Damit löst sich die Furcht vor der Macht von der Person des Vaters, wird auch anderen, ebenfalls Macht verkörpernden Instanzen außerhalb der Familie entgegengebracht und in diesem Sinne generalisiert.
Einen geeigneten Gesprächsanlass bietet beispielsweise der folgende Arbeitsauftrag:

- *Rufen Sie sich durch erneutes Lesen die Textstelle „Nach so vielen furchtbaren Gewalten [...] die Schule" (S. 7, Z. 8 – 15) in Erinnerung. Beschreiben Sie, welche Menschen ebenfalls Einfluss auf Diederich nehmen und welcher Zusammenhang zu Diederichs Vater erkennbar ist.*

- *Erläutern Sie, warum es gerade diese Instanzen sind, die ihm Angst machen.*

- *Welche Alternativen könnte es geben, damit diese Instanzen nicht angstbesetzt wären?*

In allen Fällen handelt es sich um Instanzen, die das Kind hilflos und ängstlich zurücklassen; es sind solche, „denen man unterworfen war" (S. 7, Z. 8). Diese Erfahrung des Kindes resultiert dabei nicht per se aus den Instanzen, sondern ist das Ergebnis der Machtausübung des Vaters. Die Konfrontation mit den („bösen") Märchenfiguren könnte das Gegenteil, nämlich eine Entlastung in der und durch die Fiktion, bewirken, wenn dafür Raum geboten würde. Das kann jedoch nicht in einer familiären Situation funktionieren, in der ein machtvoller Vater das „Märchenerzählen" sanktioniert und die schwache Mutter die Angst des Kindes teilt (vgl. S. 6). Gleiches gilt für die Instanzen Gott, Polizei und Schornsteinfeger.

Diederichs Ohnmachtserleben in der Kindheit

- die „Märchenkröten" (S. 7, Z. 9)
- der „liebe[] Gott" (S. 7, Z. 9)
- das „Burggespenst" (S. 7, Z. 9 – 10)
- die „Polizei" (S. 7, Z. 10)
- der „Schornsteinfeger" (S. 7, Z. 10)

Diederich überträgt die Macht des Vaters auf diese Instanzen.

Die angesprochenen Aspekte bieten sich im Übrigen auch als Zusatzaufgabe im Rahmen der Binnendifferenzierung an. So lässt sich beispielsweise die Episode mit dem Polizisten „Ecke der Meisenstraße" (S. 7, Z. 1) mit einer thematisch ähnlich gelagerten Parabel von Franz Kafka („Gibs auf!") im Rahmen eines Schülerreferats vergleichen (vgl. **Arbeitsblatt 14**, S. 77, Webcode SNG-22778-999).

Die Aufgabenstellung für das Referat kann lauten:

> ■ *Vergleichen Sie die Episode mit dem Polizisten „Ecke der Meisenstraße" (S. 7) in Heinrich Manns „Der Untertan" mit der Parabel „Gibs auf!" von Franz Kafka, indem Sie die jeweilige Situation der beiden Protagonisten einander gegenüberstellen. Informieren Sie sich dabei auch über das Leben Franz Kafkas und beziehen Sie Ihre Erkenntnisse in die Interpretation mit ein.*

Grob skizziert können folgende Unterschiede zwischen den beiden Texten herausgearbeitet werden:

- Der Ich-Erzähler in der Kafka-Parabel ist sich offenbar der Tatsache bewusst, dass er sich in erheblichem Maße von der gesellschaftlichen Masse unterscheidet (unterschiedliche Uhrzeiten!). Hierin spiegeln sich ohne Zweifel vielfältige persönliche Ausgrenzungserfahrungen Kafkas wider: Dieser wurde bekanntlich nicht nur vom übermächtigen Vater, sondern – als deutschstämmiger Jude in Prag in einer doppelten Außenseitersituation! – auch von der tschechischen, christlich geprägten Bevölkerungsmehrheit zurückgewiesen. Zudem bietet auch die jüdische Gemeinde keinen echten Rückhalt, da er dieser Religion innerlich distanziert gegenübersteht. Mit der Frage nach der richtigen Uhrzeit sucht das Ich Hilfe und Orientierung bei der Instanz, die im gesellschaftlichen Leben üblicherweise für Ordnung und Sicherheit bürgt: dem Schutzmann. Dieser stößt ihn jedoch ebenfalls zurück und macht ihm in überheblicher Weise die Aussichtslosigkeit seines Ansinnens deutlich.
- Diederich Heßlings größte Furcht besteht darin, bei einem strafbaren, also nicht gesellschaftskonformen Verhalten ertappt zu werden. In diesem Fall drohen drakonische Strafen vonseiten der Staatsmacht, konkret die sofortige Verhaftung. Deshalb betreibt er als oberste Maxime die Anpassung an gesellschaftliche Normen und sucht aus vorauseilendem Gehorsam heraus die bewusste Konfrontation mit dem Polizisten, um sich gar nicht erst verdächtig zu machen. Die Frage nach der Uhrzeit dient damit vor allem als Nachweis eines gesellschaftskonformen Verhaltens.

2.3.2 Die schulische Sozialisation

Eine zentrale Rolle in der außerfamiliären Sozialisation Diederich Heßlings kommt der Institution Schule zu. Ihr Bildungsauftrag zur Zeit des Kaiserreichs trägt primär einen gesellschaftsaffirmativen Charakter, im Mittelpunkt steht der Respekt vor Thron und Altar sowie vor deren Repräsentanten und Statthaltern. Deshalb sollen den Kindern in erster Linie Erziehungsziele wie kritikloser Gehorsam, militärisch anmutende Disziplin sowie mechanischer Fleiß anerzogen werden.

Heßlings erste Erfahrungen mit der Schule sind von einer tiefempfundenen kindlichen Angst geprägt. Rasch lernt er jedoch seine Weinanfälle dazu zu nutzen, um sich vor Leistungserhebungen zu drücken (vgl. S. 7). In seinem Verhalten gegenüber den einzelnen Lehrern wiederholen sich seine familiären Erfahrungen mit dem starken Vater und der schwachen Mutter: Strengen Lehrern begegnet er mit Willfährigkeit, bei nachgiebigeren Lehrern fühlt er sich zu versteckten Streichen ermutigt (vgl. ebd.), und wenn Vertreter des Lehrkörpers an Autorität und an Macht verlieren, erlebt er dies in seiner Kleinheit als aufbauend und tröstlich (vgl. S. 7 – 8).

Überhaupt erfüllt ihn der Schulbesuch mit Stolz, da er sich nunmehr als Teil eines „unpersönlichen Ganzen" (S. 7, Z. 31.) beziehungsweise eines „unerbittlichen, menschenverachtenden, maschinellen Organismus" (ebd., Z. 31–32) wahrnehmen darf und dadurch in gewisser Weise Anteil an der „Macht" (ebd., Z. 33) bekommt, auch wenn er diese zunächst nur in der Rolle des passiven Opfers erlebt. Allerdings sucht er, wie schon in seinem Elternhaus, auch in der Schule in zunehmendem Maße den Windschatten der Macht: Im Spiel mit seinen Schwestern gibt er den willkürlich und „grausam" strafenden Lehrer (vgl. S. 8), und durch die Demütigung eines jüdischen Mitschülers (vgl. S. 10) findet er den Beifall seiner Klassenkameraden und erfährt gleichzeitig die Kraft, die einer Person mit schwachem Selbstbewusstsein in der Zugehörigkeit zu einer Gruppe zuteilwird: „Wie wohl man sich fühlte bei geteilter Verantwortlichkeit und einem Selbstbewusstsein, das kollektiv war!" (ebd., Z. 11–12).

Durch diese Demonstration seiner ideologischen Zuverlässigkeit steigt er überdies im Ansehen des überwiegend antisemitisch eingestellten Lehrerkollegiums und wird sogar mit der Funktion des Klassendenunzianten betraut, deren Ausübung ihm kein persönliches Gewissensproblem bereitet. Er sieht sich vielmehr als „pflichtmäßiger Vollstrecker einer harten Notwendigkeit" (S. 11, Z. 3–4). Durch sein obrigkeitsorientiertes Pflichtbewusstsein und seine immer stärker sich entwickelnde „Radfahrermentalität" („nach oben buckeln und nach unten treten") ist der Schulerfolg des Untertans gesichert, auch wenn er eigentlich nicht dem Bild des Gymnasiasten entspricht: Jenseits des Lernstoffs entwickelt er keinerlei Bildungshorizont (vgl. S. 11).

Die Behandlung dieser Zusammenhänge kann zunächst durch eine allgemeiner gehaltene Annäherung an das Wesen der Schule im Kaiserreich erfolgen. Das **Arbeitsblatt 15**, S. 78 (Webcode SNG-22778-297) enthält Auszüge aus einer Volksschulordnung aus dem Jahr 1879, die den Geist der damaligen Pädagogik verkörpert. Ein geeigneter Arbeitsauftrag in Form einer Einzelarbeit könnte folgendermaßen formuliert sein:

■ *Lesen Sie die Volksschulordnung aus der Zeit des Deutschen Kaiserreichs und versuchen Sie, das damalige Erziehungssystem zu charakterisieren.*

Die von den Schülerinnen und Schülern gesammelten Aspekte können an der Tafel oder mithilfe einer Dokumentenkamera folgendermaßen zusammengefasst werden:

Eine Schule im Geist des Deutschen Kaiserreichs – Auswertung einer Schulordnung

- Betonung äußerer Ordnung
- umfassende Kontrolle der Kinder, unter anderem durch ein Denunziantensystem
- Vorherrschen einer äußerst strengen Disziplin
- mechanischer Drill als Erziehungsprinzip
- Prinzip des absoluten Gehorsams gegenüber dem Lehrer

Alternativ zu diesem Arbeitsschritt ist es selbstverständlich auch möglich, das wilhelminische Schulsystem durch ein Schülerreferat vorzustellen zu lassen. Eine entsprechende Themenformulierung findet sich am Ende des Bausteins.

Die erkenntnisleitende Aufgabenstellung für die als Partnerarbeit durchzuführende Analyse des Romantexts kann folgendermaßen lauten:

■ *Überprüfen Sie, welche Eigenschaften das Schulsystem bei Diederich Heßling fördert. Die Textgrundlage bilden die Seiten 7 bis 11.*

Die Erkenntnisse könnten in folgende Transferaufgabe münden:

> ■ *Fassen Sie Ihre Befunde in Form von „Lehrsätzen für den künftigen Untertan" zusammen.*

Die Resultate werden zunächst in Form von Vorschlägen gesammelt. Anschließend werden die treffendsten „Lehrsätze" in einem entsprechenden Tafelbild festgehalten, das in etwa so aussehen könnte:

**In der Schule lernt man fürs Leben –
Heßlings „Lehrsätze für den künftigen Untertan"**

1. Wehleidigkeit kann zum eigenen Vorteil genutzt werden.
2. Strengen Lehrern muss man sich unbedingt fügen.
3. Die Identifikation mit der Macht stärkt das Selbstbewusstsein.
4. Auch Mächtige können durch noch Mächtigere gestürzt werden.
5. Mit einer starken Gruppe im Rücken kann man Schwächere unbedenklich demütigen.
6. Das Verraten von Klassenkameraden ist eine karrierefördernde Pflicht.

Die Besprechung der Ergebnisse sollte nach Möglichkeit in eine weiterführende Diskussion über das Verhältnis Heßlings gegenüber der Institution Schule münden. Dazu stehen der Lehrkraft unter anderem die folgenden Impulsfragen zur Verfügung:

> ■ *Beschreiben Sie, welche Zusammenhänge sich zwischen den familiären und den schulischen Sozialisationserfahrungen Diederichs erkennen lassen.*
>
> ■ *Überlegen Sie: Welche Eigenschaften fördert die Schule bei Diederich nicht?*
>
> ■ *Vergleichen Sie das im Roman dargestellte Schulsystem mit Ihren eigenen Erfahrungen. Welche wesentlichen Unterschiede zwischen gestern und heute fallen Ihnen auf?*

Außerdem können die von den Schülerinnen und Schülern erarbeiteten „Lehrsätze" dazu herangezogen werden, inhaltliche Zusammenhänge mit der weiteren Romanhandlung herzustellen:

> ■ *Nennen Sie Beispiele dafür, in welcher Weise Heßling seine in der Schule erworbenen „Lehren" im weiteren Verlauf des Romans umsetzt.*

Hier eine Auswahl möglicher Beispiele:

Für Lehrsatz 1: Heßling nutzt seine Wehleidigkeit unter anderem dazu, sich der Wehrpflicht zu entziehen.
Für Lehrsatz 2: Auch in seinem weiteren Leben unterwirft sich Heßling bedingungslos den Repräsentanten der Macht, zum Beispiel dem Regierungspräsidenten von Wulckow.
Für Lehrsatz 3: Heßling nutzt die selbst erworbenen Machtpositionen zur Kompensation der eigenen Untertänigkeit. Dies wird unter anderem in seinem tyrannischen Verhalten gegenüber seinen Arbeitern deutlich.
Für Lehrsatz 4: Heßling orientiert sich letzten Endes stets an der allerhöchsten, nicht mehr überbietbaren Macht: dem Kaiser.

Für Lehrsatz 5: Gruppenidentitäten werden für Heßling zum Ersatz für fehlendes Rückgrat. So gibt die Zugehörigkeit zur Studentenverbindung dem schwächlichen Heßling ausreichend Sicherheit, um den Vater Agnes Göppels zu demütigen.

Für Lehrsatz 6: Heßling nutzt jede Gelegenheit, sich auf Kosten anderer zu profilieren. So macht er beispielsweise die Majestätsbeleidigung Lauers öffentlich.

2.3.3 Exkurs: Diederichs Kindheit als „Muster" für die Entwicklung eines „autoritären Charakters"?

Ziel des Deutschunterrichts ist es nicht, den Schülerinnen und Schülern ein differenziertes psychoanalytisches Wissen zu vermitteln. Dennoch kann es vor allem für leistungsstärkere Lerngruppen interessant sein zu hinterfragen, inwieweit Heinrich Mann in seinem Roman die Entwicklung eines autoritären Charakters nachzeichnet, wie z. B. Erich Fromm diesen Begriff verwendet. Gemeint ist eine Persönlichkeit, die mit einer exzessiven Autoritätshörigkeit ausgestattet ist und gleichzeitig Macht gegenüber Untergebenen ausübt, z. T. gepaart mit masochistischen und sadistischen Verhaltenstendenzen. Zu dieser Verhaltensdisposition gehört im Sinne Fromms die Ablehnung alles freigeistigen Künstlerischen und alles Fremden. Die Ursache für eine solche Entwicklung sieht Fromm in einer autoritär strukturierten, die Freiheit und personale Identität des Kindes unterdrückenden Familienkonstellation. Ein autoritärer Charakter ist in diesem Verständnis bereit zur Unterordnung und zur Ausgestaltung einer fast ausschließlichen personalen Identität, die sich in der Begrifflichkeit Sigmund Freuds an den erworbenen Normen des Über-Ichs orientiert.

Diesen Zusammenhang erläutert Erich Fromm in einem Interview mit der Diplompsychologin und Psychoanalytikerin Renate Schneider-Sittel aus dem Jahr 1975.[1] Heinrich Manns Roman „Der Untertan" kommt darin explizit gar nicht vor, dennoch können die Schülerinnen und Schüler Parallelen ziehen und darüber hinaus zu einer kritischen Selbstreflexion ihres eigenen Denkens und Handelns angeregt werden.

Das Gespräch verlangt kein Vorwissen und kann auch von Jugendlichen verstanden werden. Erklärt werden muss zuvor das sogenannte Milgram-Experiment, das im zweiten Teil des Gesprächs Erwähnung findet. Es wurde von dem Psychologen Stanley Milgram (1933–1984) entwickelt und erstmals 1961 durchgeführt. Getestet werden sollte in dem Experiment die Bereitschaft von Personen, sich auch dann autoritären Anweisungen zu unterwerfen, wenn sie im deutlichen Widerspruch zu persönlichen Überzeugungen standen. Der Versuch bestand darin, dass ein „Lehrer" – die eigentliche Versuchsperson – einem „Schüler" bei Fehlern vermeintlich einen elektrischen Schlag versetzte. Ein Versuchsleiter (ebenso ein Schauspieler wie der Schüler) gab dazu Anweisungen. Die Intensität des elektrischen Schlages sollte nach jedem Fehler erhöht werden. Ergebnis war, dass bei Anwesenheit des Versuchsleiters über die Hälfte der Versuchspersonen bereit war, das Experiment zu Ende zu führen, sich also den Anweisungen unterzuordnen, womit Milgram zeigen konnte, dass Gehorsam offensichtlich ein in vielen Menschen angelegtes Bedürfnis ist.[2]

Vorgeschlagen wird, das ca. halbstündige Interview in Gänze anzuhören und zuvor Themengebiete festzulegen, zu denen sich die Schülerinnen und Schüler während der Präsentation Notizen machen. Diese thematischen Schwerpunkte können – ausgedrückt in Aufträgen (s. **Arbeitsblatt 16**, S. 79, Webcode SNG-22778-144) – sein:

■ *Das Gespräch, das Sie nun hören, dauert etwa 30 Minuten. Setzen Sie sich in Gruppen zu mindestens fünf Schülerinnen und Schülern zusammen, teilen*

---

[1] Das Interview kann unter den folgenden Adressen aufgerufen werden:
www.youtube.com/user/Frommsociety (hier: unter Videos: Erich Fromm: Psychoanalyse des Faschismus) (Aufruf: 31.08.2021)
www.youtube.com/watch?v=crr7NAo4kdM (Aufruf: 31.08.2021)
www.youtube.com/watch?v=oQfBsZdy8Bg (Aufruf: 31.08.2021)

[2] Eine differenziertere Beschreibung und Bewertung des Experiments finden sich u. a. hier:
www.aerzteblatt.de/archiv/61140/Stanley-Milgram-Gehorsam-gegenueber-Autoritaet (Aufruf: 31.08.2021)

Sie die folgenden Fragen auf und machen Sie sich während des Hörens zu „Ihrer" Frage Notizen. Schreiben Sie die Frage und Ihre Notizen auf ein gesondertes Blatt.

a) Was versteht Erich Fromm unter einem „autoritären Charakter"? Welche Rolle spielen dabei der Sadismus und der Masochismus?
b) Worin besteht der Zusammenhang zwischen einem „autoritären Charakter" und dem Faschismus? Wie beurteilt Erich Fromm in diesem Zusammenhang Adolf Hitler als „Führer"?
c) Welche Bedingungen befördern laut Erich Fromm die Entwicklung eines „autoritären Charakters" und welche verhindern sie?
d) Welchen Zusammenhang sieht Erich Fromm zwischen der Entwicklung eines „autoritären Charakters" und der Erziehung im Allgemeinen und unterschiedlichen Erziehungsstilen? Welche Alternativen nennt er?
e) Wie definiert Erich Fromm den Begriff „Autorität" und welche Unterscheidungen nimmt er vor?

zu a)

autoritärer Charakter: Charakter verstanden als permanente, überdauernde Persönlichkeitsstruktur, geprägt von **Sadismus** und **Masochismus**, nicht verstanden als (ausschließlich) sexuelle Perversion, **Radfahrermentalität** (nach oben buckeln und nach unten treten).
Sadismus: Herrschaft über ein Lebewesen, Bedürfnis, einen Unterlegenen zu beherrschen
Masochismus: Bewunderung eines Stärkeren, Lust an der Unterwerfung, absolute Abhängigkeit, absolute Abgabe von Verantwortung, in der Existenz des Menschen verankert, Verstärkung durch Lebensumstände

zu b)

Faschismus: Radfahrermentalität als Grundlage
Adolf Hitler: Bezugnahme Hitlers auf Schicksal, Vorsehung und biologische Gesetzmäßigkeiten als übergeordnete Instanzen, grundsätzliches Erleben des Scheiterns, Randexistenz, gescheiterte Künstlerexistenz, Entwicklung eines Wunsches zur Allmacht, Appell an eine ohnmächtige Klasse mit derselben Charakterstruktur

zu c)

Bedingungen: Gefühl des Scheiterns, der Schwäche, der Ohnmacht, der Manipulation, fehlender positiver Weg, sich selbst stark zu fühlen, Anfälligkeit des Kleinbürgertums, gesellschaftliche (kollektive) Ohnmacht, Parallelen zwischen der Charakterstruktur des Führenden und des Unterlegenen, Wunsch, die Ohnmacht zu überwinden, pathologische Neigung, die Selbstbestimmtheit zu negieren, Langeweile, keine Ausflucht, Unterdrückung von Träumen, Anpassungszwang, Mangel an innerer Überzeugung, Geneigtheit des modernen Menschen, sich anzupassen, extreme Wissenschaftsgläubigkeit, Opferung eigener Gefühle
Verhinderung: Notwendigkeit kritischen Denkens, Antideterminismus

zu d)

negative Erziehungsprinzipien: Langeweile, Orientierung an Noten, Konkurrenzkampf, Abhängigkeit, fehlende Kontrolle, demokratische Wahlen kein Ersatz für Selbstbestimmung, Potenzial für den Faschismus

positive Erziehungsprinzipien: Interessantes Leben, keine Schablone, Raum für Fantasie, Raum, selbstständig zu fühlen und zu denken, Mut zu träumen, Universalsprache der Symbole, subjektives Verstehen, schöpferisches Tun, kreatives Tun, großes Gegengewicht zu faschistischen Tendenzen, kritisches Denken

zu e)

Autorität: kein „laissez faire"
rationale Autorität: erweist sich durch Kompetenz, unterwirft sich den Menschen nicht, zunehmende Verringerung der Autoritätssituation (Beziehung)
irrationale Autorität: arbeitet mit Druck und Angst, beutet psychisch aus, macht abhängig, erweitert die Distanz/Beziehung
offene Autorität: klare Rollenverteilung, sichtbar, Möglichkeit der Rebellion
anonyme Autorität: manipulative Autorität, Scheinfreiheit, System der Anpassung, wirkungsmächtiger als offene Autorität, in der Gegenwart gefährlicher, weil sie den Menschen täuscht, keine Mobilisierung von Freiheitsbedürfnissen

In einem ersten Austausch über das Gehörte sollten die Schülerinnen und Schüler die Gelegenheit erhalten, im Gruppengespräch ihre Eindrücke wiederzugeben. Dabei werden wahrscheinlich zum einen bereits Beziehungen zum Roman „Der Untertan" hergestellt. Möglich ist es zum anderen auch, dass die Lernenden z. B. im Kontext des Autoritätsbegriffs bzw. der Kennzeichnung unterschiedlicher Erziehungsstile Reflexionen ihrer eigenen Situation einbringen.

■ *Tauschen Sie sich nach dem Hören zunächst in einem offenen Gespräch über Ihre Eindrücke aus.*

In der Folge informieren sich die Schülerinnen und Schüler auf der Grundlage ihrer Notizen über den von ihnen in besonderer Weise gehörten Themenkomplex. Sinnvoll ist es, wenn zunächst jedes Gruppenmitglied Zeit zugestanden wird, die Notizen zu ordnen.

■ *Informieren Sie anschließend Ihre Gruppenmitglieder über den von Ihnen bearbeiteten Themenkomplex.*

Inhaltlich wird es in den Gesprächen um die genannten Stichworte gehen (s. o.). Diese Phase kann abgeschlossen werden, indem noch einmal im klärenden Unterrichtsgespräch einige Schwerpunkte aufgegriffen werden. Folgende Impulse können das Gespräch leiten:

■ *Was macht nach Erich Fromm einen „autoritären Charakter" aus?*

■ *Wie definiert er in diesem Kontext die Begriffe „Sadismus" und „Masochismus"?*

■ *In welcher Weise beschreibt Erich Fromm Adolf Hitler als „autoritären Charakter"?*

■ *Welche Bedingungen befördern die Entwicklung eines „autoritären Charakters", welche verhindern sie?*

Die Ergebnisse können in folgendem Tafelbild zusammengefasst werden:

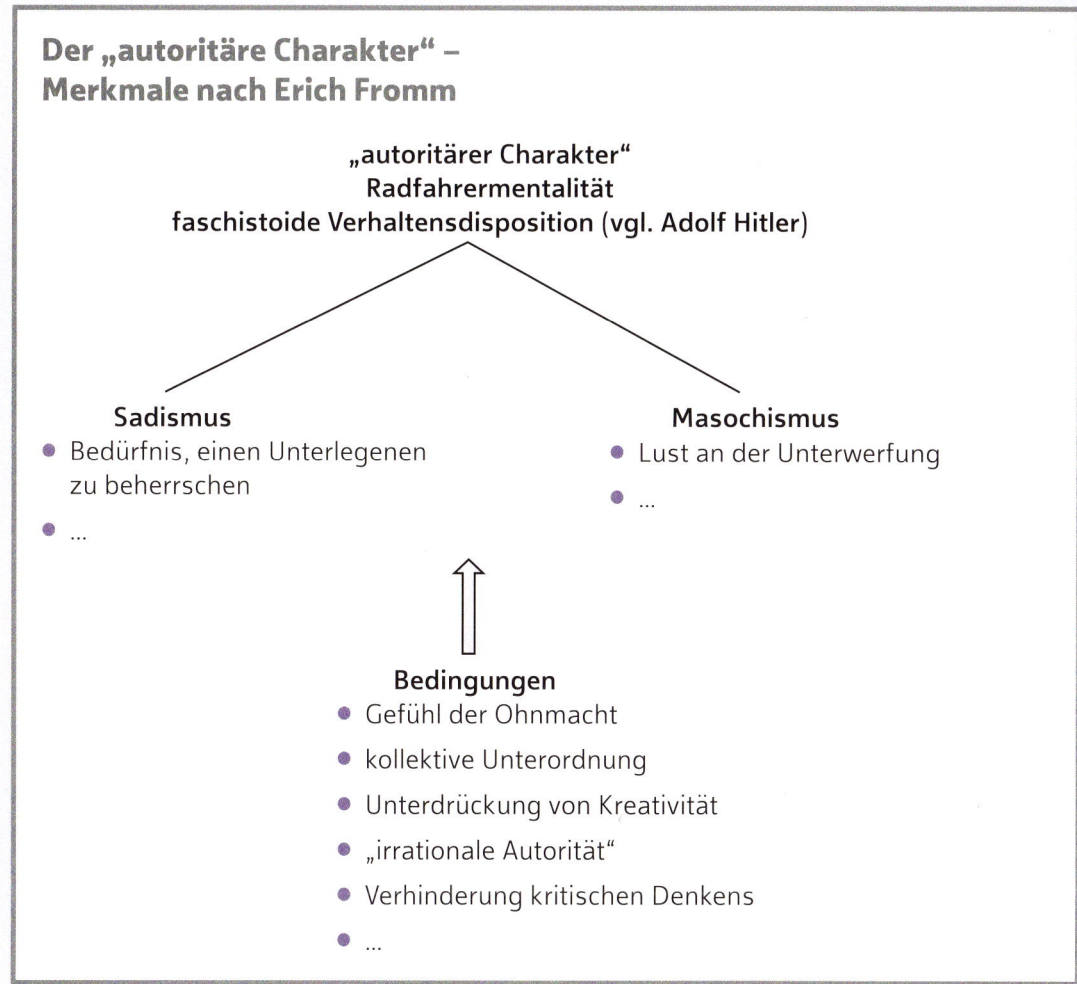

Im Anschluss erfolgt eine Übertragung auf den Protagonisten Diederich Heßling, die die Schülerinnen und Schüler zunächst im Gruppengespräch vornehmen. Anschließend sollten die Ergebnisse noch einmal im Unterrichtsgespräch zusammengetragen werden.

■ *Erörtern Sie im Gruppengespräch, wo Sie Parallelen zwischen den Aussagen Erich Fromms und dem Roman „Der Untertan" sehen.*

Je nach Lesefortschritt können die Schülerinnen und Schüler die Parallelen aus ihrer Erinnerung heraus formulieren oder aber noch einmal den Romanbeginn, in diesem Fall die Seiten 4 – 10, Z. 12 genauer in den Blick nehmen.

In diesem Fall lautet der Auftrag:

■ *Überfliegen Sie noch einmal die S. 4 – 10, Z. 12 und weisen Sie im Einzelnen nach, in welcher Weise in den Sozialisationsinstanzen Familie und Schule bereits im Kind Diederich Heßling die Struktur eines „autoritären Charakters" deutlich wird. Veranschaulichen und präsentieren Sie Ihre Ergebnisse, indem Sie die Struktur des Tafelbildes (s. o.) übernehmen.*

In der Präsentationsphase übernimmt eine Gruppe im Sinne des „Lernens durch Lehren" die Rolle der Lehrperson, erläutert mithilfe einer Dokumentenkamera oder auch mithilfe der Tafel ihre Ergebnisse und kommt mit den anderen Kursteilnehmern und -teilnehmerinnen abschließend darüber ins Gespräch.

Diederich Heßling als Kind – Merkmale eines „autoritären Charakters"

Sadismus
- Freude über die Schwäche des Vaters (vgl. S. 4, Z. 17 – 18)
- Erniedrigung der Arbeiter (vgl. S. 4, Z. 21 ff.)
- Drohung gegenüber der Mutter (vgl. S. 6, Z. 17)
- Freude über die Angst der Mutter (vgl. S. 6, Z. 17 f.)
- Bloßstellung von „gutmütigen" (S. 7, Z. 25) Lehrern
- Demütigung des Hilfslehrers (vgl. S. 8, Z. 5 f.)
- Machtbedürfnis (vgl. S. 8, Z. 12 u. Z. 18 ff.)
- „siegestrunkene[r] Unterdrücker" (S. 10, Z. 2 f.)
- …

Masochismus
- Unterwerfung unter den Vater (vgl. S. 4, Z. 12 ff.)
- Lust an der Bestrafung (vgl. S. 4, Z. 23 u. S. 8, Z. 25 – 26)
- Unterwerfung. unter eine höhere Macht (vgl. S. 5, Z. 17)
- fehlende Selbstachtung (S. 6, Z. 21 f.)
- „scharfen Lehrern ergeben und willfährig" (S. 7, Z. 24)
- Genugtuung, Zeugnisse als Strafgericht (vgl. S. 7, Z. 24 – 25)
- Aufgabe der Individualität (vgl. S. 7, Z. 30)
- Lust(-empfinden) an der „kalte[n] Macht" (S. 7, Z. 33)
- Schmücken des Rohrstocks (S. 8, Z. 2 f.)
- bedingungsloser Respekt vor Machtsymbolen (vgl. S. 9, Z. 19 ff.)
- …

Bedingungen
- Macht des Vaters (vgl. S. 5 f.)
- Unterdrückung und Ohnmacht der Mutter (vgl. S. 6)
- System kollektiver Unterordnung (vgl. S. 7, Z. 30 – 31)
- Unterdrückung von Kreativität und Künstlertum (vgl. S. 6)
- „irrationale Autorität" des Vaters (vgl. S. 5, Z. 25 f.)
- Schule als „verschlingende" (S. 7, Z. 15) Macht
- Verhinderung kritischen (alternativen) Denkens (vgl. S. 4 ff.)
- …

Die Ergebnisse dieses Erarbeitungsschritts können als Folie dienen für die weitere Romananalyse, weil sie – in beinahe stereotyper, karikaturhaft-satirischer Weise – die Entwicklung des Protagonisten erhellen.

Diese Erzählhaltung kann abschließend in den Blick genommen werden, indem sich die Schülerinnen und Schüler mit folgenden Fragen auseinandersetzen:

- *Wie bewerten Sie die Art und Weise, wie Diederichs Kindheit beschrieben wird?*
- *Was spricht Ihrer Meinung nach dafür, dass hier eher eine satirische Erzählhaltung vorliegt? Was spricht gegebenenfalls dagegen?*
- *Verfassen Sie einen eigenen Text, in dem Sie die Motive, die auf den ersten Seiten erkennbar sind, verwenden. Dieses könnte sein: eine moderne (!) Satire, eine Fabel, ein Märchen ...*

2.3.4 Die Sozialisation durch die „Neuteutonia" und das Militär

Als Diederich Heßling seine Heimat Netzig verlässt und das Chemiestudium in Berlin antritt, ist seine persönliche Situation zunächst von Einsamkeit und Ängstlichkeit bestimmt. Er richtet seinen Tagesablauf ausschließlich an der Universität aus und vermeidet es, studienfremden Interessen nachzugehen beziehungsweise mit der übrigen Welt in engeren sozialen Kontakt zu treten (vgl. S. 12). Zudem leidet er an starkem Heimweh (vgl. ebd.). Seine tiefe Verunsicherung äußert sich besonders in der permanenten Angst um seine finanzielle Existenzgrundlage (vgl. ebd.).

Heßlings mangelndes Selbstvertrauen erfährt jedoch mit der Mitgliedschaft in der studentischen Verbindung „Neuteutonia" eine bedeutende Aufwertung. Ihre Versammlungen vermitteln ihm ein Gefühl der Geborgenheit, da von den Teilnehmern „keiner ihm etwas tat oder etwas anderes von ihm verlangte, als dass er trinke" (S. 25, Z. 11 – 12). Bereits einfaches Beachten der Zeremonien gibt ihm Orientierung und Sicherheit: „Alles ward laut kommandiert, und wenn man es richtig befolgte, lebte man mit sich und der Welt in Frieden" (ebd., Z. 15 ff.). Zudem entledigt sich Heßling durch das Aufgehen in der Verbindung, „die für ihn dachte und wollte" (S. 26, Z. 10), jedweder Eigenverantwortung. Darüber hinaus stärkt die Gruppenidentität das schwache Selbstbewusstsein Heßlings und ermöglicht dem schüchternen Studenten die Erfahrung von Furchtlosigkeit (vgl. ebd.).

Motiviert durch den hohen Attraktivitätsgrad des Korpslebens für Heßling, ordnet sich dieser bereitwillig den Pflichten und Gebräuchen innerhalb der schlagenden Verbindung unter. Er zwingt sich zur Teilnahme am obligatorischen Fechtunterricht (vgl. S. 28) und dient mit Freude als „Leibfuchs" dem Juristen Wiebel, dem er aufgrund seines vermeintlich hohen gesellschaftlichen Prestiges unterwürfige Verehrung entgegenbringt. Die Ergebnisse dieser „Lehrzeit", in der Werte wie Selbstbeherrschung, Pflichtbewusstsein sowie Unterordnung unter den Gemeinschaftsgeist im Vordergrund stehen, lassen ihm seine frühere Existenz als „das elende Dasein des schweifenden Wilden" (S. 31, Z. 1 – 2) erscheinen.

Den Mittelpunkt seiner Identität bildet nun die „Ehre der Korporation" (S. 32, Z. 25), die er einerseits mit Strenge an den Korpsnachwuchs weitergibt (vgl. S. 32) und andererseits auch mit Stolz und Befriedigung in der Öffentlichkeit repräsentiert: Er genießt das Tragen der Korpsuniform bei festlichen Anlässen (vgl. S. 33), sein aufgedunsenes Gesicht sowie sein Bauchumfang zeugen von den Gepflogenheiten des Korpsalltags (vgl. ebd.) und die Schmisse in seinem Gesicht dienen ihm als Ausweis seiner „Männlichkeit" (ebd., Z. 9). Allerdings erkennt er auch die Existenz von noch wesentlich einflussreicheren gesellschaftlichen Kräften, verkörpert durch das Militär und seine Offiziere, an (vgl. ebd.) – eine Anspielung auf Heßlings nächste Sozialisationsstufe, den Militärdienst.

Die Erarbeitung der Textzusammenhänge sollte zunächst mit einer Beschreibung der Lebenssituation Heßlings vor seinen ersten Begegnungen mit den „Neuteutoniern" beginnen,

Baustein 2: Die Sozialisation Heßlings

um die pseudo-kompensatorische Wirkung des Studentenkorps auf die sozialen Defizite Heßlings nachvollziehen zu können. An die gemeinsame Lektüre des Absatzes „Weil er sich [...] ob es noch da sei" (S. 12, Z. 1 – 10) schließt sich ein Unterrichtsgespräch an:

■ *Beschreiben Sie mittels treffender Adjektive die existenzielle Lage Heßlings, wie sie in dem Textabschnitt S. 12, Z. 1 – 10 deutlich wird.*

Die Ergebnisse können auf das **Arbeitsblatt 17**, S. 80f. (Webcode SNG-22778-339) – Abschnitt „Die Lebenssituation Heßlings in Berlin" – übertragen werden. Ein Lösungsvorschlag findet sich auf dem **Lösungsblatt 17**, S. 82 (Webcode SNG-22778-339). Das Arbeitsblatt wird mit den Ergebnissen der sich anschließenden Arbeitsphase vervollständigt, die den Lernprozess Heßlings in der Verbindung analysiert.

Hinsichtlich des methodischen Vorgehens erscheint Einzel- beziehungsweise Partnerarbeit als besonders geeignet. Allerdings sollte das Pensum aus zeitökonomischen Gründen innerhalb der Lerngruppe aufgeteilt werden. Für die Untergliederung bieten sich folgende Leitfragen an:

- Worin besteht die Attraktivität der „Neuteutonen" für Heßling?
- Wie gestaltet sich seine „Lehrzeit" in der Verbindung?
- Welchen Menschen macht diese „Lehrzeit" aus ihm?

Zur Klärung dieser Aspekte übernimmt je ein Drittel des Kurses einen der folgenden Arbeitsaufträge:

Teilaufgabe I:

■ *Beschreiben Sie in Stichworten, worin die Anziehungskraft des Verbindungslebens auf Heßling besteht.*
Textgrundlage: S. 25, Z. 10 – S. 26, Z. 17 („Und für diesen Posten [...] dann war er gerächt!")

Teilaufgabe II:

■ *Beschreiben Sie in Stichworten, wie sich die Lehrzeit Heßlings in der Verbindung charakterisieren lässt.*
■ *Textgrundlage: S. 29, Z. 33 – S. 30, Z. 6; S. 30, Z. 30 – S. 31, Z. 18 („Und nun durfte Diederich [...] schultern zu können."; „Schon hatte Diederich [...] ‚Nilpferd'!")*

Teilaufgabe III:

■ *Beschreiben Sie in Stichworten, inwiefern Heßlings Erfahrungen bei den „Neuteutonen" sein Selbstbild prägen.*
Textgrundlage: S. 32, Z. 16 – S. 33, Z. 22 („Hiermit ging [...] war es ihm unbekannt")

Die Lösungsvorschläge zu den einzelnen Aufgaben werden miteinander verglichen. Zugleich bietet das Arbeitsblatt Raum für ein kurzes Resümee, dessen Formulierung gemeinsam im Unterricht erarbeitet werden kann: Darin sollte die kompensatorische Funktion des Verbindungslebens für den von Ängsten und Einsamkeit geprägten Charakter Heßlings betont werden.

Eine kontrastierende Ergänzung zur fiktiven Schilderung des Korpslebens Heßlings stellt ein Auszug aus dem Text „Wir waren fünf", den Lebenserinnerungen Viktor Manns (1890–1949),

dar (siehe **Zusatzmaterial 2**, S. 128, Webcode SNG-22778-583). Der Jüngste der vier Geschwister Heinrich Manns, selbst Mitglied einer Studentenverbindung, berichtet darin, in welcher Weise er und seine Bundesbrüder diese „krasseste literarische Karikatur des Couleurstudententums" (Z. 2) aufgenommen beziehungsweise beurteilt haben.

Als denkbare Aufgabenstellung für eine Erarbeitungsphase oder eventuell für eine Hausaufgabe bietet sich an:

> ■ *Erarbeiten Sie, wie Viktor Mann den Realitätsgehalt der Ausführungen seines Bruders Heinrich zum Studentenleben beurteilt.*

Folgende Aspekte sollten erörtert werden:

- Viktor Mann betrachtet den Text einerseits aus humorvoller Distanz: Er und seine Bundesbrüder fühlten sich nicht angesprochen und konnten sich deshalb über die „karikierende Übertreibung" (Z. 8) aus der Feder seines Bruders amüsieren.
- Andererseits räumt er auch ein, dass Heinrich mit seiner Kritik zumindest teilweise ins Schwarze getroffen hatte: Menschen vom Typ des Untertans Diederich Heßling gab es tatsächlich, und sie waren eine Gefahr für die Gesellschaft (vgl. Z. 19 f.).

Sinnvoll ist es gegebenenfalls, ein Schülerreferat zu Geschichte und Tradition der Studentenverbindungen im kaiserlichen Deutschland zu vergeben. Ein Vorschlag für eine entsprechende Themenformulierung befindet sich am Ende des Bausteins.

Die Ableistung der Wehrpflicht bedeutet eine weitere Etappe des Sozialisationsprozesses im Leben Diederich Heßlings. Dieser sieht in der ordnungsgemäßen Erfüllung des Militärdienstes eine wichtige Voraussetzung für den Erwerb von gesellschaftlichem und familiärem Ansehen: Auf die Frage des alten Buck, ob er bereits gedient habe, kann der bis dahin Ungediente nur mit Schamesröte reagieren (vgl. S. 40, Z. 11). Gegenüber seiner eigenen Familie, an deren Spitze er nach dem Tode des Vaters aufgerückt ist, stellt er den Wehrdienst als eine Pflicht dar, hinter der familiäre Belange zurückzustehen hätten (vgl. S. 41), und im Zusammensein mit seinen Korpskameraden ist er nach erfolgter Ausmusterung aus Prestigegründen gezwungen, seine kurze Kasernenzeit in heroischem Ton zu verklären.

Die Ausbildung in der Kaserne erlebt Heßling als Steigerung des bereits in der Verbindung gepflegten Disziplingeistes: „Prinzip und Ideal war ersichtlich das Gleiche wie bei den Neuteutonen, nur ward es grausamer durchgeführt." (S. 43, Z. 15–16) Schmerzlich gehen ihm die bisher gewohnten „Pausen der Gemütlichkeit" (ebd., Z. 17) ab, angesichts der hohen physischen und psychischen Belastungen empfindet er sich in seiner soldatischen Existenz lediglich als „Rohstoff, an dem ein unermesslicher Wille knetete" (ebd., Z. 19–20). Die fortwährenden Erniedrigungen flößen ihm zwar „eine tiefe Achtung" (ebd., Z. 14) vor den Kommandierenden und sogar „etwas wie selbstmörderische Begeisterung" (ebd.) für den Militärdienst ein, weshalb er sich in seiner Fantasie nach einer Soldatenkarriere sehnt. Anspruch und Wirklichkeit liegen aber sehr weit auseinander. Heßling ist den Strapazen des Kasernenlebens aufgrund seiner charakterlichen Disposition in keiner Weise gewachsen und drückt sich deshalb: Er simuliert eine Beinverletzung und wird mit Unterstützung eines einflussreichen Korpsbruders vorzeitig ausgemustert.

Heßlings Wehrdienstepisode lässt sich beispielsweise in Form eines Unterrichtsgesprächs aufarbeiten. Zunächst rekapitulieren die Schülerinnen und Schüler in Stillarbeit den Inhalt der Seiten 41–48.

> ■ *Lesen Sie die S. 41–48 und fassen Sie den Inhalt mit eigenen Worten zusammen.*

Anschließend werden zunächst in Partnerarbeit und dann gemeinsam folgende Fragen geklärt:

Baustein 2: Die Sozialisation Heßlings

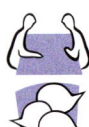

- *Aus welchem Grund ist es für Heßling unerlässlich, zum Wehrdienst anzutreten?*
- *Wieso legt er es dennoch auf eine vorzeitige Ausmusterung an?*
- *Welche Verhaltensweisen erlebt Heßling im Zuge seiner Ausmusterung als erfolgreich?*

Die Antworten werden schrittweise in einem Tafelbild gesammelt:

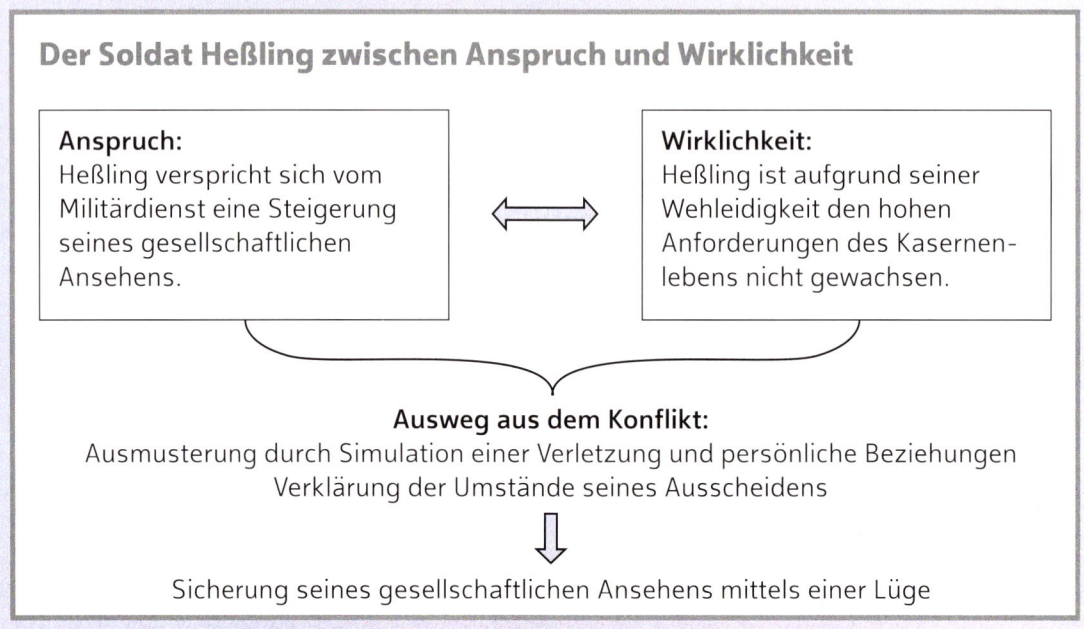

Zur Abrundung des Arbeitsschritts kann fakultativ ein Brief von Thomas Mann an seinen Bruder Heinrich herangezogen werden, in dem Thomas Mann seine persönlichen Erfahrungen mit dem Militärdienst schildert (siehe **Zusatzmaterial 3**, S. 129 f., Webcode SNG-22778-611). Dies geschieht bewusst mit der Intention einer möglichen literarischen Verwendung sowohl im Falle des „Hochstaplers" (Z. 9; gemeint ist Thomas Manns Roman „Bekenntnisse des Hochstaplers Felix Krull") als auch mit Blick auf Heinrichs Romanprojekt „Der Untertan" (vgl. Z. 17–24). Dabei ist äußerst auffällig, dass sich Heinrich bei der Ausgestaltung der entsprechenden Episode sehr eng an die Schilderungen seines Bruders hält. Für die Auswertung bietet sich folgende Leitfrage an:

- *Überprüfen Sie, inwieweit Heinrich Mann die Anregungen seines Bruders in seinem Roman umsetzt.*

2.4 Heßlings erste Begegnung mit dem Kaiser

Die erste direkte Begegnung mit der Person des deutschen Kaisers (vgl. S. 51–57) stellt den Höhepunkt der gesellschaftlichen Sozialisation Heßlings dar: Im respekteinflößenden Auftritt Wilhelms II. vor den demonstrierenden Arbeitern in Berlin erlebt er die von seiner persönlichen Warte aus höchstmögliche und letztgültige Machtinstanz, auf die ihn alle bisherigen Sozialisationsstationen beinahe zwangsläufig vorbereitet haben und die den nicht mehr hinterfragbaren Bezugs- und Legitimationspunkt für sein weiteres Handeln bildet.

Diese uneingeschränkt positive Wahrnehmung der Figur des Hohenzollern einschließlich seiner politischen Weltsicht wird unter anderem durch Heßlings Adaption der Ideologie der „Neuteutonen" vorgeprägt. Diese ist national ausgerichtet und folgt einem schlichten Schwarz-weiß-Schema: Durchzogen von plattem Antisemitismus und angetrieben von einer großen Furcht vor dem Erstarken der Sozialdemokratie (vgl. S. 49), dient das demonstrative Bekenntnis zum Christentum in erster Linie der Legitimation des Kaisertums sowie einer sozialrestaurativen Programmatik (vgl. S. 50). Damit weiß man sich deckungsgleich mit den politischen Anschauungen Wilhelms II. In diesem Zusammenhang wird in den Kreisen der Verbindung auch mit einem gewaltsamen staatlichen Einschreiten mit dem Ziel einer Unterdrückung der oppositionellen Sozialdemokratie gerechnet (vgl. S. 51).

Eine kurzgefasste Analyse des geistigen Umfelds, in dem sich Heßling während seiner Studentenzeit bewegt, dürfte Wesentliches zum vertieften Verständnis der Kaiser-Episode beitragen. Ein Arbeitsauftrag für eine Stillarbeit oder eine Hausaufgabe kann folgendermaßen formuliert werden:

> ■ *Erarbeiten Sie aus dem Romantext das Gesellschafts- und Politikbild der „Neuteutonia" und beschreiben Sie es in Form eines kurzen zusammenhängenden Textes mit einem Umfang von circa 4 – 6 Sätzen. Als Textgrundlage dienen Ihnen die S. 48, Z. 32 – S. 51, Z. 26.*

Die Lösungserwartung orientiert sich an den vorangegangenen Ausführungen zum Weltbild des Studentenkorps.

Der Verlauf der ersten Konfrontation zwischen Heßling und dem deutschen Kaiser ist von Heinrich Mann erzähltechnisch kunstvoll in den spannungsreichen Kontext einer Arbeiterdemonstration eingebettet worden, damit die sich in mehreren Phasen vollziehende Annäherung zwischen den beiden Protagonisten zusätzlich an Dramatik gewinnt.

Die Nachhaltigkeit der ideologischen Präparation durch die „Neuteutonia" manifestiert sich bereits anlässlich des Einsetzens der Arbeiterdemonstrationen im Berlin des Februars 1892 (vgl. S. 51 – 52), als Heßling sich verwundert über die Zurückhaltung der Polizei gegenüber der „unbotmäßige[n] Bande" (S. 52, Z. 20) zeigt. Die Kundgebungen in unmittelbarer Umgebung des Stadtschlosses der Hohenzollern nehmen von da an von Tag zu Tag an Intensität zu. Dabei charakterisiert Heinrich Mann Stärke und Präsenz der im Stadtzentrum zusammenströmenden Menschenmassen durch den metaphorischen Vergleich mit einer Überschwemmung (vgl. S. 52 – 53).

Der in den Strudel der Unruhen geratene Heßling wird zunächst orientierungslos von der Menge mitgerissen (vgl. S. 53). Erst das gebieterische persönliche Auftreten des Kaisers hoch zu Pferd bündelt die allgemeine Aufmerksamkeit und gibt dem wirren Durcheinander auf der Straße Ordnung und Richtung („Man sah ihn an und ging mit.", ebd., Z. 28 – 29). Das Erscheinen des von seinem Sendungsbewusstsein durchdrungenen und von seiner Macht über die Demonstranten überzeugten Kaisers macht tiefen Eindruck auf Heßling. Als ein kaiserfreundlich gesinnter Passant das Ereignis als „historische[n] Moment" (S. 54, Z. 10) bezeichnet, empfindet er ein Schaudern (vgl. ebd.). Dagegen provoziert die negative Einschätzung eines mit einem „Künstlerhut" (S. 55, Z. 3) angetanen jungen Mannes, der die öffentliche Inszenierung Wilhelms II. mit einem schlechten Theater (vgl. ebd., Z. 8) vergleicht, den Widerstandsgeist Heßlings. Seiner Überzeugung, damit für eine „gute Sache" (ebd, Z. 12) einzutreten, verschafft er dadurch Nachdruck, dass er den Kritiker kurzerhand verprügelt. Auf diese Weise gewinnt er zugleich die Anerkennung eines älteren Augenzeugen, der sich als Veteran des Krieges von 1870 zu erkennen gibt (vgl. S. 55). In seiner Begeisterung macht Heßling den Straßenaufruhr auf der gleichen Stufe wie die Sedansschlacht fest (vgl. S. 56), in der seinerzeit die deutschen Truppen der französischen Seite eine entscheidende Niederlage beigebracht hatten. Sein neues Selbstbewusstsein, das er aus seiner Rolle als Streiter des Kaisers in einer Auseinandersetzung von vermeintlich historischem Rang zieht, bringt er auch sogleich einem Pressevertreter gegenüber zum Ausdruck (vgl. ebd.).

Umgeben von anderen begeisterten Kaiseranhängern gelangt Heßling in die nächste Nähe des Monarchen und kann ihm dabei sogar direkt ins Gesicht sehen (vgl. ebd.). Diese unmittelbare Begegnung mit dem obersten Repräsentanten der Macht versetzt ihn in einen emphatischen Ausnahmezustand, dessen Wirkung er als „Rausch" und „Raserei" erlebt (ebd., Z. 20, Z. 23). Dabei identifiziert er sich geradezu mit der Macht („er [...] hatte die Augen so voll Siegestaumel, als reite er selbst über alle diese Elenden hinweg", S. 57, Z. 8 – 9). Als es Heßling, „im gefährlichsten Zustand des Fanatismus", „mit Augen wie ein Wilder" (ebd., Z. 16 – 17), sogar gelingt, allein dem Kaiser gegenüberzutreten, ist seine Ekstase an einem kaum mehr steigerbaren Höhepunkt angelangt.

Gerade an diesem Punkt setzt Heinrich Mann einen effektvollen satirischen Kontrapunkt, wodurch der konsequent aufgebaute Spannungsbogen plötzlich in sich zusammenfällt und damit in seiner Hohlheit entlarvt wird: Der Kaiser vermutet im gefährlich auftretenden Heßling offenbar zunächst einen Aufrührer, den er mit seiner Autorität einschüchtern will (vgl. ebd.). Der irritierte Heßling rutscht aus und landet in einem dreckigen Tümpel, was der Kaiser mit einem befreiten Lachen quittiert (vgl. ebd.). Er hat in Heßling einen harmlosen Anhänger identifiziert: „Der Mensch war ein Monarchist, ein treuer Untertan!" (Ebd., Z. 22 – 23) Mit dieser Formulierung wird Heßling der Erfolg seines Entwicklungsprozesses gewissermaßen von höchster Stelle bescheinigt und zugleich die Sozialisationsthematik des zweiten Romankapitels abgeschlossen.

Zur Erarbeitung der Zusammenhänge bietet sich u. a. folgende Aufgabenformulierung an:

■ *Die Berliner Straßenunruhen von 1892 (S. 51 – 57): Erarbeiten Sie, in welchen Stufen sich die Wirkung des Kaisers auf Heßling entfaltet.*

Die Ergebnisse werden auf **Arbeitsblatt 18**, S. 83 (Webcode SNG-22778-429) eingetragen. Ein Lösungsvorschlag findet sich auf dem **Lösungsblatt 18**, S. 84 (Webcode SNG-22778-429). Ergänzend zur inhaltlichen Struktur kann anhand eines Ausschnitts die auffällige sprachliche Gestaltung, die in besonderer Weise die satirische Erzählhaltung zum Ausdruck bringt, bearbeitet werden.

■ *Bereiten Sie einen anschaulichen, durchaus übertriebenen Lesevortrag der S. 56, Z. 15 – S. 57, Z. 25 vor und präsentieren Sie ihn.*

■ *Beschreiben Sie anschließend die besondere sprachliche Gestaltung.*

■ *Erläutern Sie deren Wirkung.*

Baustein 2: Die Sozialisation Heßlings

> **Diederichs erste Begegnung mit dem Kaiser –**
> **Die sprachliche Gestaltung (S. 56, Z. 15 – S. 57, Z. 25)**
>
> - Diederichs Ausrufe: „Hurra!" (S. 56, Z. 15); „Ihm nach! Dem Kaiser nach!" (S. 57, Z. 10)
> - Wiederholung des Verbs „schreien" (S. 56, Z. 15 ff.)
> - zahlreiche bildhafte Ausdrücke (Metaphern, Personifikationen, Vergleiche): „Stoß[] von Menschen, S. 56, Z. 16; „steinerne[r] Ernst und das Blitzen", S. 56, Z. 18 – 19; „ein Rausch […] hob ihn", S. 56, Z. 20 f.; „ritt die Macht", S. 56, Z. 26 – 27; „der Kaiser […] blitzte ihn an, er durchbohrte ihn", S. 57, Z. 17 – 18)
> - Alliteration „höher und herrlicher" (S. 56, Z. 20)
> - Personalpronomen der 1. P. Plural (S. 56 f.) und Possessivpronomen „unsere" (S. 57, Z. 5)
> - Zahlreiche Satzellipsen (vgl. S. 57, Z. 10)
> - Ausrufesätze
> - Aufzählungen (S. 57, Z. 1 – 2)
> - Parataxen (vgl. z. B. S. 57, Z. 16 ff.)
> - Klimax „beschmutzt, zerrissen, mit Augen wie ein Wilder" (S. 57, Z. 16 – 17)
> - Antithese aus Diederichs Sturz und dem entspannten Lachen des Kaisers (S. 57, Z. 19 – 25)
>
> → Diederich als willenloses Geschöpf, jenseits jeglicher Individualität
> → Vermischung von Erzählerbericht und erlebter Rede (vgl. Pronomenverwendung)
> → hysterische, gehetzte Darstellungsweise als Ausdruck der Getriebenheit Diederichs
>
> ⇩
>
> „Diederich „setzte sich mit Wucht in einen Tümpel" (S. 57, Z. 20 – 21) – „Satire pur"

Eine diesen thematischen Aspekt abrundende Diskussion im Plenum kann beispielsweise durch den folgenden Impuls angestoßen werden:

> *Erklären Sie, inwiefern man trotz des unrühmlichen Endes die erste Begegnung Heßlings mit dem Kaiser als Höhepunkt seines Sozialisationsprozesses interpretieren kann.*

Als mögliche Lösungsaspekte können unter anderem genannt werden:

- Sämtliche vorangegangenen Sozialisationsinstanzen dienen primär dazu, Heßlings Untertanengeist heranzubilden. Diese Entwicklung ist durch die Begegnung mit dem Kaiser offensichtlich abgeschlossen.
- Der autoritär auftretende und Unterwerfung fordernde Kaiser gleicht in seinen Wesenszügen Heßlings Vater. Damit schließt sich der Kreis von familiärer und gesellschaftlicher Sozialisation.
- In der Person des Kaisers erlebt Heßling die unmittelbare Nähe zu einer nicht mehr steigerbaren Machtinstanz, deren Stärke ihn unweigerlich in ihren Bann zu ziehen vermag.

Dass der Leser bzw. die Leserin ein ganz anderes Bild von dieser Entwicklung erhalten hat, ist Ergebnis der satirischen Darstellungsweise Heinrich Manns und der besonderen Haltung des Erzählers.

2.5 Die Beziehung zu Agnes als Sozialisationsalternative?

Die auf einer lange uneingestandenen, gleichwohl echten wechselseitigen Zuneigung beruhenden Beziehungsversuche des Studenten Heßling mit der Berliner Bürgerstochter Agnes Göppel stellen innerhalb der Romanhandlung die einzige Möglichkeit für die Hauptfigur dar, aus ihrem Sozialisationsprozess hin zum Untertan auszubrechen und stattdessen eine auf Offenheit und Vertrauen gründende Partnerschaft einzugehen. Eine Analyse der Gründe für das Scheitern der im ersten und im zweiten Kapitel geschilderten Annäherungen erlaubt grundlegende Einsichten in die inneren Konflikte Heßlings zwischen seiner gesellschaftlichen Rolle als Untertan und den dadurch möglicherweise verdrängten beziehungsweise unterdrückten Seiten seines Charakters, wobei seine bewusste Absage an eine alternative Rolleninterpretation letztlich den Typus des „autoritären Charakters" im Sinne Erich Fromms unterstützt.

Die erste Beziehungsphase (vgl. S. 12, Z. 11 – S. 23, Z. 26) ereignet sich noch vor Heßlings folgenreichem Eintritt in die „Neuteutonia" und ist geprägt von seinem ungeschickten und auffallend gehemmten gesellschaftlichen Umgang mit Frauen. Als er Agnes vorgestellt wird, zeigt er sich von ihrem Erscheinen „peinlich berührt" (S. 13, Z. 6). Die junge Frau fasziniert ihn ganz offenkundig, wirkt aber aufgrund ihrer „Schönheit und Eleganz" (ebd., Z. 7) zugleich geradezu „furchtbar" (ebd., Z. 8) auf ihn. Im direkten Kontakt mit Agnes agiert er äußerst hilflos und wortkarg, ihre Präsenz empfindet er als „Ungemütlichkeit" (ebd., Z. 15), der er am liebsten durch Flucht entkommen möchte (vgl. ebd., Z. 16 – 17). Als der selbstbewusst auftretende Ingenieursstudent Mahlmann hinzukommt, um Agnes für einen Spaziergang abzuholen, ist Heßling merklich erleichtert: „Gott sei Dank [...] sie hat schon einen." (Ebd., Z. 24 – 25)

Auch die weiteren Besuche bei der Familie Göppel verlaufen nach einem vergleichbaren Muster: Heßling verhält sich weiterhin äußerst verklemmt und vermag es nicht, sich selbst gegenüber sein Interesse an Agnes einzugestehen. Am Ende eines mit den Göppels und Mahlmann unternommenen Ausflugs in den Zoologischen Garten (vgl. S. 20, Z. 18 – S. 23, Z. 9) entzieht er sich abrupt deren Gesellschaft und beendet damit, wie er meint, endgültig den Kontakt zu Agnes und zu ihrer Familie. Der sich anschließenden Selbstreflexion (vgl. S. 23, Z. 10 – 26) ist zu entnehmen, dass eines der entscheidenden Motive für sein Handeln in der Konkurrenzsituation zu Mahlmann begründet ist: Aufgrund seines enormen Unterlegenheitsgefühls gegenüber dem selbstsicheren Konkurrenten glaubt er nicht an die Möglichkeit, die Zuneigung Agnes' gewinnen zu können. Hinzu kommt seine Angst vor den Einschüchterungen durch Mahlmann.

Dem erneuten Aufeinandertreffen zwischen Heßling und Agnes Göppel, das den Beginn der zweiten Beziehungsphase (vgl. S. 58, Z. 1 – S. 82, Z. 18) markiert, liegt eine geänderte Ausgangslage zugrunde: Durch die Zugehörigkeit zur „Neuteutonia" sowie durch seine kurz zuvor stattgefundene Begegnung mit dem Kaiser hat Heßling an Selbstbewusstsein gewonnen. Zudem verliert Agnes in seinen Augen an Unnahbarkeit, da sie ihm ihre Liebe gesteht. Aus diesem Grund sieht Heßling sie nun als „verkleinert und sehr im Wert gesunken" (S. 62, Z. 12) an. Gleichzeitig legt damit auch die Person Mahlmanns nachträglich ihren Schrecken ab.

Im Nachklang zu dieser Begegnung gesteht Heßling sich erstmals seine wahren Gefühle gegenüber Agnes ein (vgl. S. 63, Z. 29 – S. 64, Z. 19). Zudem erkennt er, dass er ohne die Liebe Agnes' ein „hilfloses, bedeutungsloses und armes Leben geführt habe" (S. 64, Z. 5 – 6), und beschließt, seine Empfindungen in einem sehnsuchtsvollen Brief auszudrücken. Seine neugewonnene Einsicht in die Nichtigkeit der von ihm im Studentenkorps adaptierten Werthaltungen stellt zudem die Möglichkeit eines Neubeginns in den Raum. Tatsächlich schläft der zur Liebe befreite Heßling „wie als Kind" (ebd., Z. 19) ein – an der Seite Agnes' steht gewissermaßen ein anderer Erziehungsweg jenseits der Untertanensozialisation offen. Dies zeigt sich auch in ihren gemeinsamen romantischen Urlaubsschwärmereien, die ihn die Existenz „einer höheren Wahrheit" (S. 69, Z. 10 – 11) erahnen lassen und ihm das Gefühl geben, nicht „der eigentliche Diederich" (ebd., Z. 11 – 12) zu sein.

Allerdings unterdrückt Heßling diese Ansätze stets wieder. Seine Gefühlsausbrüche erscheinen ihm dann als „peinliche Übertreibungen" (S. 64, Z. 23), und Agnes' zunächst erfolgversprechende Versuche, ihn zu ästhetischen Genüssen anzuregen, tut er schließlich ab, indem er den Anblick eines Wurstgeschäfts als seinen „schönste[n] Kunstgenuss" bezeichnet (S. 76, Z. 21 – 22). Zudem bleibt sein gesamtes Verhältnis zu Agnes von einem grundsätzlichen Misstrauen umschattet, hegt er doch den Verdacht, ihr Vater betreibe die Verbindung zwischen seiner Tochter und ihm vorrangig mit dem Ziel, sein angeschlagenes Unternehmen zu retten (vgl. S. 74, Z. 25 – 32).

Erst während eines spontanen gemeinsamen Urlaubs in dem nahe Berlin gelegenen Dorf Mittenwalde erlangt Heßling die nötige Distanz zu seiner bürgerlichen Alltagsidentität, um sich ganz auf seine inneren Empfindungen einzulassen. Dabei bedient sich der Autor zur Schilderung der Reise (vgl. S. 77, Z. 2 – S. 82, Z. 18) des literarischen Topos der Gegenwelt: Das Ländliche erscheint als ein natürliches Idyll, das im Kontrast zu den unnatürlichen Zwängen und Gewohnheiten des Großstadtlebens steht („Wo war die bürgerliche Ordnung der Blücherstraße, wo Diederichs angestammter Kneiptisch?", S. 79, Z. 21 – 22) und dadurch dem modernen Menschen einen Fluchtpunkt bietet, an dem er sein Bedürfnis nach harmonischer Unmittelbarkeit und märchenhafter Verzauberung zu stillen vermag.

Allerdings wird dem intensiven Glück der beiden Liebenden („‚Ich gehe nicht wieder fort von hier', erklärte Diederich", ebd., Z. 22 – 23) keine Beständigkeit zuteil: Auf einer gemeinsamen Bootsfahrt (vgl. S. 79 – 81) erleben Heßling und Agnes den Höhepunkt ihrer Beziehung: „Niemals waren sie so sehr eins gewesen. Diederich fühlte: nun war es gut." (S. 81, Z. 25 – 26). Allerdings bereut Heßling augenblicklich diese intime Nähe und Selbstvergessenheit und zieht sich umgehend reflexartig wieder in seine gewohnten Verhaltensmuster zurück. Dieses Scheitern bedeutet das endgültige Ende der Beziehung.

In der Beschreibung der Heimfahrt wertet der Autor den Topos der Landflucht um: Nunmehr wird die Rückkehr in die Stadt von beiden als Befreiung empfunden (vgl. S. 82, Z. 14 – 15). Vor sich selbst begründet Heßling die Trennung mit der angeblichen Bestätigung seines tiefgehenden Misstrauens gegenüber Agnes: „Auf den ganzen Trick war sie doch nur verfallen, weil sie durchaus geheiratet werden wollte!" (Ebd., Z. 23 – 24) Dennoch verspürt er für einen gewissen Zeitraum insgeheim die Hoffnung auf eine Fortsetzung der Beziehung (vgl. S. 82, Z. 31 – S. 83, Z. 3), bis ihn ein offener Brief von Agnes (vgl. S. 83, Z. 4 – 16) sowie ein Besuch vonseiten des sich selbst erniedrigenden Vater Göppel (vgl. S. 83, Z. 17 – S. 88, Z. 10) endgültig in seiner abweisend-stolzen Haltung bestärkt.

Die didaktische Behandlung dieser Thematik kann zunächst durch eine gemeinsame Lektüre der ersten Begegnung zwischen Heßling und Agnes (vgl. S. 13, Z. 3 – S. 17, Z. 35) eingeleitet werden. Der Arbeitsauftrag kann in etwa so lauten:

■ *Beschreiben Sie die unmittelbaren Reaktionen Heßlings auf Agnes während ihrer ersten Begegnung (S. 13, Z. 3 – S. 17, Z. 35).*

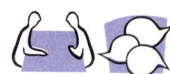

Die Ergebnisse können in einem Tafelbild festgehalten werden:

Heßlings erste Begegnung mit Agnes

Heßlings erster Eindruck:
Agnes ist „furchtbar" „durch Schönheit und Eleganz" (S. 13, Z. 7–8).
→ Heßling ist fasziniert und eingeschüchtert zugleich.

⇩

Reaktionen Heßlings:
- Hilflosigkeit
- weitgehende Sprachlosigkeit
- Gefühl von „Ungemütlichkeit"
- Fluchtgedanken
- Überzeugung, nicht gut genug für Agnes zu sein
- Erleichterung über die Existenz eines Verlobten

⎵

Heßlings Verhalten gegenüber Agnes erklärt sich aus einem manifesten Unterlegenheitsgefühl. Eine echte Offenheit für eine Partnerschaft fehlt.

Alternativ bietet sich ein kreatives Schreibverfahren an. Die Schülerinnen und Schüler versetzen sich in Diederich Heßlings innere Wahrnehmung der ersten Begegnung mit Agnes hinein und erstellen einen fiktiven Brief an Agnes, in dem er seine Gefühle reflektiert und erklärt.

■ Am Abend nach der ersten Begegnung mit Agnes versucht Heßling, sich über das Erlebte klar zu werden. Deshalb entwirft er einen persönlichen Brief, um sich Agnes gegenüber zu erklären. Verfassen Sie einen geeigneten Briefentwurf.

Im nächsten Schritt analysieren die Schülerinnen und Schüler die zweite Beziehungsphase zwischen Heßling und Agnes, die mit ihrem Wiedersehen auf einer Berliner Straße ihren Anfang nimmt. Zur Überleitung und inhaltlichen Verknüpfung ist es sinnvoll, das Ende der ersten Beziehungsphase, das sich im Rahmen eines Ausfluges in den Zoologischen Garten ereignet (vgl. S. 20–23), gemeinsam zu wiederholen und dabei besonders auf die inneren Begründungen Heßlings für seinen fluchtartigen Rückzug von der Familie Göppel einzugehen (vgl. S. 23).
Die neuerliche Begegnung mit Agnes macht bei Heßling zunächst die damals erfahrene Kränkung durch den Konkurrenten Mahlmann aufs Neue lebendig. Allerdings nimmt die Situation eine Wendung, als ihm Agnes anvertraut, ihn schon damals geliebt zu haben (vgl. S. 62, Z. 31). Dieses Geständnis lässt Heßlings Verehrung für Agnes schlagartig sinken. Damit reagiert er konsequent im Sinne seiner Untertanenmentalität. Personen, die er als unnahbar erlebt, ordnet er sich unter und verehrt sie ohne Bewusstsein für den eigenen Wert. Menschen dagegen, die ihre verletzbare Seite offenbaren, vielleicht sogar eine persönliche Abhängigkeit eingestehen („Sei lieb mit mir! Ich hab nur dich!", S. 62, Z. 10), wecken seinen Machttrieb und seine tyrannischen Instinkte.

Baustein 2: Die Sozialisation Heßlings

Es folgt eine Problematisierung in Form eines Unterrichtsgesprächs. Als Impuls präsentiert die Lehrkraft die folgende Textstelle aus dem Roman:

> „Agnes schien ihm verkleinert und sehr im Wert gesunken, seit er den Beweis hatte, dass sie ihn liebte." (S. 62, Z. 11–13)

Die Besprechung der Textstelle sollte mithilfe folgender Leitfragen erfolgen:

- Beschreiben Sie, an welcher Stelle des Handlungsverlaufs das Zitat einzuordnen ist.
- Stellen Sie eine These zur Frage auf, wie die Aussage Heßlings zu verstehen ist, und überlegen Sie, welche Zusammenhänge mit seiner Persönlichkeitsstruktur erkennbar sind.

Anknüpfend an diesen Unterrichtsschritt sollte herausgearbeitet werden, dass Heßlings Selbstbewusstsein im Umgang mit Agnes generell zugenommen hat. Die Gründe hierfür können in einer Still- oder Partnerarbeit zusammengetragen werden:

- Untersuchen Sie das Wiedersehen zwischen Heßling und Agnes (vgl. S. 58, Z. 1 – S. 82, Z. 18). Welche Ursachen sind ausschlaggebend dafür, dass Heßlings Position gegenüber Agnes im Vergleich zur ersten Beziehungsphase gestärkt ist?

Folgende Aspekte können herausgearbeitet und an der Tafel oder mithilfe einer Dokumentenkamera gesichert werden:

Heßlings neues Selbstbewusstsein – Sein Wiedersehen mit Agnes

Gründe für das erstarkte Selbstbewusstsein Heßlings:
- Heßling ist stolz auf sein Verbindungsleben sowie auf seinen Militärdienst (vgl. S. 59, Z. 5–7).
- Er erfährt, dass Agnes niemals in seinen scheinbar erfolgreichen Konkurrenten Mahlmann, sondern vielmehr in ihn verliebt war (vgl. S. 59, Z. 35 – S. 60, Z. 9).
- Dabei kommuniziert Agnes ihre Verehrung Heßlings auf verbalem Wege („‚Sie sind so gut' [...]. ‚Sie sind so edel'", S. 60, Z. 31) sowie durch ihre Körpersprache (so begegnet sie ihm mit einem „flehenden Blick" (ebd., Z. 30).
- Agnes sucht von sich aus körperlichen Kontakt und weint vor Glück (vgl. S. 61, Z. 7–22).
- Sie erklärt eine Heirat mit Heßling zu ihrem Ziel (vgl. S. 63, Z. 4–5).

Der nächste Arbeitsschritt befasst sich mit der Urlaubsreise der beiden Verliebten. Zunächst wird der Gegenwelt-Charakter der Urlaubsfahrt untersucht.

- Erläutern Sie, inwiefern die Urlaubsepisode (S. 77, Z. 2 – S. 82, Z. 18) als Erfahrung einer Gegenwelt betrachtet werden kann, und zeigen Sie die Bedeutung des Erzählabschnitts für den Handlungszusammenhang auf.

Eine Auswahl der von den Schülerinnen und Schülern beigebrachten Lösungsaspekte wird in einem summierenden Tafelbild dargestellt:

71

Baustein 2: Die Sozialisation Heßlings

> **Die Urlaubsepisode – Eine Gegenwelt?**
>
> - Die spontane Fahrt verspricht den Liebenden Einsamkeit und Romantik (vgl. S. 77, Z. 5 – 7).
> - Das Landleben wird als idyllisch und naturverbunden erlebt (vgl. S. 77, Z. 26 – S. 78, Z. 4).
> - Die Begegnung mit einem alten Mann zeigt die märchenhaft-schaurige Dimension der Reise (vgl. S. 79, Z. 8 – 18).
> - Heßling und Agnes fühlen sich wie in einem „weiten, fremden Land" (S. 79, Z. 16).
> - Das Landleben erscheint als Abenteuer jenseits der Großstadtzivilisation (vgl. S. 79, Z. 19 – 22).
>
> → Urlaub auf dem Land als **Gegenwelt** zum Alltag der beiden Verliebten
>
> → Relativierung der Komplexe und Verklemmungen Heßlings durch Abstand zu den Zwängen des Alltags: **Offenheit für intensive Gefühlserfahrungen**
>
> → Funktion der Episode: Aufzeigen eines möglichen **Alternativwegs zur bisherigen Sozialisation** Heßlings

Anschließend werden in einer Diskussion im Plenum die Gründe für das Scheitern der Beziehung erörtert. Vorbereitend sollten im Unterricht oder als Hausaufgabe nochmals die Bootsfahrt-Szene sowie die Schilderung des Reise-Endes (vgl. S. 79 – 82) gelesen werden.

■ *Lesen Sie noch einmal die S. 79, Z. 27 – S. 82, Z. 18. Überlegen Sie, aus welchen Gründen die Beziehung zwischen Heßling und Agnes scheitert.*

Bei der Beantwortung der Frage sollte der Bezug zur charakterlichen Disposition Heßlings deutlich werden. Er ist dermaßen in seiner Mentalität des Untertans festgefahren, dass es ihm nicht gelingt, sein tiefsitzendes Misstrauen gegenüber Agnes zu überwinden.
Eine abrundende Reflexion über die möglichen Konsequenzen einer fiktiven Entscheidung Heßlings zugunsten eines anderen Lebensweges erlaubt die folgende kreative Schreibaufgabe, die zur Einzelarbeit eingesetzt werden kann:

■ *Versetzen Sie sich in die Figur „Diederich Heßling" und nehmen Sie an, Heßling habe sich nach einem harmonisch verlaufenen Urlaub endgültig für eine Ehe mit Agnes Göppel entschieden. Entwerfen Sie einen Brief, in dem Heßling den „Neuteutonen" seine Entscheidung und die Gründe für den Austritt aus dem Studentenkorps darlegt.*

Der Entschluss Heßlings zur Rückkehr nach Netzig macht deutlich, dass seine „Ausbildung" zum Untertanen abgeschlossen ist. Als äußeres Kennzeichen legt er sich einen Bart im Stile Kaiser Wilhelms zu – er trägt nun selbst ein „Gesicht der Macht", S. 89, Z. 12.

Vorschläge für Schülerreferate:

- *Informieren Sie Ihre Lerngruppe über die Institution „Schule" im wilhelminischen Deutschland.*
- *Stellen Sie Ihren Mitschülern und Mitschülerinnen die Geschichte und Gedankenwelt der Studentenverbindungen im Kaiserreich vor.*

Die Charakterisierung des kleinen Diederich (S. 4) – Eine Analyse der sprachlichen Gestaltung

■ *Untersuchen Sie, welche Funktion die sprachlichen Mittel im Einzelnen haben, mit denen der kleine Diederich zu Beginn des Romans charakterisiert wird.*

Sprachliches Mittel	Funktion für die Charakterisierung Heßlings/Deutung
sprechender Name „Diederich Heßling" (Z. 1)	
Formulierung „weiches Kind" (Z. 1)	
Verbkette (Klimax) „träumte" – „fürchtete" – „litt" (Z. 1–2)	
Inversion „Ungern […]" (Z. 2)	
Parallelismus: „[…] im Winter die warme Stube, im Sommer den engen Garten" (Z. 3)	
Antithese aus der warmen Stube (vgl. Z. 3) und dem Geruch der „Lumpen" (Z. 4)	
Antithese aus den „Goldregen- und Fliederbüschen" (Z. 4 f.) und dem „hölzerne[n] Fachwerk" (Z. 5)	
Apposition „dem geliebten Märchenbuch" (Z. 6–7)	
Ausrufesätze „Neben ihm […] selbst!" (Z. 7 ff.), „Oder an […] her!" (Z. 9–10)	

(alle Zitate: Heinrich Mann: Der Untertan. Westermann: Braunschweig 2021)

Der Begriff der Sozialisation

Unter dem Begriff der Sozialisation versteht man die Gesamtheit der Lern- und Entwicklungsprozesse, mittels derer ein Individuum in die Regeln, Wertvorstellungen sowie Interaktionsformen einer Gesellschaft und Kultur hineinwächst und dabei die Fähigkeit und Bereitschaft zu gesellschaftsbezogenem Handeln ausbildet. Im Zuge dieser Persönlichkeitsausbildung werden die in der
5 betreffenden Gesellschaft akzeptierten beziehungsweise erwünschten Verhaltensweisen, Handlungsmotive, Werte und Normen ausgebildet, unerwünschtes beziehungsweise verbotenes Verhalten wird dagegen reduziert beziehungsweise abgelegt.
Über den Verlauf und das Ergebnis dieses komplexen und lebenslangen Interaktionsprozesses bestimmen sowohl die körperlichen und psychischen Veranlagungen des Individuums wie auch
10 die Summe der Umwelteinflüsse. Diese können intentionalen Charakter tragen, beispielsweise elterliche Erziehungsakte, oder auch ungerichteter Natur sein, wie beispielsweise die über die Medien transportierten Wertvorstellungen und Verhaltensmuster. Zu den wesentlichen Sozialisationsinstanzen zählen die Familie sowie das soziale Umfeld des Individuums, vor allem Kindergarten und Schule, Peergroup und Arbeitsplatz.
15 Die Phasen der individuellen Sozialisation lassen sich in einem vierstufigen Modell darstellen: Während der primären Sozialisation, die während der ersten beiden Lebensjahre eines Kindes in der Familie abläuft, erwirbt das Kind elementare emotionale, kognitive und kommunikative Strukturen und Fähigkeiten, zum Beispiel das Sprechen und das Vertrauen zu anderen Menschen.
Die sekundäre Sozialisation findet in den Bildungs- und kirchlichen Einrichtungen, in Sport- und
20 Musikvereinen statt. Von besonderer Bedeutung für die Sozialisation von Heranwachsenden ist zudem die Interaktion in der Gruppe der befreundeten Gleichaltrigen, der sog. „Peergroup". In der Phase der sekundären Sozialisation lernt das Kind, beginnend in der Kinderkrippe und im Kindergarten, schrittweise unterschiedliche soziale Bezugsrahmen kennen und übt dabei die Fähigkeit ein, in wechselnden sozialen Kontexten die eigene Rolle zu variieren und sich kontextangemessen
25 zu verhalten.
Im Erwachsenenalter durchläuft das Individuum die Phase der tertiären Sozialisation, die von der Berufs- und Arbeitswelt ebenso wie von der Weiterentwicklung der sozialen Bezüge des Individuums geprägt ist.
Moderne psychologische Ansätze nehmen auch die Phase des Alterns nach dem Ausscheiden aus
30 dem Erwerbsleben und die damit verbundenen geänderten Rollenerwartungen vonseiten der Gesellschaft als eigenständige Sozialisationsphase in den Blick. Man spricht hierbei von der quartären Sozialisation.

(Originalbeitrag)

■ *Erarbeiten Sie aus dem Ihnen vorliegenden Lexikonartikel die wesentlichen Bedeutungsmerkmale des Begriffs „Sozialisation".*

Erziehung und Sozialisation im Hause Heßling

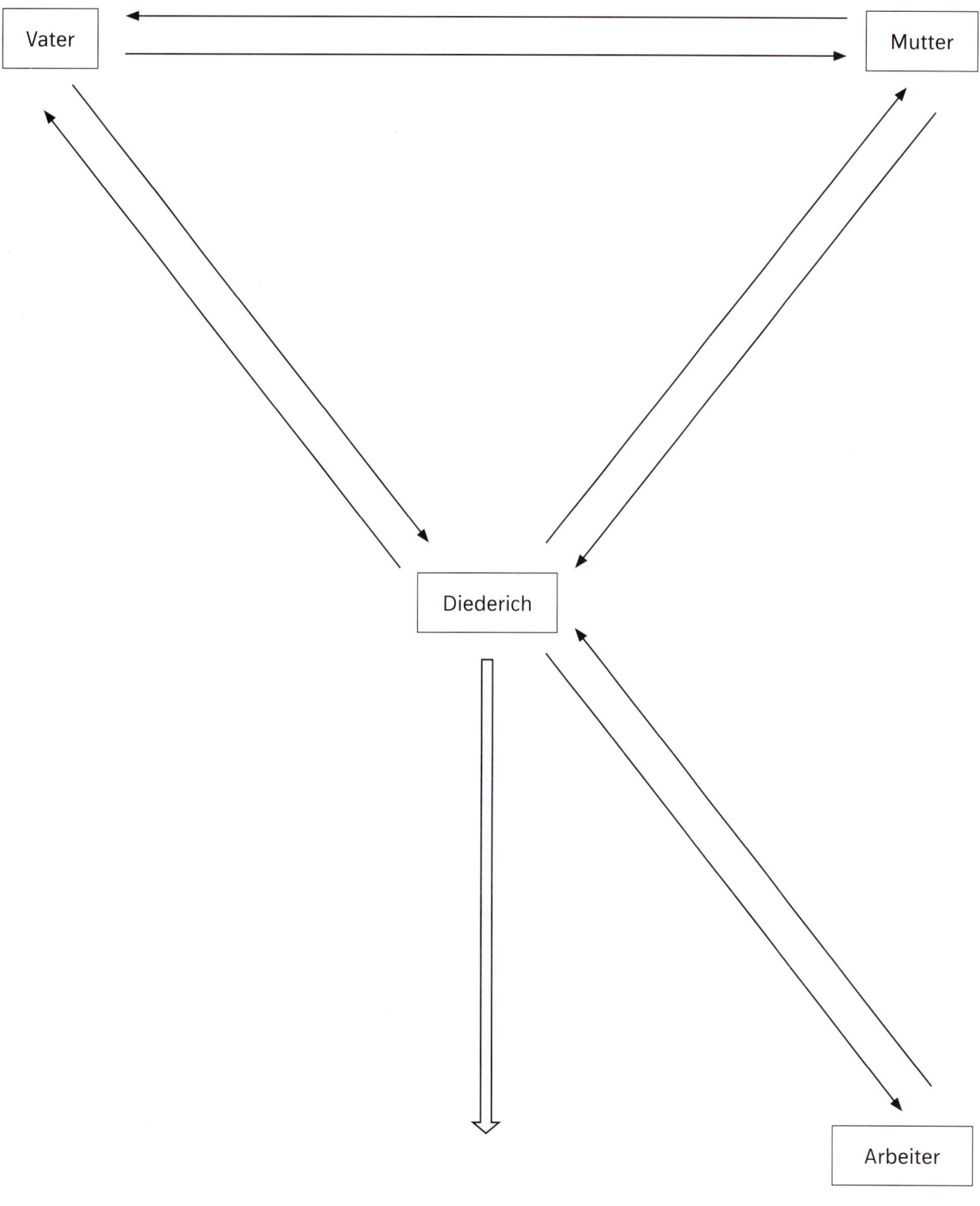

■ *Erarbeiten Sie aus dem Text, S. 4–7, die Beziehungen zwischen Diederich, seinem Vater und seiner Mutter und berücksichtigen Sie dabei auch das Verhalten Diederichs gegenüber den Arbeitern seines Vaters. Welche charakterliche Entwicklung nimmt Diederich im Zuge dieses Sozialisationsprozesses?*

Erziehung und Sozialisation im Hause Heßling (Lösung)

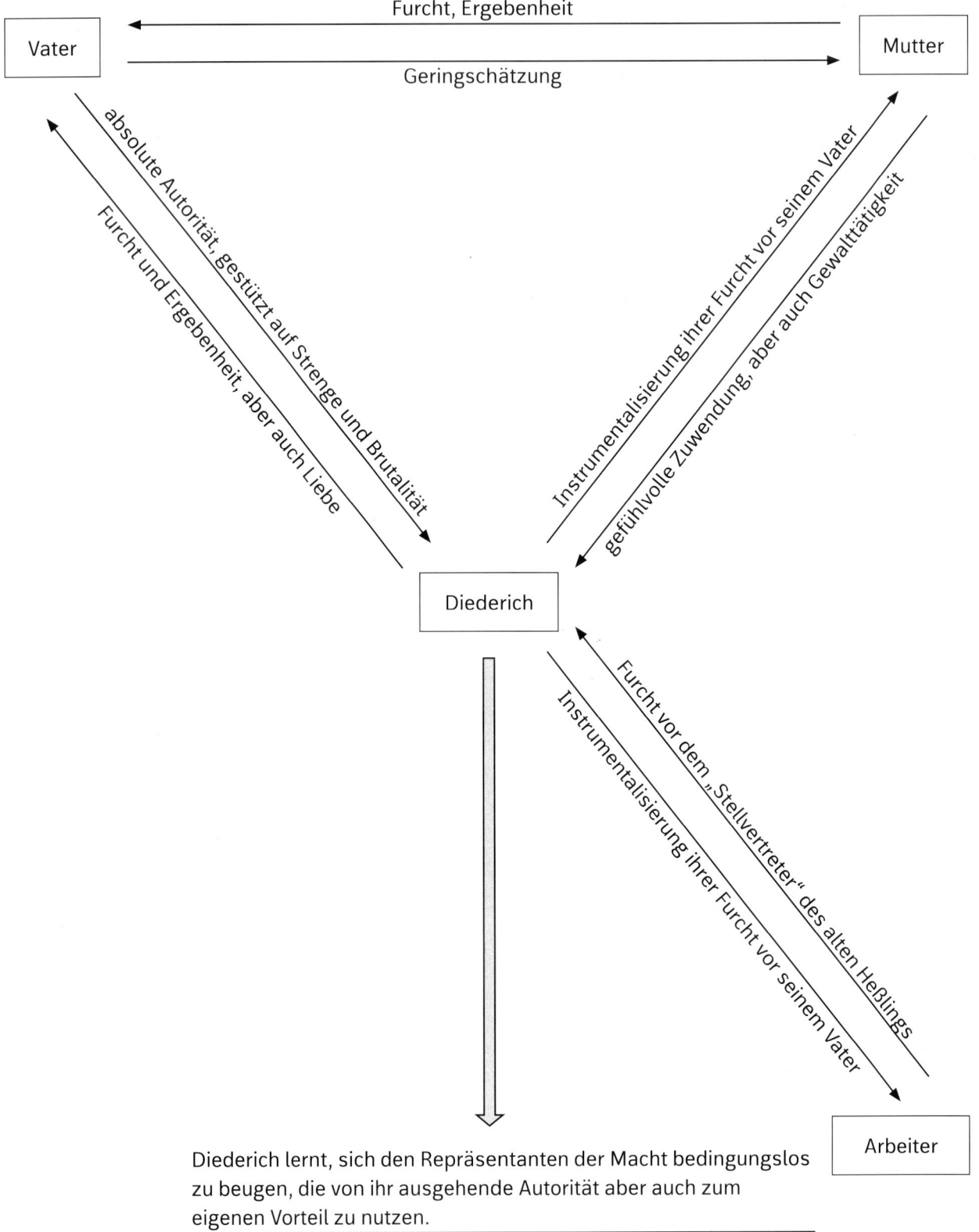

Referatsthema zum Textvergleich
Heinrich Mann – Franz Kafka

Vergleichen Sie die Episode mit dem Polizisten „Ecke der Meisenstraße" (S. 7) in Heinrich Manns „Der Untertan" mit der Parabel „Gibs auf!" von Franz Kafka, indem Sie die jeweilige Situation der beiden Protagonisten einander gegenüberstellen. Informieren Sie sich dabei auch über das Leben Franz Kafkas und beziehen Sie Ihre Erkenntnisse in die Interpretation mit ein.

Franz Kafka: Gibs auf!

Es war sehr früh am Morgen, die Straßen rein und leer, ich ging zum Bahnhof. Als ich eine Turmuhr mit meiner Uhr verglich, sah ich, dass es schon viel später war, als ich geglaubt hatte, ich musste mich sehr beeilen, der Schrecken über diese Entdeckung ließ mich im Weg unsicher werden, ich kannte mich in dieser Stadt noch nicht sehr gut aus, glücklicherweise war ein Schutzmann in der Nähe, ich lief zu ihm und fragte ihn atemlos nach dem Weg. Er lächelte und sagte: „Von mir willst du den Weg erfahren?" „Ja", sagte ich, „da ich ihn selbst nicht finden kann." „Gibs auf, gibs auf", sagte er und wandte sich mit großem Schwunge ab, so wie Leute, die mit ihrem Lachen allein sein wollen.

Brod, Max (Hrsg.): Beschreibung eines Kampfes. Novellen, Skizzen, Aphorismen aus dem Nachlass, Frankfurt a. M. 1983, S. 87.

Auszug aus einer Schulordnung

Erziehung durch die Volksschule (1879)

Fünf Minuten vor Beginn des Schulunterrichts müssen die Lehrer, welche die erste Stunde zu halten haben, im Schulzimmer sein, um die Kinder zu überwachen und allen Ausschreitungen derselben vorzubeugen. Besonders haben sie darauf zu achten: a.) dass die Kinder ihre Schuhe oder Stiefel auf dem vor der Thüre befindlichen Abkratzer reinigen, um Staub in der Schule zu vermeiden; [...] c.) dass sie sich dann sofort und still an ihren Platz begeben, die Bücher auf das Brett unter der Schultafel legen und sich ruhig verhalten; d.) dass die Kinder Gesicht, Ohren, Hals und Hände reingewaschen und die Haare glattgekämmt haben. [...]

Ehe der Lehrer in die Klasse tritt, haben die Bankobersten, insbesondere die Klassenobersten, für Aufrechterhaltung der Ruhe und Ordnung Sorge zu tragen und die Namen etwaiger Ruhestörer an der Wandtafel zu notieren [...] Die Schule beginnt mit einem Gesange und Gebete [...]

Damit jede Störung des Unterrichts unmöglich gemacht werde, hat der Lehrer vor Beginn des Unterrichts darauf zu halten: a.) dass alle Schüler anständig, gerade, mit dem Rücken angelehnt und in Reihen hinter einander sitzen, [...]; b.) dass jedes Kind seine Hände geschlossen auf die Schultafel legt, damit alle Neckereien und Spielereien auf der Tafel, alle ungehörigen und unsittlichen Beschäftigungen unter derselben unmöglich gemacht werden; c.) dass die Füße parallel nebeneinander auf den Boden gestellt werden, damit das Übereinanderschlagen der Beine und das Hinundherscharren mit den Füßen nicht stattfinden kann; d.) dass sämtliche Schüler dem Lehrer fest ins Auge schauen, weil demzufolge alles Sprechen, Plaudern, Lachen, Flüstern, Hinundherrücken, Essen, [...] etc. nicht vorkommen kann. Bevor nicht aller Blicke auf den Lehrer gerichtet sind und bevor nicht die Kinder ihren Geist zum Einstreuen der Samenkörner geöffnet haben, beginnt der Lehrer seinen Unterricht nicht [...]

Wenn gelesen oder geschrieben werden soll ... hat der Lehrer dafür Sorge zu tragen, dass das Heraufnehmen und Hinwegtun (der Bücher und Schiefertafeln) nicht allein in möglichst kurzer Zeit, sondern auch in aller Stille geschieht. Um dies zu ermöglichen, haben die Kinder die betreffenden Lehrmittel in drei Zeiten herauf- und hinwegzutun. Gibt der Lehrer z. B. zum Heraufnehmen des Lesebuchs durch nicht zu starkes Klappen der Hände das Zeichen „Eins", dann erfassen die Kinder das unter der Schultafel liegende Buch; beim Zeichen „Zwei" erheben sie das Buch über die Schultafel; beim Zeichen „Drei" legen sie es geräuschlos auf die Schultafel nieder, [...] Eine Störung der Ruhe und Ordnung darf während des Bücherwechsels etc. nicht vorkommen. Im Falle, dass aber die Ruhe gestört ist, muss das Wort des Lehrers „Achtung!" genügen, um die Ruhe sofort wiederherzustellen.

„Volksschulordnung", Gotha o. J. (seit 1879 bis 1918 in immer neuen Auflagen verbreitetes Buch); in: R. Bein, Braunschweig. Stadt und Herzogtum 1890–1918 (Materialien zur Landesgeschichte), Braunschweig 1985, S. 179–180.

Lesen Sie die Volksschulordnung aus der Zeit des Deutschen Kaiserreichs und versuchen Sie, das damalige Erziehungssystem zu charakterisieren.

Erich Fromm: Die Entwicklung eines „autoritären Charakters"

In einem Interview mit der Diplompsychologin und Psychoanalytikerin Renate Schneider-Sittel aus dem Jahr 1975 äußert sich der deutsch-amerikanische Psychoanalytiker, Philosoph und Sozialpsychologe Erich Fromm (1900 – 1980) zu dem, was er „autoritärer Charakter" nennt.

Erich Fromm

- *Das Gespräch, das Sie nun hören, dauert etwa 30 Minuten. Setzen Sie sich in Gruppen zu mindestens fünf Schülerinnen und Schülern zusammen, teilen Sie die folgenden Fragen auf und machen Sie sich während des Hörens zu „Ihrer" Frage Notizen. Schreiben Sie die Frage und Ihre Notizen auf ein gesondertes Blatt.*
    - a) Was versteht Erich Fromm unter einem „autoritären Charakter"? Welche Rolle spielen dabei der Sadismus und der Masochismus?
    - b) Worin besteht der Zusammenhang zwischen einem „autoritären Charakter" und dem Faschismus? Wie beurteilt Erich Fromm in diesem Zusammenhang Adolf Hitler als „Führer"?
    - c) Welche Bedingungen befördern laut Erich Fromm die Entwicklung eines „autoritären Charakters" und welche verhindern sie?
    - d) Welchen Zusammenhang sieht Erich Fromm zwischen der Entwicklung eines „autoritären Charakters" und der Erziehung im Allgemeinen und unterschiedlichen Erziehungsstilen? Welche Alternativen nennt er?
    - e) Wie definiert Erich Fromm den Begriff „Autorität" und welche Unterscheidungen nimmt er vor?
- *Tauschen Sie sich nach dem Hören zunächst in einem offenen Gespräch über Ihre Eindrücke aus.*
- *Informieren Sie anschließend Ihre Gruppenmitglieder über den von Ihnen bearbeiteten Themenkomplex.*
- *Erörtern Sie im Gruppengespräch, wo Sie Parallelen zwischen den Aussagen Erich Fromms und dem Roman „Der Untertan" sehen.*

Heßling und die „Neuteutonen"

Heßlings Lehrzeit bei der „Neuteutonia"

| Die Lebenssituation Heßlings in Berlin: | → | Die Attraktivität des Verbindungslebens: | → | Heßlings „Lehrzeit" in der Verbindung: | → | Heßlings neues Selbstbild: |

Fazit:

■ *Beschreiben Sie mittels treffender Adjektive die existenzielle Lage Heßlings, wie sie in dem Textabschnitt S. 12, Z. 1 – 10 deutlich wird.*

Teilaufgabe I:

■ *Beschreiben Sie in Stichworten, worin die Anziehungskraft des Verbindungslebens auf Heßling besteht.*
Textgrundlage: S. 25, Z. 10 – S. 26, Z. 17 („Und für diesen Posten […] dann war er gerächt!")

Teilaufgabe II:

■ *Beschreiben Sie in Stichworten, wie sich die Lehrzeit Heßlings in der Verbindung charakterisieren lässt.*
Textgrundlage: S. 29, Z. 33 – S. 30, Z. 6; S. 30, Z. 30 – S. 31, Z. 18 („Und nun durfte Diederich […] schultern zu können."; „Schon hatte Diederich […] ‚Nilpferd'!")

Teilaufgabe III:

■ *Beschreiben Sie in Stichworten, inwiefern Heßlings Erfahrungen bei den „Neuteutonen" sein Selbstbild prägen.*
Textgrundlage: S. 32, Z. 16 – S. 33, Z. 22 („Hiermit ging […] war es ihm unbekannt")

Heßling und die „Neuteutonen" (Lösung)

Heßlings Lehrzeit bei der „Neuteutonia"

Die Lebenssituation Heßlings in Berlin:
- Einsamkeit: keine nennenswerten sozialen Kontakte, Heimweh nach der familiären Ordnung
- Unsicherheit: eng beschränkter Lebenskreis, große Sparsamkeit aus Existenzangst

↑

Die Attraktivität des Verbindungslebens:
- Bierkonsum einzige Teilnehmerpflicht
- Akzeptanz durch Beachtung der Zeremonien
- Abgeben persönlicher Verantwortung durch Aufgehen in der Gruppe
- Selbstvertrauen durch Zugehörigkeit zu Gruppe

↑

Heßlings „Lehrzeit" in der Verbindung:
- Selbstüberwindung im Fechtunterricht
- Unterordnung und Gehorsam als „Leibfuchs" Weiblings
- Aneignung korpsspezifischer Werte: Pflichtbewusstsein, Selbstbeherrschung, Unterordnung unter die Gemeinschaft

↑

Heßlings neues Selbstbild:
- Identität definiert über „Ehre der Korporation"
- Stolz auf äußere Zeichen der Zugehörigkeit zur Verbindung
- selbstbewusstes Repräsentieren der Verbindung in der Öffentlichkeit

Fazit: Das Aufgehen in der kollektiven Identität der Studentenverbindung sichert Heßling eine psychologische Kompensation seiner Ängste und Defizite.

Heßlings erste Begegnung mit dem Kaiser

AB **18**

Die Berliner Straßenunruhen von 1892 (S. 51 – 57): Erarbeiten Sie, in welchen Stufen sich die Wirkung des Kaisers auf Heßling entfaltet.

BS **2**

© Westermann Gruppe
Best.-Nr. 022778

Heßlings erste Begegnung mit dem Kaiser (Lösung)

Der direkte Blickkontakt Heßlings mit dem Kaiser endet in einem komischen Finale, in dem der lachende Monarch Heßling als vollendeten Untertan anerkennt.

Heßling steigert sich in seiner Begeisterung immer mehr in einen psychischen Ausnahmezustand hinein.

- Heßling ist orientierungslos und wird von den Menschenmassen mitgerissen.
- Heßling erlebt das selbstbewusste Auftreten des Kaisers inmitten der Menge als ordnende und unwiderstehliche Macht.
- Heßling wird innerlich von dem Gedanken ergriffen, Zeuge eines Ereignisses von historischem Rang zu sein.
- Gegenüber einem Kritiker der Inszenierung verteidigt Heßling die Ehre des Kaisers mit Fäusten.
- Heßling sieht sich auf der gleichen Stufe wie die Veteranen der Sedanschlacht und gibt der Presse vollmundige Erklärungen.
- Heßlings Zustand nimmt immer stärkere rauschhafte Züge an. Als Höhepunkt identifiziert er sich sogar selbst mit der monarchischen Macht.

Baustein 3
Der soziale Aufstieg des Untertans in Netzig

Dieser Baustein analysiert die soziale Etablierung des Untertans Heßling in Netzig, erzählt in den Kapiteln III – IV. Der Untertan kehrt als Erbe der väterlichen Fabrik in die Heimatstadt zurück und strebt dort den Aufbau einer eigenen Machtposition an, freilich immer in ehrfürchtiger Unterordnung unter die Vertreter der Macht. Den entscheidenden Karriereschritt macht Heßling durch das Bündnis mit den Sachwaltern der nationalen Partei, in erster Linie repräsentiert durch den Staatsanwalt Jadassohn. Der erfolgreiche Ausgang des Prozesses gegen den angeblichen Majestätsbeleidiger Lauer besiegelt den Aufstieg Heßlings innerhalb des lokalen politischen Machtgefüges.

3.1 Die Ausgangslage für Heßlings Aufstieg

3.1.1 Die Rückkehr des Untertans

Diederich Heßling kehrt als gereifter Untertan nach Netzig zurück. Zwei Ereignisse auf der Zugfahrt in die Heimat geben den Lesern und Leserinnen einen Vorgeschmack auf das neue Selbstbewusstsein Heßlings:

- Ohne Oberkleidung und Schuhe gefällt er sich in Gegenwart zweier bessergestellter Damen ausländischer Herkunft (vgl. S. 90) in der Rolle des gesellschaftlichen Provokateurs, der auf seine Rechte als Fahrgast pocht und sich über geltende Anstandsregeln hinwegsetzt.
- Beim Wiedersehen mit Guste Daimchen (vgl. S. 90 – 91) offenbart er ein egozentrisches Beziehungsverständnis, das die Frau als Objekt derb-sinnlichen Besitzergreifens wahrnimmt und sexuelles Verlangen mit dem Verlangen nach fleischlicher Nahrung, also mit einem menschlichen Grundbedürfnis, gleichsetzt („kolossal appetitlich sind Sie. Wie ein frischgewaschenes Schweinchen.", S. 90, Z. 26 f.). Die Partnerwahl begreift Heßling primär unter dem Aspekt der Nützlichkeit („,Praktisch sind Sie auch!'", S. 91, Z. 10) – der Kontrast zu seinem früheren schüchtern-tastenden Beziehungsversuch mit Agnes Göppel (Kapitel II) ist offenkundig.

Vorgeschlagen wird, dass sich die Schülerinnen und Schüler den kurzen Handlungsausschnitt erschließen, indem sie die beiden Episoden arbeitsteilig in Gruppen (3 – 5 Personen) szenisch aufbereiten. Dazu erhalten sie folgende Aufträge:

Gruppe 1:

- ■ *Lesen Sie die S. 90, Z. 1 – 14 und tauschen Sie sich in Ihrer Gruppe darüber aus, wie sich Heßling hier präsentiert.*
- ■ *Schreiben Sie den Handlungsausschnitt in eine kurze Theaterszene um. Verwenden Sie dafür die Form eines Regiebuchs.*

Rolle	Text	Sprech- und Spielanweisung
…	…	…

- ■ *Präsentieren Sie Ihre Szene anschließend dem Kurs.*

Gruppe 2:

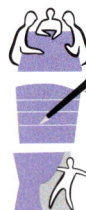

- *Lesen Sie die S. 90, Z. 14 – S. 91, Z. 32 und tauschen Sie sich in Ihrer Gruppe darüber aus, wie sich Heßling hier präsentiert.*
- *Schreiben Sie den Handlungsausschnitt in eine kurze Theaterszene um. Verwenden Sie dafür die Form eines Regiebuchs.*

Rolle	Text	Sprech- und Spielanweisung
…	…	…

- *Präsentieren Sie Ihre Szene anschließend dem Kurs.*

Alternativ kann der Ausschnitt auch analytisch erschlossen werden. Die Schülerinnen und Schüler lesen und bearbeiten die entsprechende Textpassage mit folgenden Aufträgen:

- *Lesen Sie die S. 90, Z. 1 – S. 91, Z. 32. Beschreiben und deuten Sie Heßlings Verhalten und leiten Sie daraus Aussagen über sein Selbstbild bei der Rückfahrt nach Netzig ab.*
- *Erklären Sie, welche für den weiteren Handlungsverlauf bestimmenden Motive der Hauptfigur deutlich werden.*
- *Wie bewerten Sie sein Verhalten gegenüber den Frauen?*

Folgende Aspekte können sowohl bei der Besprechung der Inszenierungen als auch als Ergebnis der reinen Textbearbeitung zur Sprache kommen:

1. Episode: Heßlings Provokation der beiden Damen
- Heßling findet die beiden Damen „widerwärtig elegant" (S. 90, Z. 7).
  → demonstrative Abneigung gegen eine höhere gesellschaftliche Sphäre, der er nicht angehört, die er aber innerlich beneidet
- Heßling ignoriert die Beschwerde der Damen über sein Äußeres (vgl. ebd., Z. 7 ff.).
  → Selbstbewusste Inkaufnahme einer Auseinandersetzung in der Öffentlichkeit (aber ohne größeres Publikum, deshalb ohne Risiko des Ansehensverlusts)
- Heßling verweist auf die mit seiner Fahrkarte verbundenen Rechte (vgl. ebd., Z. 11 f.).
  → Pochen auf erworbene Ansprüche, Vermögen als Schlüssel zu gesellschaftlicher Geltung
- Heßling droht dem Schaffner (vgl. ebd., Z. 12 ff.).
  → behauptete Nähe zur Macht als Drohmittel

Als vorausdeutendes Handlungsmotiv in der 1. Episode lässt sich herausarbeiten, dass Heßling die Nähe der Macht sucht und nach sozialem Aufstieg strebt.

2. Episode: Heßlings Interesse an Guste Daimchen
- Heßling erlebt Guste Daimchen als „kolossal appetitlich" (vgl. S. 90, Z. 26) und als „frischgewaschenes Schweinchen" (vgl. ebd., Z. 26 – 27), dem er spontan um die Taille fasst (vgl. ebd., Z. 27 ff.).
  → Guste als fleischliches Objekt sinnlich-erotischer Begierde
- Heßling erlebt die derb-burschikose, wehrhafte Guste als Gegenbild zu Agnes Göppel (vgl. ebd., Z. 32 ff.).
  → Hinwendung zu anspruchslosen, emotional einfach gestrickten Partnerinnen

- Heßling sieht in Guste eine in jeder Hinsicht praktisch veranlagte Frau und damit eine mögliche Heiratskandidatin (vgl. S. 91, Z. 1 f.).
  → Partnerwahl als Nützlichkeitsentscheidung
- Heßling reagiert entmutigt auf Gustes Verlobung mit Wolfgang Buck (vgl. ebd., Z. 18 f.).
  → Gefühl der persönlichen Unterlegenheit gegenüber einem etablierten Mitglied der Gesellschaft

Das vorausdeutende Handlungsmotiv der 2. Episode besteht darin, dass Heßling offenkundig nach Kompensation seines Minderwertigkeitsgefühls gegenüber der Familie Buck strebt. Ergänzend können die beiden Episoden in individueller Form reflektiert werden, beispielsweise durch einen fiktiven Tagebucheintrag.

> ■ Am Abend seiner Heimreise nach Netzig kehren die Gedanken Heßlings noch einmal zu seinen Erlebnissen auf der Zugfahrt zurück. Entwerfen Sie einen entsprechenden Tagebucheintrag, in dem Sie die subjektive Sicht Heßlings auf die beiden Episoden herausarbeiten.

3.1.2 Heßlings Selbstbild im Konflikt mit den Erwartungen der Umwelt

Schon am ersten Tag der Rückkehr Heßlings nach Netzig wird erkennbar, wie sich dieser auf sämtlichen gesellschaftlichen Ebenen – Familie, Beruf, Gesellschaft – seinem Selbstbild entsprechend zu positionieren versucht. Ebenso deutlich werden die Konfliktlinien, entlang derer Heßlings Selbstbild mit den realen Verhältnissen kollidiert.

Der Untertan erfährt sich nach dem Tod des Vaters innerhalb seiner sozialen Bezüge selbst als ein kleiner „Kaiser". Auf dem Weg in sein Elternhaus grüßen ihn Passanten respektvoll mit seinem Doktortitel (vgl. S. 92, Z. 15 f.), und seine beiden Schwestern bewundern „seine neue Barttracht" (ebd., Z. 17), die Heßling ja wegen der drohenden Wirkung gewählt hat (vgl. S. 89, Z. 7 ff.). Zu Hause heißt ihn seine Mutter als letzte Rettung der Familie willkommen – er ist künftig das männliche Oberhaupt und als solches dazu „bestimmt, Fabrik und Familie nach seiner überlegenen Einsicht zu lenken" (S. 92, Z. 24 f.).

Bei seinem ersten Besuch in der väterlichen Fabrik stößt er den treuen und verlässlichen Buchhalter Sötbier vor den Kopf und schüchtert seine Mitarbeiter durch einen herrischen Auftritt ein. Als Unternehmer kennt er keine menschliche Verantwortung für seine Mitarbeiter, sondern fordert kompromisslos das Leistungsprinzip ein („[...] ich sage das besonders für die alten Leute, die noch von meinem seligen Vater her dabei sind", S. 93, Z. 17 ff.) und stellt seine „Untergebenen" (ebd., Z. 13) von vornherein unter den Generalverdacht der Faulheit. Außerdem formuliert er schroffe Drohungen gegen mögliche Anhänger der Sozialdemokratie, vor allem in Richtung des Maschinenmeisters Napoleon Fischer, der auf ihn von Anfang an einen verdächtigen Eindruck macht (vgl. S. 94, Z. 1 ff.).

Heßlings Ansprache vor den Arbeitern besteht aus Versatzstücken einer historischen Rede Kaiser Wilhelms II. Die Lehrkraft kann die Montagetechnik Heinrich Manns bereits an dieser Stelle thematisieren oder den Aspekt zugunsten einer systematischen Behandlung im Rahmen des Bausteins 5 zurückstellen (siehe hierzu S. 112, 122, 123).

Entsprechend seinem großen Vorbild, dem Kaiser, hegt auch Heßling große Pläne. Er will die Fabrik vergrößern und sich so einen wirtschaftlichen „Platz an der Sonne" (S. 94, Z. 16) sichern. Außerdem strebt er nach politischer Macht, um auf diese Weise der in Netzig vorherrschenden Partei der Demokraten den Einfluss streitig zu machen und sich selbst einen Teil am Kuchen der öffentlichen Aufträge zu erobern. Dabei ist die „Bande des alten Buck" (S. 96, Z. 9) mit ihren angeblichen Klüngeleien das Feindbild, das ihn innerlich besonders antreibt („Andere wollen auch ran!", ebd., Z. 19), zumal er ja im Zusammenhang mit seiner Zuneigung zu Guste Daimchen ohnehin eine Aversion gegen den jungen Buck hegt.

Allerdings werden auch die Grenzen des heßlingschen Allmachtsanspruchs deutlich: In der eigenen Familie wagt seine Schwester Magda offen die hellsichtige Frage nach der Finanzierbarkeit seiner wirtschaftlichen Expansion (vgl. S. 94, Z. 19). Heßlings forscher Auftritt in der Fabrik ist vor allem Zeichen eines ins Grundsätzliche gehenden Misstrauens gegenüber seiner Umwelt. Mit seiner geradezu lächerlichen Furcht vor Illoyalität und Verrat offenbart er im Grunde nur seine innere Unsicherheit, die er sich selbst gegenüber freilich nicht offen eingesteht. Und auch seine im Familienkreis mit großem Selbstbewusstsein vorgetragene Geringschätzung der Familie Buck erhält einen peinlichen Dämpfer: Seine Mutter drängt flehend auf einen Höflichkeitsbesuch bei Buck – „Er ist nun mal so einflussreich" (S. 96, Z. 18). Die Analyse des Handlungsabschnitts S. 92–96 sensibilisiert die Schülerinnen und Schüler für das übersteigerte Geltungsbedürfnis des Untertans und erlaubt Ausblicke auf die Konfliktlinien, entlang derer Heßling seine soziale Etablierung durchsetzen muss.

Die folgenden Arbeitsaufträge eignen sich für eine Gruppenarbeit. Die Ergebnisse und ihre Fixierung in einem Schaubild werden im Plenum besprochen.

■ *Zeigen Sie auf Grundlage der S. 92–96 das neue familiäre, berufliche und gesellschaftliche Selbstbild Heßlings.*

■ *Inwieweit zeichnet sich ab, dass das Selbstbild Heßlings in Konflikt mit der Realität gerät?*

Heßlings Rückkehr nach Netzig – Konfliktfelder zwischen Selbstbild und Realität

Heßlings neues Selbstbild

familiär:	beruflich:	gesellschaftlich:
Heßling als einzige und unangefochtene Autorität: „wirkliches Haupt der Familie", S. 92, Z. 22	ehrgeizige Expansionspläne für Papierfabrik: „Der Platz an der Sonne!", S. 94, Z. 16	Kampfansage gegenüber der einflussreichen Familie Buck: „Andere wollen auch ran!", S. 96, Z. 19

⇕ ⇕ ⇕

| innerfamiliäre Skepsis gegenüber Heßlings Plänen: Zweifel Magdas an Finanzierbarkeit der Firmenvergrößerung, vgl. S. 94, Z. 19 | innere Unsicherheit Heßlings bei Auftritt in der Firma: herrische Zurechtweisung Sötbiers, Einschüchtern der Angestellten, Misstrauen gegen den Maschinenmeister, vgl. S. 93–94 | bestehende Machtverhältnisse: Familie Buck als gesellschaftliche Institution („Mein lieber Sohn, […] versprich mir, dass du auch zum Herrn Buck gehst.", S. 96, Z. 16 ff.) |

Hemmnisse für das neue Selbstbild

3.2 Heßlings politischer und gesellschaftlicher Aufstieg

3.2.1 Die etablierte Macht – Heßlings Begegnung mit Buck

Der Vorstellungsbesuch beim alten Herrn Buck (vgl. S. 101 – 107) wirft den zuvor mit großen Ansprüchen auftrumpfenden Heßling auf subalterne Verhaltensmuster zurück. Zunächst vermag er sich vor sich selbst nicht die Notwendigkeit des Besuchs und damit seine eigene gesellschaftliche Unterlegenheit einzugestehen („wie auf eine Verabredung, die er vor sich selbst geheim gehalten hätte", S. 101, Z. 7 f.). Aber als er dann dem alten Buck gegenübersteht, verbeugt er sich sogleich „eifrig" (ebd., Z. 15) und begibt sich damit von Anfang an in die Rolle des Unterlegenen. Buck wiederum tritt ihm als Gönner und Förderer (vgl. S. 102 – 103) gegenüber, der seinerzeit schon seinem Vater unternehmerische Hilfestellung gegeben hat und nun dem jungen Heßling seine Freundschaft (vgl. S. 106, Z. 10 ff.) und Unterstützung beim Ausbau seiner Firma sowie eine politische Karriere im Lager der Liberalen (vgl. S. 102 – 103) anbietet.

Heßling verhält sich gegenüber Buck ganz als Untertan im Angesicht eines Mächtigeren („Und dann sind Sie immer noch der mächtigste Mann der Stadt.", S. 105, Z. 27 f.). Auf Gunstbeweise Bucks reagiert er „freudig wie ein guter Schüler" (S. 101, Z. 23), mit dienstfertiger Unterwürfigkeit und streberhafter Beflissenheit. Vom Charisma des durch seine persönlichen Leistungen in der Revolution von 1848 geadelten Buck ist Heßling derart eingeschüchtert, dass er seinen eigenen politischen Standpunkt nur zögerlich und ohne Überzeugungskraft vorbringt und sich selbst sogar mehrfach der politischen Richtung des alten Buck zurechnet („Ich bin selbstverständlich durchaus liberal", S. 102, Z. 3; „Ich bin ein durchaus liberaler Mann!", S. 106, Z. 14).

Nachträglich empfindet Heßling seine Begegnung mit Buck als Niederlage und ärgert sich über seine eigene Schwäche, die er auf den in seiner Kindheit ausgeprägten Respekt vor der Autorität Bucks zurückführt (vgl. S. 106, Z. 32 – S. 107, Z. 3). Sein misstrauischer Charakter lässt ihn sogar eine Falle Bucks vermuten. Er reagiert mit kompensatorischer Aggression („Diederich ballte die Faust in der Tasche", S. 107, Z. 9) und einer erneuten Kampfansage gegen Buck („Vorläufig muss man sich noch mit ihm verhalten, aber wehe, wenn ich der Stärkere bin!", ebd., Z. 10 ff.).

Die Untersuchung des Besuchs Heßlings bei Buck macht den Schülerinnen und Schülern deutlich, dass Heßling – ganz entgegen seinem ambitionierten Auftreten bei seiner Rückkehr – sofort eine von Unterwerfung und Wetterwendigkeit geprägte Haltung einnimmt, wenn er mit Repräsentanten der Macht konfrontiert ist. Die Funktion der Textstelle kann mit folgendem Auftrag erarbeitet werden:

- Lesen Sie noch einmal die S. 101 – 107 und fassen Sie den Inhalt zusammen.
- Beschreiben Sie das Verhalten Heßlings in der Begegnung mit dem alten Buck (S. 101 – 106) mithilfe treffender Adjektive.
- Erklären und bewerten Sie seine Reaktion nach dem Besuch (S. 106 – 107).

Die Ergebnisse können in Form eines Tafelbilds zusammengetragen werden:

Heßlings Besuch beim alten Buck

Heßlings Verhalten gegenüber dem alten Buck (S. 101–106):

- unterwürfig
- beflissen
- anbiedernd
- eingeschüchtert

} unterwürfige Verhaltensmuster eines „Untertans"

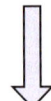

Heßlings Reaktion nach dem Besuch:

- verärgert über Niederlage
- misstrauischer Verdacht einer Falle durch Buck
- kompensatorische Aggression durch Kampfansage an Buck

3.2.2 Heßlings Bündnis mit Jadassohn

Stand der Besuch bei Buck noch für die Unsicherheit Heßlings, sich politisch eindeutig zu positionieren, so bedeutet die sich anschließende Begegnung mit dem Staatsanwalt Jadassohn im Hause des Bürgermeisters (vgl. S. 107–116) die entscheidende Weichenstellung für das Engagement Heßlings als nationalliberaler Parteigänger.

Während sich Bürgermeister Dr. Scheffelweis vorsichtig gibt und eindeutige politische Festlegungen möglichst vermeidet – er formuliert bevorzugt dialektisch: „einerseits […] [a]ndererseits" (S. 109, Z. 15f.) –, drängt Jadassohn in der Pose eines vernehmenden Staatsanwalts den eingeschüchterten Heßling auf ein klares „Bekenntnis" (ebd., Z. 1), was Heßling auch prompt ablegt: Er und Jadassohn finden sich sogleich wieder in ihrer identischen politischen Weltanschauung („Das nationale Banner muss hochgehalten werden", S. 110, Z. 20), personifiziert durch den Kaiser (vgl. S. 111, Z. 24), sowie in der energischen Ablehnung konkurrierender politischer Gruppierungen („Umstürzler", S. 109, Z. 20). Gemeinsam einigen sie sich auf das Ziel eines Sieges der eigenen politischen Richtung bei den Neuwahlen zum Reichstag (vgl. S. 112) und gründen – zusammen mit dem Bürgermeister – „das engere Wahlkomitee" (ebd., Z. 6f.).

Abgesehen vom erheblichen Machtgefälle zwischen dem herrisch und bestimmt auftretenden Jadassohn und dem innerlich zutiefst unsicheren Heßling beruht das Bündnis der beiden Personen auf einem tiefen gegenseitigen Einverständnis. So haben beide offenbar eine vergleichbare Erziehung zum Untertanen durchlaufen. Darauf deutet zunächst einmal die Tatsache hin, dass sie sich als Korpsbrüder der Studentenverbindung „Neuteutonia" erkennen (vgl. S. 114, Z. 7ff.). Außerdem teilen die beiden ein Schlüsselerlebnis: den Auftritt des Kaisers bei den Februarkrawallen in Berlin, bei denen Jadassohn „die Macht verehren gelernt hatte, wie Diederich" (ebd., Z. 21). Die grenzenlose Ausrichtung auf die Person und das politische Programm des Kaisers motiviert auch das Eintreten beider für den „nationalen Geist" in Netzig (vgl. S. 115, Z. 10ff.) und die kompromisslose Gegnerschaft gegen die Repräsentanten der freisinnigen Partei, vor allem gegen Buck (vgl. S. 115, Z. 29ff.).

Auf der einen Seite befindet sich Jadassohn gegenüber Heßling in einer überlegenen Position, da er als Staatsanwalt selbst einen Teil der Macht repräsentiert – der dreiste Umgang mit dem Stubenmädchen des Bürgermeisters (vgl. S. 108, Z. 4 – 6; S. 112, Z. 26 – 27) zeigt ihn als skrupellosen und egoistischen Machtmenschen. Auf der anderen Seite findet Heßling in Jadassohn einen politischen Gesinnungsgenossen, der sogar seine Verehrung für den Kaiser teilt und der Heßling den nötigen Rückhalt zum eigenen Bekenntnis gibt. Damit ist die Funktion Jadassohns für den Romanfortgang umrissen: Er nutzt die charakterliche Schwäche des Untertans Heßling und bringt ihn dazu, sich in den Dienst der gemeinsamen Sache zu stellen und politisch aktiv zu werden.

Die Funktion Jadassohns für die Entwicklung Heßlings kann durch folgende Arbeitsaufträge erarbeitet werden, die sich als Partnerarbeit und ebenso als Hausaufgabe eignen.

> ■ Lesen Sie die S. 107 – 116. Beschreiben Sie das Verhältnis zwischen Heßling und Jadassohn. Achten Sie dabei besonders auf das Machtgefälle und auf die Gemeinsamkeiten zwischen den beiden Figuren. Erstellen Sie dazu ein Schaubild.

> ■ Erklären Sie die Funktion ihrer Bekanntschaft für die weitere Romanhandlung.

Die Ergebnisse lassen sich folgendermaßen in einem Schaubild festhalten:

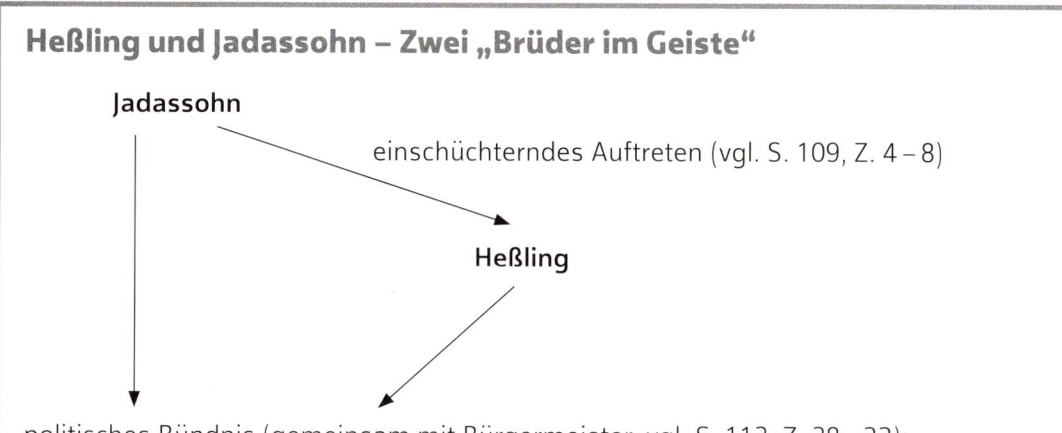

3.3 Der Prozess gegen Lauer

Heinrich Mann hat den Prozess gegen Karl Lauer in der Mitte des Romans und damit an zentraler Stelle angesiedelt. Die eigentliche Hauptfigur des Verfahrens ist nicht der wegen Majestätsbeleidigung vor Gericht stehende Angeklagte, sondern der Hauptbelastungszeuge Diederich Heßling. Der Erzählabschnitt hat zwei Funktionen: Zum einen wird der Prozess der gesellschaftlichen Etablierung Heßlings innerhalb der Gesellschaft Netzigs im Rahmen eines öffentlich verhandelten Prozesses verdichtet. Zum anderen präsentiert Heinrich Mann eine scharfe Gesellschaftsanalyse, indem er die politische Instrumentalisierung eines Strafprozesses aufzeigt und die Beeinflussbarkeit und Stimmungsabhängigkeit der öffentlichen Meinung kritisiert.

3.3.1 Die Anpassung der öffentlichen Meinung an die Macht

Die Hauptakteure des Prozesses wie auch der juristische Anlass, die Anzeige Heßlings gegen Lauer wegen Beleidigung des Kaisers, stehen für den großen Konflikt, der die Politik und Gesellschaft in Netzig prägt: Auf der einen Seite befinden sich Vertreter der „freisinnigen" Partei, die Familien Lauer und Buck. Auf der anderen Seite agieren der Vorsitzende des Gerichts und der Staatsanwalt Jadassohn für die nationalliberale, kaisertreue Partei. Sie werden auf den Zuschauerbänken unterstützt vom Regierungspräsidenten von Wulckow (vgl. S. 190, 192) und von der Schwiegermutter des Bürgermeisters. Diese macht die Affäre zwischen Frau Lauer und dem als Zeugen vorgeladenen Dr. Fritzsche ruchbar (vgl. S. 185, S. 194) und diskreditiert damit das Eheleben der Lauers und die Sache der Verteidigung insgesamt.

Die Sympathien der Zuschauerinnen und Zuschauer stehen zunächst eindeutig auf der Seite des Angeklagten sowie seines Verteidigers Buck und damit gegen Heßling (vgl. S. 187). Aber das Publikum erweist sich als wankelmütig: Den kaisertreuen Parteigängern – und damit den Vertretern der „Macht" – gelingt es durch eine entschlossene Prozessführung nicht nur, eine Verurteilung Lauers herbeizuführen, sondern auch die Zuhörerinnen und Zuhörer gegen die Vertreter der Verteidigung einzunehmen (vgl. S. 198) und damit dem politischen Gegner im Ansehen der Öffentlichkeit schwer zu schaden.

Heßling steht am Ende des Prozesses auf der Seite der Gewinner (vgl. S. 202–203), auch wenn er selbst nicht fähig ist, den Stimmungsumschwung aktiv herbeizuführen. Entsprechend seiner antrainierten Untertanenreflexe versucht er zunächst, sich feige wegzuducken: Aus Angst vor den Vertretern des Gesetzes bereut er es, sich durch seine Anzeige exponiert zu haben (vgl. S. 185, Z. 9 ff.). Auch die ihm gegenüber feindselige öffentliche Meinung macht ihm schwer zu schaffen („Vergebens suchte Diederich jemand, an den er sich hätte halten können.", ebd., Z. 8 f.), weshalb er sich entschließt, einen Rückzieher zu machen und seine Anklage gegen Lauer abzumildern (vgl. S. 187–188). Tatsächlich agiert Heßling über weite Teile der Zeugenvernehmung eingeschüchtert und verunsichert.

An innerer Sicherheit gewinnt Heßling erst, als sich die Wagschale gegen den Angeklagten neigt (Heßling wird „es immer wohler", S. 194, Z. 23). Und als die Verteidigungsstrategie Bucks endgültig zusammengebrochen ist, fühlt Heßling sich derart im Windschatten der Ereignisse, dass er seine ursprüngliche Anklage gegen Lauer nicht nur untermauert, sondern sogar verschärft (vgl. S. 200). Seine Rede bildet den Höhepunkt und den Abschluss der Beweisaufnahme. Mit seiner Ansprache bewirkt er „Bewegung im Saal" (S. 201, Z. 30) und erhält Glückwünsche (vgl. S. 202, Z. 8 ff.) und macht damit den Stimmungsumschwung nachträglich zu seinem eigenen Erfolg.

Vor der Analyse des Prozessgeschehens im Unterricht sollte die Vorgeschichte zusammengetragen werden – die Erschießung eines Arbeiters durch einen Soldaten und der sich entspinnende Konflikt zwischen Lauer und Heßling, der in den Vorwurf der Majestätsbeleidigung mündet –, sei es durch ein gemeinsames Unterrichtsgespräch oder durch die häusliche Vorbereitung der entsprechenden Textpassage (S. 123–132). Die Beweisaufnahme selbst – die umfangreiche Textgrundlage (S. 184–203) legt ein arbeitsteiliges Vorgehen in Gruppenarbeit nahe – kann beispielsweise mit folgender Leitfrage erschlossen werden:

> ■ *Untersuchen Sie arbeitsteilig den Verlauf der Beweisaufnahme im Prozess gegen Lauer (S. 184–203). Identifizieren Sie die wesentlichen Etappen, auf denen die Verhandlung zugunsten Heßlings kippt, und führen Sie Ihre Ergebnisse in einem Flussdiagramm zu einer gemeinsamen Gruppenpräsentation zusammen.*

Folgende Textaufteilung bietet sich an:

Gruppe I: S. 184, Z. 1 – S. 189, Z. 11
Gruppe II: S. 189, Z. 11 – S. 195, Z. 10
Gruppe III: S. 195, Z. 11 – S. 203, Z. 10

Auf Grundlage der Besprechung im Plenum kann folgende Zusammenfassung entstehen:

Der Prozess gegen Lauer – Heßlings politische Bewährungsprobe

Ausgangslage:
- Heßling eingeschüchtert durch „Räderwerk" der Macht (S. 184, Z. 21)
- Sympathisanten des Angeklagten in optimistischer Stimmung (vgl. S. 185)
- Schwiegermutter des Bürgermeisters als Vertreterin der gegnerischen Partei (vgl. S. 185)
- „[A]llgemeine Missbilligung" der Anwesenden gegenüber Heßling (vgl. S. 187, Z. 8)

Etappensieg des Verteidigers:
- Buck „triumphierend" (S. 188, Z. 25) wegen seines Erfolgs in einer Verfahrensfrage
- Buck als „entschlossene[r] Gegner" (S. 188, Z. 18) des Vorsitzenden Richters und des Verteidigers

Erste negative Reaktionen auf Verteidigung:
- Anspielung Bucks auf Affäre zwischen Käthchen Zillich und Heßling ruft „missbilligendes Gemurmel weiblicher Stimmen" (S. 190, Z. 22 – 23) hervor.
- deutliche Kritik des Regierungspräsidenten von Wulckow gegenüber dem alten Buck (vgl. S. 190, Z. 23 – 25)

Wende in der Zuschauergunst:
- Erfolg Jadassohns gegen Entlastungszeugen (vgl. S. 191, Z. 22 – 32)
- offene Parteinahme von Wulckows – „Unerhört!" (S. 192, Z. 11)
- „Buck war geschlagen" (S. 192, Z. 17).
- Die öffentliche Meinung passt sich der Macht an (vgl. S. 192, Z. 20 – 22).

Verfestigung des Stimmungsumschwungs:
- weitere desavouierende Bemerkungen der Schwiegermutter über Familie Lauer (vgl. S. 194, Z. 17 – 18, S. 195, Z. 4 – 5)
- keine Sympathien des Publikums mehr für den Angeklagten: „ [...] man hatte angefangen, die Lauers ihrem Schicksal zu überlassen" (S. 195, Z. 5 – 6)

Offene Parteinahme des Publikums gegen die Buck-Partei:
- Demontage des Bruders von Buck als Entlastungszeuge (vgl. S. 196, Z. 4 – 15)
- Die fünf Töchter Bucks „rückten unter den Blicken der Menge" zusammen „wie eine Lämmerherde im Unwetter" (S. 196, Z. 15 – 17).
- feindseliges Lachen im Publikum (vgl. S. 196, Z. 17 – 18)
- Eingeständnis des vollzogenen Stimmungswechsels: „Buck sah die Sympathien, die ihn hereinbegleitet hatten, zersprengt und abgestumpft" (S. 198, Z. 12 – 14)

Triumphierender Auftritt Heßlings:
- entscheidende Verschärfung seiner bisherigen Aussagen (vgl. S. 200 – 202)
- Bewegung im Saal, Glückwünsche (vgl. S. 203)

Fazit: Der politische und moralische Druck bewirken einen Stimmungsumschwung während des Prozesses. Der im Verlauf der Verhandlung passiv agierende Heßling wird zum moralischen Sieger.

Ergänzend können folgende Aufträge gegeben werden:

- *Ihre Gruppe berichtet in der Rolle eines Gerichtsreporters bzw. einer Gerichtsreporterin über den Verlauf der Beweisaufnahme im Prozess gegen Lauer (S. 184, Z. 1 – S. 203, Z. 10). Informieren Sie über die wesentlichen Etappen, auf denen die Verhandlung zugunsten Heßlings kippt, und führen Sie Ihre Ergebnisse zu einer spannenden und informativen Gerichtsreportage zusammen.*

- *Verfassen Sie zusätzlich einen fiktiven Kommentar, in dem Sie die Verhandlung bewerten.*

3.3.2 Die Verteidigungsrede Bucks

Die Verteidigungsrede Bucks vor Gericht (vgl. S. 205 – 210) bildet nicht nur unter Betrachtung der Seitenzahlen den Mittelpunkt des Werks. Heinrich Mann formuliert darin die interpretatorische Quintessenz der Heßling-Figur und damit zugleich eine Charakterisierung der Kaiserpersönlichkeit Wilhelms II.

Beim Untertan Heßling handelt es sich um einen gewöhnlichen Durchschnittsmenschen, ohne besondere intellektuelle Geisteskräfte und aufgrund seines fehlenden Selbstvertrauens stets von der Zustimmung der Umwelt abhängig (vgl. S. 206, Z. 10 – 13). In der Figur des Kaisers findet er ein Vorbild, in dessen Nachahmung der schwache Charakter Selbstsicherheit zu finden meint. Durch dieses Nachäffen wird dem Untertan die ihm eigentlich wesensfremde Pose der Härte zum Lebenssinn: „Schwach und friedfertig von Natur, übt er sich, eisern zu scheinen" (S. 209, Z. 2). Es ist seine auf Wirkung bedachte „Geste" (S. 206, Z. 25), die ihn zu einem neuen Typus in der Gesellschaft des Kaiserreichs macht: auf der einen Seite prahlerisch, aggressiv und unversöhnlich gegen echte oder mutmaßliche Gegner, auf der anderen Seite unterwürfig gegenüber dem Kaiser, der ihn dafür ein Stück weit an seiner Macht teilhaben lässt.

Aber das Pathos des Untertans wirkt aufgesetzt und damit wie eine schlechte Komödie (vgl. S. 207, Z. 1 – 2). Der Untertan erreicht das „ästhetische Niveau" (S. 208, Z. 18) seines Vorbilds nicht. Der Kaiser hat als „große[r] Künstler" (S. 207, Z. 25 – 26.) gewissermaßen Narrenfreiheit: Die Aufgabe des Kaisers ist das große Theater, zu „blitzen, blenden, den Hass imaginärer Rebellen herausfordern" (ebd., Z. 30 – 31), um „den Beifall eines Parterres" (S. 207, Z. 31 – S. 208, Z. 1) zu finden, also um sein Volk zu beeindrucken. Die Anmaßung des Untertans dagegen führt zum moralischen Verfall: „Erlogene Ideale ziehen unlautere Sitten nach sich, dem politischen Schwindel folgt der bürgerliche." (S. 208, Z. 22 – 23)

Diese Kernaussagen lassen sich mithilfe des folgenden Arbeitsauftrags erschließen:

- *Lesen Sie noch einmal die S. 205, Z. 2 – S. 210, Z. 10. Fassen Sie die wesentlichen Aspekte der Charakterisierung Heßlings durch Buck in seiner Verteidigungsrede für Lauer zusammen.*

Der Erwartungshorizont für diese Aufgabe sollte sich an der vorangegangenen Zusammenstellung orientieren.

Heßling als „neuer Typus" (S. 208, Z. 31) – Die Verteidigungsrede Bucks

Bucks Deutung der Person Heßlings (S. 205 – 210):
Heßling als Durchschnittsmensch ohne besondere Qualitäten, abhängig von der Umwelt

geliehenes Selbstbewusstsein durch Nachahmung des Kaisers

Heßling als „neuer Typus":
- Rhetorik der Härte
- Prahlertum
- Aggressivität gegen Feinde des Kaisers
- Unterwürfigkeit gegenüber dem Kaiser

Aber: Kaiser als „großer[r] Künstler" (S. 207, Z. 25 – 26) ↔ „Komödie" (S. 209, Z. 6) des Untertans als Ursache für moralischen Verfall

3.3.3 Die Konsequenzen des Prozesses

Das Ergebnis des Prozesses weist auf den weiteren Handlungsverlauf hin: Der dem freisinnigen Lager zuzurechnende Angeklagte Lauer wird in seiner beruflichen, politischen und privaten Existenz vernichtet (vgl. S. 211, Z. 16 – S. 212, Z. 9). Bedingt durch seine sechsmonatige Gefängnishaft, muss er seine Firma verkaufen und verliert sein Stadtabgeordnetenmandat. Die ihm zuzurechnenden sozialen Errungenschaften, vor allem die Beteiligung seiner Arbeiter am Betrieb, werden nun als kleinlich verurteilt. Sogar die sozialdemokratische Presse stellt sich gegen ihn, schließlich habe er durch die unbedachte Majestätsbeleidigung letztlich seine Arbeiter im Stich gelassen. Auch seine Ehe ist am Ende: Seine Frau Judith verlässt ihn für den Landgerichtsrat Fritzsche.

Heßling dagegen hat sich seinen Platz als angesehenes Mitglied der Gesellschaft erobert (vgl. S. 212, Z. 10 – S. 214, Z. 13), was in starkem Maße mit der neugewonnenen Unterstützung durch den Regierungspräsidenten von Wulckow zusammenhängt. Sein gewachsenes gesellschaftliches Ansehen verdichtet sich in der Tatsache, dass ihn der Kriegerverein geradezu unterwürfig die Aufnahme anträgt. Seine neue Machtstellung wirkt sich auch auf seine wirtschaftlichen Aussichten aus, weil die „Netziger Zeitung" von nun an einen Teil ihres Papierbedarfs über Heßling bezieht. Im Hochgefühl seiner neuen Stellung – „Da ward Diederich es inne, was für eine Macht er war", S. 213, Z. 6 – 7 – schiebt er dem Kaiser sogar ein Zitat unter und weiß dabei nicht einmal so recht, „ob es von ihm selbst war oder nicht doch vom Kaiser" (S. 214, Z. 9). Sprachlich auffällig ist die Personifizierung der Macht. Heßling besitzt in seiner Wahrnehmung nicht Machtoptionen, sondern er *ist* die Macht.

Damit bewahrheitet sich die Analyse Bucks, Heßlings Kaiserverehrung entspringe einem psychologischen Identifikationsbedürfnis eines Untertanen.

Die Analyse dieser Aspekte dient der didaktischen Abrundung der Unterrichtssequenz und macht die Wende deutlich, die der Prozess für die politischen und gesellschaftlichen Machtverhältnisse in Netzig bringt.

Baustein 3: Der soziale Aufstieg des Untertans in Netzig

- Lesen Sie noch einmal die S. 211, Z. 16 – S. 214, Z. 13 und bewerten Sie den Ausgang des Prozesses anhand der Konsequenzen für den Angeklagten Lauer und den Hauptbelastungszeugen Heßling.

- Wählen Sie ein Zitat, welches für die beiden in besonderer Weise die Konsequenzen zum Ausdruck bringt.

- Formulieren Sie abschließend ein Fazit hinsichtlich der politischen Situation in Netzig.

Die Ergebnisse lassen sich in folgender Übersicht zusammenfassen:

Der Prozess gegen Lauer und seine Folgen

für Lauer:	für Heßling:
Gefängnishaft → Existenzvernichtung:	erfolgreicher Prozessausgang → Wohlwollen des Regierungspräsidenten von Wulckow:
• beruflich: Verkauf des Geschäfts	
• politisch: Verlust des Mandats als Stadtabgeordneter, Zerreden seiner Reformen im Betrieb	• neue Aufträge für Papierfabrikanten
	• Aufnahme in Kriegerverein
• privat: Ehe zerstört, Judith Lauer mit Landgerichtsrat Fritzsche auf Italien-Reise	• Das erfundene Kaiser-Zitat stößt auf Begeisterung → hoher Identifikationsgrad mit der Person des Kaisers.

„Nun war es wohl aus mit Lauer" (S. 211, Z. 8). | „Da ward Diederich es inne, was für eine Macht er war." (S. 213, Z. 6–7)

Mit der Niederlage Lauers gewinnt das nationalliberale Lager die politische Deutungshoheit in Netzig. Heßling findet Anerkennung als herausragender kaisertreuer Parteigänger.

Notizen

Baustein 4

Der Untertan auf dem Höhepunkt der Macht

Dieser Baustein bezieht sich auf die Romankapitel V – VI. Heßling kommt durch sein Bündnis mit Jadassohn und seinen Erfolg im Prozess gegen Lauer (Kapitel III) in die Lage, nun seinerseits eine aktive Rolle in der örtlichen Politik zu spielen und seinen neugewonnenen Einfluss zu seinem persönlichen Vorteil einzusetzen. Allerdings bleibt er dauerhaft gefangen im Verhaltensschema des Untertans Er agiert stets unterwürfig gegenüber den Repräsentanten der Macht, ihre tatsächliche oder angemaßte Autorität nimmt er fraglos hin. Die auf solchem Wege erlittenen Demütigungen kompensiert er einerseits durch autoritäres Gebaren in den privaten Beziehungen, andererseits durch den lautsprecherischen öffentlichen Auftritt. Die in Regen und Schlamm untergehende Feierstunde für das neu errichtete Kaiserdenkmal in Netzig bildet den satirischen Höhe- und Schlusspunkt seiner Selbstinszenierung als kaisertreuer Untertan.

4.1 Heßlings Pakt mit der Macht

Die Ambivalenz des Untertanscharakters zwischen Angst und Dominanzstreben wird besonders deutlich im Aufeinandertreffen Heßlings mit dem Regierungspräsidenten von Wulckow (vgl. S. 284 – 295): Der Untertan sucht zwar die Nähe zur Macht und will seinen eigenen, kleinen Teil der Macht wahrnehmen, steht den Vertretern der Macht aber nach wie vor ohnmächtig gegenüber.
Der Erzählabschnitt lässt sich in drei Teile gliedern und entsprechend im Unterricht erschließen:

S. 284, Z. 11 – S. 286, Z. 16: Heßling versucht, sich an von Wulckow anzunähern.
S. 286, Z. 16 – S. 291, Z. 29: Heßling und von Wulckow vereinbaren politische Tauschgeschäfte.
S. 291, Z. 30 – S. 294, Z. 26: Heßling überzieht seine Position und empört von Wulckow.

Heßling nutzt einen geselligen Nachmittag mit seinen Schwestern auf Einladung Frau von Wulckows, um beim Regierungspräsidenten in eigenen Angelegenheiten vorzusprechen. Bereits das Warten Heßlings auf die persönliche Begegnung mit von Wulckow macht deutlich, dass sich der Untertan einer überlegenen und bedrohlichen Machtinstanz annähert, die ihn demütigt und der gegenüber er jegliches Selbstvertrauen verliert.
Selbst Frau von Wulckow nähert sich nur leise und vorsichtig dem Arbeitszimmer ihres Mannes und entzieht sich nach einer heftigen Reaktion von Wulckows so rasch wie möglich der peinlichen Szene (vgl. S. 285, Z. 27 – S. 286, Z. 8). Heßling ist nun auf sich allein gestellt und gezwungen, vor der Tür von Wulckows auf Einlass zu warten, während „Schnaps", die Dogge des Hausherrn, „voll Verachtung" (S. 286, Z. 10 – 11) an Heßling vorbeimarschiert und sich direkt Eintritt verschafft („Schnaps! Komm herein!", ebd., Z. 12). Die Rollenverteilung zwischen Mensch und Tier ist regelrecht auf den Kopf gestellt: Der Hund erhält ohne Umstand Zugang zum Büro, während Heßling mit hineinschleichen muss.
Ins Zimmer gelangt, setzen sich die Demütigungen fort: Von Wulckow ignoriert seine Anwesenheit völlig und ordnet seinen schüchternen Gruß dem Hund zu: „Nanu, quatschst du auch schon, Schnaps?" (ebd., Z. 18). Aus der Verachtung des Hundes für Heßling wird offene „Feindseligkeit" (ebd., Z. 23), Schnaps fletscht seine Zähne und knurrt ihn an. Nicht nur mit

diesen Drohgebärden zeigt er, dass er näher an der Macht ist als Heßling: Nachdem er diesen hinreichend traktiert hat, legt er sich direkt zu seinem Herren und lässt sich streicheln (vgl. ebd., Z. 33–34).

Die Demütigungen – bezeichnenderweise dem Hund angelastet: „Gemeines Vieh!" (ebd., Z. 36) – führen zur inneren Empörung Heßlings: „Wer bin ich, dass ich mir das muss bieten lassen?" (S. 287, Z. 1–2). Der verletzte Stolz über die erlittene Behandlung mündet in einen aggressivitätsgeladenen, unkontrollierten Rundumschlag gegen das gesamte gesellschaftliche Machtsystem: „Die Fäuste ballten sich ihm von selbst, in einem Anfall stummer Raserei sah er alles niedergeworfen, zerstoben: die Herren des Staates, Heer, Beamtentum, alle Machtverbände und sie selbst, die Macht!" (Ebd., Z. 13 ff.) Bezeichnenderweise genügt ein kleines Zeichen der Macht, ein drohendes Geräusch der Dogge, um Heßling erneut einzuschüchtern: „Das Gebäude der Ordnung, wieder aufgerichtet in seiner Brust, zitterte nur noch leise." (Ebd., Z. 27–28) Die erlernte Untertanenmentalität dominiert die inneren Bedürfnisse. Heßlings aus Feigheit erwachsendes Bedürfnis nach Anpassung und Anbiederung verhindert zuverlässig die Eskalation seiner inneren Gefühle.

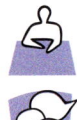

- Lesen Sie die S. 284, Z. 11 – S. 286, Z. 16. Heßling versucht, bei von Wulckow Gehör zu finden. Zeigen Sie anhand des Handlungsverlaufs, was den inneren Anfall Heßlings auslöst.

- Erklären Sie aus Ihrer Kenntnis des Charakters des Untertans heraus, warum der Anfall keinen äußeren Ausdruck findet.

Ein sicherndes Tafelbild kann folgendermaßen gestaltet werden:

Heßlings Annäherungsversuch an von Wulckow

Demütigende Situation für Heßling:

- Wartenmüssen vor dem Arbeitszimmer
- Hineinschleichen ins Büro im Gefolge des Hundes
- Ignorieren durch von Wulckow
- Drohgebärden des Hundes

innere Empörung Heßlings gegen das Gesellschaftssystem

Aber: Verhinderung einer Eskalation durch erlernte Verhaltensmuster des Untertans – Feigheit, Anpassung und Anbiederung

---

Ergänzend kann sich an die Erarbeitung der Textpassage folgender Schreibauftrag anschließen:

- Am Abend nach seiner Begegnung mit von Wulckow denkt Heßling nochmals über seinen Versuch der Annäherung an von Wulckow nach. Entwerfen Sie einen inneren Monolog, in dem Heßling Rechenschaft über seine Empörung ablegt und über die Gründe nachdenkt, warum er seine inneren Zustände nicht nach außen gezeigt hat.

Nach der anfänglichen Demonstration der Machtverhältnisse beginnt die eigentliche Begegnung zwischen Heßling und von Wulckow in überraschend vertraulichem Ton: Von Wulckow tituliert sein Gegenüber als „Doktorchen" (S. 287, Z. 32) und macht mit diesem einen Wort bereits deutlich, dass er in dieser Unterredung keinerlei Wert auf gesellschaftliche Etikette legt.

Der Dialog zwischen Heßling und von Wulckow erlaubt einen Blick hinter die Kulissen der Macht. Abseits der öffentlichen Rhetorik lässt Heinrich Mann Politik als ein Geschäft auf Gegenseitigkeit erscheinen, als Geben und Nehmen zum Zwecke der bestmöglichen Durchsetzung eigener Interessen. Für von Wulckow ist Heßling zwar ein Handelspartner, der ihm etwas zu bieten vermag, aber auch die Machtverhältnisse sind klar: Die Gesprächsinitiative liegt bei von Wulckow, Heßling bleibt in der Defensive und kann nur reagieren.

Dieses Machtgefälle zeigt schon der Gesprächsbeginn: Von Wulckow überrascht Heßling mit ironischen Durchbrechungen seiner Rolle, wenn er spöttisch konstatiert: „Sie werden ja der reinste Staatsmann." (Ebd., Z. 33 – 34) Der sichtlich überraschte Heßling kann nur stammeln. Indem von Wulckow ihm außerdem seinen Zigarrenrauch ins Gesicht bläst und ihm mit seinem Gesicht „ganz nahe" (S. 288, Z. 4) kommt, setzt er sich sogar über den gebotenen körperlichen Mindestabstand hinweg. Dabei macht er Heßling klar, dass er ihn als Karrieristen durchschaut hat und auch über seine prekären geschäftlichen Verhältnisse Bescheid weiß (vgl. ebd., Z. 5 ff.).

Nach dieser Offenlegung der Machtverhältnisse wechselt von Wulckow, der sich über das Erschrecken Heßlings sichtlich amüsiert, abrupt den Tonfall und eröffnet seinem Gesprächspartner: „[...] Sie sind mein Mann." (Ebd., Z. 9 – 10) Für sein politisches Wohlverhalten werde er beim Minister die Verleihung eines Ordens beantragen – eine Auszeichnung, die von Wulckow für seinen Teil sichtlich nicht wertschätzt, da er sie als „Piepmatz" (ebd., Z. 12) bezeichnet. Heßlings Selbstbild kommt durch den versprochenen Orden vorläufig wieder in die Balance, die Anerkennung seiner politischen Loyalität gibt ihm Sicherheit in seiner Rolle, was sich in einer pathetischen Reaktion ausdrückt: Er verbeugt sich unterwürfig, „geblendet und wie mit Blödheit geschlagen" (ebd., Z. 16), und gibt vor: „Mein schönster Lohn ist es, dass der ‚Lokal-Anzeiger' meinen schlicht bürgerlichen Namen vor die Allerhöchsten Augen selbst gebracht hat!" (Ebd., Z. 25 ff.)

Diese hohle Rhetorik bricht von Wulckow jedoch umgehend mit einer banalen Einladung zu einer Zigarre (vgl. ebd., Z. 28), um zu signalisieren, dass nun die Phase des Geschäfts beginnt. In diesen Verhandlungen setzt von Wulckow seine Interessen äußerst zielstrebig durch. Er übt auf Heßling Druck aus, damit die Netziger das Rittergut seines Vetters mit Strom beliefern. Heßling wiederum lässt keinen Zweifel an seiner Kooperationsbereitschaft, um im Gegenzug seine eigenen Ziele zu erreichen, wobei er jedoch seine Verhandlungstaktik durch Verweis auf seine Verpflichtungen gegenüber der gemeinsamen Sache – „als nationaler Mann" (S. 289, Z. 7) – verbrämt. Aber die von ihm behauptete nationale Gesinnung lässt von Wulckow demonstrativ kalt. Die durch Heßling als politischen Schachzug entwertete Einigung mit seinem sozialdemokratischen Maschinenmeister Napoleon Fischer durchschaut von Wulckow sofort als prinzipienlosen Handel (vgl. S. 290, Z. 27 – 32). Heßling bleibt nichts anderes übrig, als ihn in die genauen Abmachungen einzuweihen. Dabei droht von Wulckow ihm mit unverhohlener Brutalität für den Fall, dass das von Heßling im Tausch gegen einen Reichstagssitz für die Sozialdemokraten in Aussicht gestellte Kaiserdenkmal in Netzig scheitert: „Ich mache Frikassee aus Ihnen! Ich schlag Sie so klein, dass Sie nicht mal mehr im Säuglingsheim Aufnahme finden." (S. 291, Z. 15 – 17) Der eingeschüchterte Heßling „war mitsamt seinem Stuhl zurückgewichen bis an die Wand" (ebd., Z. 18 – 19).

Das Gesprächsverhalten von Wulckows und die Reaktionen Heßlings lassen sich mit folgendem Arbeitsauftrag erschließen:

> ■ *Lesen Sie die S. 286, Z. 16 – S. 291, Z. 29. Beschreiben und deuten Sie die Gesprächsstrategien, die von Wulckow gegenüber Heßling anwendet, und die entsprechenden Reaktionen Heßlings.*

Die Ergebnisse lassen sich in Form eines Tafelbilds darstellen:

> **Von Wulckow und Heßling (S. 286, Z. 16 – S. 291, Z. 29) –**
> **Verhandlungen zwischen Macht und Ohnmacht**
>
> | von Wulckows Gesprächsstrategien | Heßlings Reaktionen |
> |---|---|
> | • Demonstrationen der Überlegenheit (vgl. z. B. S. 287, Z. 24 – 26) | • Verunsicherung hinsichtlich der eigenen Rolle (vgl. z. B. S. 287, Z. 26 – 28) |
> | • unvorbereitete Anerkennung für Heßlings politische Loyalität (vgl. S. 288 Z. 19 – 24) | • unterwürfige Gesten der Dankbarkeit (vgl. S. 288, Z. 25 – 27) |
> | • massiver Druck zur Durchsetzung der eigenen Verhandlungsziele (vgl. S. 289, Z. 8 – 11) | • wohlfeile Kooperation im Sinne von Wulckows unter Berufung auf seine nationale Gesinnung (vgl. S. 289, Z. 12 – 14) |
> | • offenes Widerlegen der Verschleierungstaktik Heßlings (vgl. S. 290, Z. 1 – 9) | • erzwungene Offenlegung der Vereinbarungen mit der Sozialdemokratie (vgl. S. 290, Z. 1 – 7) |
> | • massive Einschüchterung durch Androhung körperlicher Gewalt (vgl. S. 291, Z. 13 – 17) | • ohnmächtiges Zurückweichen vor von Wulckows Brutalität (vgl. S. 291, Z. 18 – 19) |
>
> → Versuch von Wulckows, dem überlegenen Vertreter der „Macht", das Gespräch in seinem Sinne zu lenken.
>
> → Heßling, bestimmt von Angst vor der „Macht", ist beschränkt auf passive Reaktionen

Trotz des Machtgefälles ist deutlich, dass von Wulckow Heßling in gewissen Grenzen als politischen Verhandlungspartner akzeptiert. Doch Heßling überzieht seine Position: Als er dem Regierungspräsidenten im Zusammenhang mit dem geplanten Denkmalbau zum hundertsten Geburtstag (vgl. S. 292, Z. 17 ff.) des Reichsgründers Wilhelm des Großen (1797 – 1888), des Großvaters Wilhelms II., ein anrüchiges Immobiliengeschäft vorschlägt (vgl. ebd., Z. 19 ff.), indem er ihm, als künftigen Ehrenvorsitzenden des Kaiser-Wilhelm-Denkmal-Komitees, anbietet, die zu bebauenden Grundstücke im Vorab von ihm zu erwerben, droht diese Wendung von Wulckow in seiner vorgeblichen Integrität zu kompromittieren. Deshalb nutzt er ein weiteres Mal das Instrumentarium der Macht, diesmal in seiner schärfsten Form, um die Situation zu seinem Vorteil zu steuern.

Er betont zunächst den moralischen Graben zwischen sich und Heßling, indem er diesen als „Koofmich" mit „schmutzigen Geschäfte[n]" (ebd., Z. 32 ff.) beschimpft. Seine Empörung bricht sich in körperlicher Aggressivität Bahn: Er geht auf Diederich los (S. 293, Z. 1 ff.), ebenso wie sein Hund (vgl. ebd., Z. 3 – 5). Darüber hinaus spielt er auch die juristische Karte, indem er Heßling der „schweren Beamtenbeleidigung" (ebd., Z. 6) bezichtigt und ihm sofortige Verhaftung wegen „Beamtenbestechung" (ebd., Z. 19) und damit die existenzielle Vernichtung androht („Ich bringe Sie ins Zuchthaus, ich ruiniere Sie für Ihr Leben!", ebd., Z. 21).

„Nun hatte er sie an der Kehle, die Macht!" (Ebd., Z. 11) – Heßling erlebt in seiner Angst den Ausbruch von Wulckows als gerechte Strafe für seine Vermessenheit, „mit der Macht auf vertrautem Fuß zu verkehren" (ebd., Z. 12 – 13). Erst als von Wulckow sich wieder beruhigt hat und Heßling vollständig ignoriert (vgl. ebd., Z. 25 ff.), kann dieser zaghaft und vorsichtig wieder einen Verhandlungsfaden knüpfen. Um die bisherigen Verhandlungsergebnisse nicht zu gefährden – immerhin leugnet von Wulckow sogar jede Vereinbarung („Ich kenne Sie überhaupt nicht. Habe nie mit Ihnen verhandelt.", S. 294, Z. 10 – 11), geht er unterwürfig auf die Forderung des Regierungspräsidenten ein, sein Grundstück für den Denkmalbau unverzüglich zu verkaufen. Dabei wird im späteren Verlauf der Handlung deutlich, dass sich von Wulckow lediglich künstlich empört, um sein Ansehen zu retten – die Gelegenheit zu einem guten Geschäft lässt er sich trotz aller moralischen Bedenken nicht entgehen: In seinem Auftrag erscheint Premierleutnant a. D. Karnauke auf Heßlings Hochzeit, um die Bereitschaft zum Verkauf als Gegenleistung zur Ordensverleihung zu erzwingen (vgl. S. 308 – 310, S. 311 – 313).

■ Zeigen Sie, wie von Wulckow Heßlings Angebot eines Grundstücksgeschäfts beantwortet und wie Heßling darauf reagiert. Stützen Sie sich dabei auf folgende Textpassagen: S. 291, Z. 30 – S. 294, Z. 26; S. 308, Z. 8 – 310, Z. 14 sowie S. 311, Z. 23 – 37.

■ Erläutern Sie, welche Rolle in diesem Zusammenhang die Begriffe „Macht" und „Moral" spielen.

Vorschlag für ein Tafelbild:

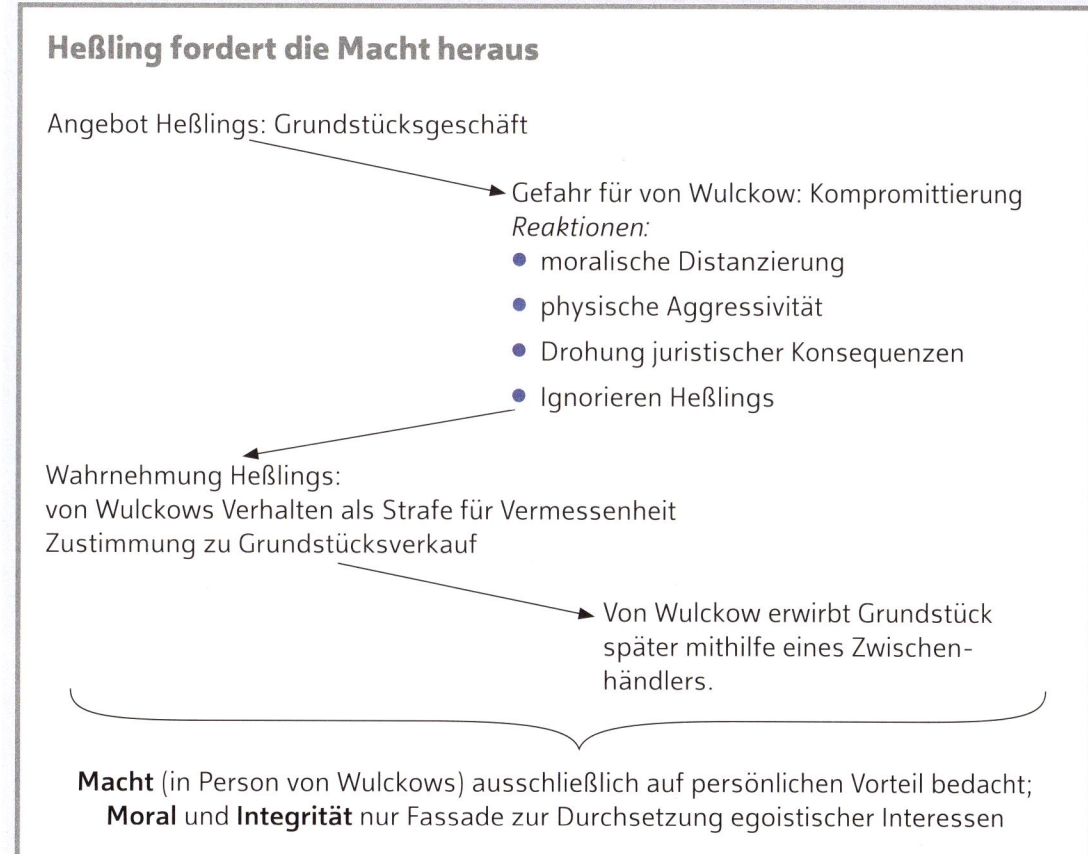

4.2 Der Untertan und die Frauen

4.2.1 Guste Daimchen

Der Charakter Heßlings als Untertan dominiert auch seine zwischenmenschlichen Beziehungen zu den Frauen. Bot in der Studentenzeit Heßlings die Beziehung zu Agnes Göppel die Möglichkeit einer alternativen Entwicklung abseits der Formung im Geiste des Untertans, so fügt sich die Ehe mit Guste Daimchen ganz in das Untertanen-Schema.

Zur Erarbeitung der Beziehung zwischen Heßling und Guste Daimchen kann zunächst die bereits erschlossene Begegnung der beiden im Zug nach Netzig wiederholt werden (Baustein 3, S. 85 ff.), um noch einmal die Gründe für die wechselseitige Attraktivität zu verdeutlichen.

Mithilfe der S. 382, Z. 1 bis S. 386, Z. 12 werden dann die Grundlagen des Ehelebens analysiert. Heßling macht deutlich, dass ein wesentlicher Zweck der Ehe in der Fortpflanzung besteht, wobei allerdings keine Liebe zu seinen Kindern aufscheint. Vielmehr herrscht eine ökonomische Sichtweise vor: Er richtet seinen Kindern je ein Konto ein, das er zunächst mit den Kosten für Ausstattung und Hebamme belastet. Außerdem dient seine Ehe zur Demonstration eines gesellschaftlich konformen Verhaltens. Die Heßlings bekennen sich durch ihre Tischtücher mit kaiserlichen Insignien und dem sonntäglichen Gottesdienstbesuch („Es ist oben erwünscht", S. 382, Z. 19) zum Bündnis zwischen Thron und Altar und damit zur gesellschaftlichen Machtbasis des protestantischen Kaiserhauses. Die Ehe Wilhelms II. mit Kaiserin Auguste Viktoria bildet auch sonst den Orientierungspunkt des heßlingschen Familienlebens. So beneidet Guste die Kaiserin um ihre zahlreichen Haushaltsgehilfen (vgl. S. 384, Z. 24 ff.).

Der Untertan Heßling wiederum überträgt das Untertanenprinzip auf seine Familie, in der er kompensatorisch eine patriarchalische Position einnimmt: „Wie Diederich in der Furcht seines Herrn, hatte Guste in der Furcht des ihren zu leben." (S. 382, Z. 20 – 21) Guste hat ihre Interessen sämtlich dem Gatten unterzuordnen. Auch die Kinder schulden dem Familienvater in erster Linie Ehrfurcht und Gehorsam. Die Machtverhältnisse zeigen sich gerade in wirtschaftlichen Angelegenheiten. Heßling bestimmt in seinem Testament einen Vormund für seine Gattin, da er ihr unterstellt, nach seinem Tode das Leben genießen zu wollen (vgl. ebd., Z. 33 – S. 383, Z. 2). Dabei blendet er die Tatsache völlig aus, dass das Vermögen der Gattin eigentlich seinen Wohlstand erst ermöglicht hat.

Trotz der auf den ersten Blick eindeutigen Hierarchie bietet Heßling die Ehe zugleich die Möglichkeit, seine inneren Bedürfnisse sexuell auszuleben. Wenn ihn seine Frau in der Verborgenheit der Nacht demütigt und mit den Worten „Ich bin die Herrin, du bist der Untertan" (S. 385, Z. 29 – 30) unterwirft, so befriedigt sie damit nicht nur Heßlings sadomasochistisches Bedürfnis nach sklavischer Unterordnung unter die Macht. In der „unerhörten und wahnwitzigen Umkehrung aller Gesetze" (ebd., Z. 23 – 24), wie Heßling die Situation empfindet, tritt außerdem ein weiteres heimliches Lustmotiv Heßlings zutage, das Rütteln an den Selbstverständlichkeiten der Macht. Freilich stellt Heßling am Morgen nach solchen Entgleisungen seiner autoritätsgestützten Rolle „Autorität und Sitte" durch eheliche Schikanen umgehend wieder her (vgl. S. 386, Z. 8).

Für die Erschließung der Textpassage bietet sich folgender Arbeitsauftrag in Still- oder Partnerarbeit an:

- *Erläutern Sie auf Basis der S. 382, Z. 1 – S. 386, Z. 12, nach welchen Prinzipien das Ehe- und Familienleben der Heßlings funktioniert.*

Der Erwartungshorizont sollte im Kern die oben angeführten Aspekte beinhalten. Die Schülerbeiträge können im Plenum besprochen werden und die Basis für einen gemeinsamen Lösungsvorschlag darstellen.

Darüber hinaus bietet es sich zur Abrundung an, den Schülerinnen und Schülern Gelegenheit zu einer eigenen Bewertung der dargestellten Familienverhältnisse zu geben.

■ *Bewerten Sie das Familienleben der Heßlings aus Ihrer persönlichen Sicht.*

4.2.2 Käthchen Zillich

Für Heßling ist Käthchen Zillich „dasselbe Genre wie meine Frau" (S. 390, Z. 5 – 6). Tatsächlich weist Käthchen in ihrem derb-burschikosen Wesen durchaus Gemeinsamkeiten mit Guste Daimchen auf. Dennoch fungiert sie als Gegenfigur zu Guste Daimchen. Während Guste den sozialen Aufstieg unter Einhaltung bürgerlicher Konventionen verfolgt, stellt sich Käthchen Zillich bewusst außerhalb der bürgerlichen Gesellschaft. Sie hat im Gegensatz zu Guste ihre Heimatstadt Netzig in jungen Jahren verlassen und ist in Berlin zur Prostituierten geworden. In Netzig prostituiert sie sich offen als Hausherrin in der brietzenschen Villa, die symbolträchtig außerhalb der Stadt gelegen ist. Käthchen wird von der städtischen Gesellschaft offiziell ignoriert (vgl. S. 388, Z. 24 ff.). Allerdings kann sie zahlreiche Vertreter der Oberschicht zu ihren heimlichen Kunden zählen, die ihre schützende Hand über sie halten. So bleibt das juristische Vorgehen ihres Vaters, des Pastors Zillich, gegen ihren Lebenswandel erfolglos (vgl. S. 388, Z. 34 – S. 389, Z. 3).

Für Heßling bedeutet der Umgang mit Käthchen Zillich eine zusätzliche Anerkennung in Kreisen der Mächtigen und ein durchaus kostenträchtiges Statussymbol: „Meine Stellung [...] erfordert eine großzügige Repräsentation." (S. 390, Z. 1 – 2) Seiner Darstellung zufolge zählen sexuelle Motive nicht, da seine Frau „leistungsfähiger" sei (vgl. ebd., Z. 7). Um diese Feststellung zu unterstreichen, betont er seine Schuldgefühle gegenüber seiner Gattin, von denen er sich durch Geschenke freikaufe. Freilich hofft er vergeblich, dass seine Eskapaden geheim bleiben: Der ebenfalls zu den Kunden Käthchen Zillichs zählende Jadassohn hat unter Verweis auf seine „sittliche Pflicht" (S. ebd., Z. 12) Frau Heßling längst in Kenntnis gesetzt.

Mit Käthchen Zillich entlarvt Heinrich Mann die Doppelmoral der großbürgerlichen Schichten in der Gesellschaft des Kaiserreichs. Das Phänomen Prostitution findet außerhalb der Stadt und damit außerhalb der öffentlichen Moral statt. Gleichzeitig gehört es unter den „Ehrenmännern" der Stadt zum guten Ton, sich ein außereheliches Abenteuer leisten zu können. Jadassohn gibt ein besonderes Beispiel der Doppelmoral: Selbst Gast in der brietzenschen Villa, versucht er, seinem politischen Verbündeten Heßling zu schaden, indem er in dessen Fall eine sittliche Verpflichtung vernimmt, um diesen bei seiner Frau zu denunzieren. Frau Heßling reagiert darauf offenbar mit Stillschweigen und nimmt den männlichen Ehebruch klaglos hin.

Die aufgeführten Aspekte können mit folgenden Arbeitsaufträgen erschlossen werden:

■ *Deuten Sie die Funktion der Figur Käthchen Zillich im Roman auf Grundlage von S. 388, Z. 16 – S. 390, Z. 14. Gehen Sie dabei besonders auf die geschilderte Doppelmoral der damaligen bürgerlichen Gesellschaft ein.*

■ *Stellen Sie sich vor, Sie könnten der Männergesellschaft Netzigs, vor allem Heßling oder Jadassohn, einen Brief schreiben, in dem Sie deren Verhältnis zu Frauen aus Ihrer heutigen Sicht bloßstellen und somit bewerten. Verfassen Sie einen solchen Brief.*

Baustein 4: Der Untertan auf dem Höhepunkt der Macht

4.3 Der Höhepunkt des Romans – Die Denkmalsenthüllung

Die Rede Heßlings bei der Eröffnung des Denkmals zu Ehren Wilhelms I., des ersten Kaisers des Deutschen Kaiserreichs und Großvaters Wilhelms II., stellt in mehrfacher Hinsicht einen Höhepunkt des Romans dar:
- Heßlings Identifikation mit dem Kaiser ist so weit fortgeschritten, dass er gewissermaßen als Stellvertreter des Kaisers öffentlich das Wort führt.
- Der Erfolg der politischen Intrigen Heßlings und der Partei der Kaisertreuen in Netzig findet im Reiterdenkmal seine sichtbare Bestätigung.
- Der im Romanverlauf ausgeformte Untertanencharakter Heßlings wird in seiner gesamten Widersprüchlichkeit vorgeführt und zugleich wird die hohle Hierarchie der wilhelminischen Gesellschaft entlarvt.
- Die Szene wirkt prophetisch mit Blick auf den Untergang des Kaiserreichs im Ersten Weltkrieg.
- Der Roman bietet einen finalen „Showdown" in der erzählerischen Schlussphase.

Als Vorbereitung zur Analyse der Szene sollte die Lerngruppe den von der Hauptfigur zu diesem Zeitpunkt der Handlung erreichten sozialen Status resümieren: Heßling hat sich nicht nur gesellschaftlich und ökonomisch etabliert, er hat es auch zu großem politischen Einfluss in Netzig gebracht. Als Vorsitzender des Denkmalkomitees kommt ihm sogar die Ehre der Festrede zu.

Doch am „Schicksalstage" (S. 399, Z. 1) zeigen sich auch die ehernen Begrenzungen seines sozialen Aufstiegs: Als Zivilist ohne Uniform ist er ausgeschlossen vom inneren Machtzirkel der vom soldatischem Geist und militärischem Rangdenken geprägten Gesellschaft des Kaiserreichs. So bleibt ihm und seiner Gattin der Zutritt zum Festzelt verwehrt, in dem sich die hochrangigen Militärvertreter aufhalten, separiert von der „nicht privilegierten" (ebd., Z. 7) Bevölkerung. Um nicht als Feigling zu erscheinen, legt sich Heßling mit einem Polizeileutnant an und wird deshalb beinahe verhaftet. Schließlich kommt er zur Erkenntnis, „dass man ohne Uniform, trotz sonstiger Erstklassigkeit, doch mit schlechtem Gewissen durchs Leben ging" (S. 399, Z. 29 ff.). Der „allseitig bemerkte[ ] Rückzug" (ebd., Z. 32 – 33) des Ehepaars Heßling gerät zu einer weiteren Demütigung, da der für Guste Daimchen vorgesehene Sitzplatz in den Zuschauerrängen von ihrer Rivalin Käthchen Zillich besetzt ist. Dass auch die von Guste alarmierten Ordnungskräfte nicht in ihrem Sinne eingreifen, wertet der von seiner schmachvollen Niederlage vor dem Festzelt entmutigte Heßling in hilflos dramatisierender Weise als Zeichen für den „Übergriff der Unmoral" (S. 400, Z. 18 – 19).

Erst der bevorstehende Auftritt als Festredner gibt Heßling neue Hoffnung auf die ersehnte Anerkennung als wichtigen Teil der Festtagsgesellschaft. Sein voreiliger Gang zum Rednerpodium wird jedoch von einer Aufsicht jäh gebremst, die ihn durch die lapidare Mitteilung „Nee, nee, Sie komm'n noch nich ran" (S. 401, Z. 23) demonstrativ auf seine untergeordnete Rolle im Rahmen der Inszenierung zurückwirft. Als die Reihe endlich an Heßling ist, muss er die Aufforderung, ans Rednerpodium zu treten, als weitere öffentliche Demütigung erleben: Der Regierungspräsident von Wulckow, der mit Heßling aufgrund einer erlittenen Zurücksetzung ohnehin noch eine Rechnung offen hat (vgl. S. 396 – 398), wendet sich nicht direkt an ihn, sondern bedient sich zweier Schutzmänner als Informationsvermittler, deren Letzterer mit den Worten „Na, nu kommse man ran" (S. 402, Z. 25) sogar den Ruf ans Rednerpult als Gnadenakt erscheinen lässt.

Die Szene zeigt: Heßling, der bei seinem sozialen Aufstieg in besonderer Weise von der sozialen Anpassungsfähigkeit seiner Untertanenmentalität profitiert hat, stößt damit zugleich an die Grenzen des Systems. Als Zivilist in einer militarisierten Gesellschaft kann er nicht Teil des inneren Kreises der Macht werden.

Der Vorspann zu Heßlings Rede kann entweder textanalytisch oder über zwei kreative Schreibaufträge erschlossen werden.

Baustein 4: Der Untertan auf dem Höhepunkt der Macht

■ *Lesen Sie die S. 399, Z. 1 – S. 402, Z. 26. Beschreiben und deuten Sie Heßlings Verhalten. Berücksichtigen Sie dabei vor allem, welche Gegebenheiten ihm in dieser Situation das Leben schwer machen.*

Die Ergebnisse können in einem Tafelbild gesichert werden:

Heßlings vergebliche Versuche, Zutritt zur obersten Gesellschaft zu finden

- Versuch, das Festzelt zu betreten: Polizist verwehrt ihm den Zutritt zum Festzelt, da dieses nur dem Militär offensteht.
- Versuch, seine Gattin mit auf die Zuschauerränge zu nehmen: Der Zutritt wird Guste Daimchen verwehrt, der freie Sitzplatz ist für Käthchen Zillich reserviert.
- Versuch, voreilig Zugang zur Rednerbühne zu erhalten: Zutritt wird von der Polizei verwehrt.
- Weiterer Versuch, ans Rednerpult zu treten: Heßling wird gnädig durch Polizisten aufs Podium gerufen.

→ Der soziale Aufstieg Heßlings endet demütigend an den Standesschranken: Der vom Militär dominierte innere Machtzirkel erkennt ihn nicht als ebenbürtig an.

Die Textpassage kann alternativ auch über einen kreativen Schreibauftrag erschlossen werden.

■ *Lesen Sie die S. 399, Z. 1 – S. 402, Z. 26. Versetzen Sie sich in die Rolle eines außenstehenden Beobachters oder einer außenstehenden Beobachterin. Wie nehmen Sie die gesamte Situation und vor allem den Protagonisten wahr? Welchen Eindruck erweckt er für Sie? Mit welchen Problemen hat er offensichtlich zu kämpfen?*

Dieser Arbeitsschritt lässt sich noch zusätzlich differenzieren. So kann ein Teil der Lerngruppe mithilfe eines ergänzenden Arbeitsauftrags eine kontrastierende Perspektive entwerfen:

■ *Lesen Sie die S. 399, Z. 1 – S. 402, Z. 26. Versetzen Sie sich in die Rolle eines ranghohen Militärs und beschreiben Sie in Form eines inneren Monologs, wie Sie als unbeteiligter Zuschauer auf der Ehrentribüne das Verhalten Heßlings vor seiner Rede zur Denkmalenthüllung erleben.*

In seinem öffentlichen Auftritt am Rednerpult versucht Heßling, diese Zumutungen gesellschaftlicher Zurückstellung zu kompensieren und im „hohen Flug" (S. 404, Z. 14) sein Selbstvertrauen aus seiner quasi kaiserlichen Rolle zu beziehen, wenngleich das Betreten der Rednerbühne noch mit großer Unsicherheit verbunden ist (vgl. S. 402, Z. 27 ff.).
Die Redeszene ist auf eine besonders dramatische Wirkung hin durchkomponiert. Der erste Ereignisstrang besteht aus den Redeabschnitten Heßlings, die teils in wörtlicher Rede, teils in Paraphrase wiedergegeben werden. Den zweiten Ereignisstrang bilden die Reaktionen der Zuhörerinnen und Zuhörer: Zunächst lässt sich die Menge vom Schwung der heßlingschen Rhetorik mitreißen, wobei man jedoch in vorauseilendem Gehorsam die zustimmenden Gesten des Oberpräsidenten abwartet. Allerdings beunruhigt sich die Zuschauerschaft zusehends, verunsichert durch den dritten Ereignisstrang: das aufziehende Gewitter.

Baustein 4: Der Untertan auf dem Höhepunkt der Macht

- *Lesen Sie zunächst die Rede Heßlings und die Schilderung der unmittelbar darauf folgenden Geschehnisse (S. 402, Z. 27 – S. 408, Z. 29).*
- *Unterteilen Sie die Rede Heßlings (S. 402, Z. 27 – S. 407, Z. 13) in geeignete Abschnitte. Berücksichtigen Sie dabei die drei Erzählsträngle, Heßlings Rede, die Reaktionen der Zuschauerinnen und Zuschauer und das aufziehende Gewitter. Ordnen Sie in einer Tabelle die Textabschnitte mit den entsprechenden Seiten- und Zeilenangaben an.*

Erzählstrang I: Heßlings Rede	Erzählstrang II: Reaktionen der Zuhörer/-innen	Erzählstrang III: Das aufziehende Gewitter
S. 402, Z. 27 – 403, Z. 37	…	…
…	…	S. 404, Z. 1 – 2

Die drei Textstränge teilen sich folgendermaßen auf den gesamten Textauszug auf:

Erzählstrang I: Heßlings Rede	Erzählstrang II: Reaktionen der Zuhörer/-innen	Erzählstrang III: Das aufziehende Gewitter
S. 402, Z. 27 – S. 403, Z. 37		
		S. 404, Z. 1 – 2
S. 404, Z. 3 – 8		
	S. 404, Z. 9 – 14	
S. 404, Z. 15 – S. 405, Z. 6		
	S. 405, Z. 7 – 8	
		S. 405, Z. 8 – 9
S. 405, Z. 2 – 23		
		S. 405, Z. 32 – 35
	S. 405, Z. 35 – S. 406, Z. 4	
S. 406, Z. 4 – 20		
		S. 406, Z. 21 – 23
S. 406, Z. 24 – 36		
	S. 406, Z. 36 – S. 407, Z. 1	
		S. 407, Z. 1 – 4
S. 407, Z. 5 – 7		
		S. 407, Z. 7 – 8
	S. 407, Z. 9 – 11	
S. 407, Z. 11 – 13		
		S. 407, Z. 35 – S. 408, Z.12

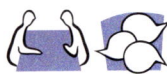

- *Beschreiben und deuten Sie, wie die drei Erzählstränge zusammenhängen.*
- *Formulieren Sie ein entsprechendes Fazit.*

Das Gewitter ist gewissermaßen der Kommentar und das Urteil einer höheren, göttlichen Instanz zu den Aussagen Heßlings, der sich auch zur Aussage versteigt, das Kaisertum gründe auf göttlichen Willen („wo der Erfolg ist, da ist Gott!", S. 405, Z. 4 – 5). Dabei verzichtet

Heinrich Mann nicht auf den satirischen Kniff, dass sich selbst das Gewittergrollen stellenweise „eingeschüchtert" (S. 406, Z. 21) von Heßlings lauter Rede zeigt.

Während sich Heßling zu rhetorischen Höhepunkten aufschraubt, spricht der Himmel seinen vernichtenden Kommentar, und die feigen Reaktionen der zivilen und militärischen Zuhörer widerlegen sein Loblied auf den heldenhaften Charakter der Deutschen. Heßling erreicht zwar sein Ziel – die Ordensverleihung –, aber unter denkbar unwürdigen Umständen: Der sich unter dem Rednerpult wegduckende Heßling empfängt die Auszeichnung von einem Schutzmann mit den banalen Worten „Da hamse 'n Willemsorden" (S. 408, Z. 26) und muss anschließend ein hellsichtiges – der Roman wurde vor Beginn des Ersten Weltkriegs vollendet – apokalyptisches Untergangspanorama (vgl. S. 408–409) miterleben, in dem der Untergang des Kaiserreichs in drastischer Symbolik vorweggenommen wird.

Die Erarbeitung der Textpassage sollte mit der Gliederungsaufgabe eingeleitet werden, um die Orientierung zu erleichtern. Zudem sollen die Schülerinnen und Schüler die erzählerische Bedeutung der Zuschauerreaktionen und des aufkommenden Gewitters erkennen.

Die Ergebnisse werden im Plenum gesammelt und in einem aussagekräftigen Tafelbild zusammengefasst, mit dem die Ereignisstränge zueinander in Beziehung gesetzt werden:

Die Denkmalsenthüllung – Heßlings denkwürdiger Auftritt

Höhepunkt: Denkmalsenthüllung, losbrechendes Gewitter
→ würdelose Ordensverleihung und allgemeine Auflösung der Veranstaltung

Heßlings Rede	Zuschauer/-in	Wetter
„Verehrung der Macht" als deutsche Bestimmung (S. 406)	offene Ungeduld (vgl. S. 406–407)	Donnergrollen, erste Tropfen (vgl. S. 406)
triumphierender Vergleich mit „Erbfeind" Frankreich (vgl. S. 406)	beginnende Unruhe (vgl. S. 406, Z. 3–4)	Blitz und Donner (vgl. S. 405)
göttliche Erwählung als Volk des Kaisers (vgl. S. 404–405)	„ungestüme Zustimmung" (S. 405, Z. 7–8)	sich verdunkelnder Himmel, Kälte (vgl. S. 405)
weltgeschichtliche Aufgabe der Deutschen (vgl. S. 403–404)	Applaus (vgl. S. 404)	Wind (vgl. S. 404)

Fazit:
- Völlige Identifikation des Redners Heßling mit dem Kaiser
- Heßlings Weltanschauung ist zum Scheitern verurteilt: Wetter als Kommentar einer übergeordneten göttlichen (natürlichen) Instanz.
- feige Reaktionen der Zuhörer/Zuhörerinnen auf das Gewitter
- unwürdige Ordensverleihung

Die Thematik lässt sich abrundend als Anregung für eine Gestaltungsaufgabe nutzen. Die Schülerinnen und Schüler können alte Fotografien bzw. bildliche Darstellungen Kaiser Wilhelms II. recherchieren und präsentieren, in denen die bewusste Machtinszenierung für das zeitgenössische Publikum besonders deutlich wird.

Baustein 5

Der Roman als Satire auf den Untertan und den Kaiser

Dieser Baustein widmet sich gattungsspezifischen Aspekten. Zunächst geht es darum, die hohe Dichte und Vielfältigkeit des satirischen Erzählens Heinrich Manns am Beispiel einer konkreten Episode aus dem Roman aufzuzeigen. Im Weiteren wird die Frage erörtert, ob der Text romantypologisch als Erziehungsroman einzuordnen ist und inwieweit der Identifikation Heßlings mit der Person des Kaisers eine strukturbildende Funktion für den Handlungsverlauf zukommt. In der Auseinandersetzung mit zeitgenössischen Texten, vor allem mit einer an die Kunstschaffenden und Schreibenden adressierten Appellschrift von Erich Mühsam, wird der Charakter des Werks als Zeitroman ergründet. Abschließend wird am Beispiel einer klassischen Verfilmung gezeigt, welche besonderen Möglichkeiten das Medium Film zur satirischen Darstellung bieten kann.

5.1 Der Roman als Satire

5.1.1 Die satirische Erzählweise

„Satire ist für Heinrich Mann die Beschreibung des unvernünftigen Lebens aus dem höheren Standpunkt der Vernunft"[1] – mit diesen Worten bringt der Germanist Hanno König die Motivation Manns zum satirischen Schreiben auf den Punkt. Die Satire kritisiert die bestehenden gesellschaftlichen Zustände, um damit gewissermaßen indirekt das Leben durchscheinen zu lassen, wie es idealerweise sein sollte.

Heinrich Mann erweist sich mit dem „Untertan" als Meister der satirischen Erzählweise: Der Autor entlarvt das innere Wesen und den Charakter Heßlings – und damit zugleich seine innere Bezugsperson, den Kaiser – mit den Mitteln der Überspitzung und Übertreibung, und er übt mithilfe von Spott und Ironie scharfzüngige Kritik an der wilhelminischen Gesellschaft, die den Untertan Heßling ermöglicht und hervorgebracht hat.

Zur didaktischen Konkretisierung dieses Aspekts im Unterricht, der in den Bausteinen zuvor bereits angeklungen ist, eignet sich insbesondere die Rom-Reise des Ehepaars Heßling auf den Spuren des Kaisers (S. 314 – 323), da in dieser Episode wesentliche Stilmittel des satirischen Erzählens, wie beispielsweise die Kontrastierung, die Diskrepanz oder auch die ironische Widerlegung, in besonderer Dichte zum Einsatz kommen.

Zunächst sollte geklärt werden, ob die Lerngruppe eine sachgerechte und hinreichend differenzierte Definition des Begriffs „Satire" als gemeinsame Gesprächsgrundlage besitzt. Diese Klärung kann beispielsweise durch die gemeinsame Lektüre des ersten Absatzes des Kapitels VI (S. 314, Z. 1 – 16) erfolgen: Die Behandlung durch das Personal des Hotels entspricht offensichtlich nicht den Erwartungen des Ehepaars Heßling. Die beiderseits empfundene Empörung wird jedoch nicht nach außen kommuniziert, sondern nur im Binnenraum der Beziehung abreagiert – Heßling und Guste leiden am Konflikt zwischen ihrem Selbstbild und ihrer Feigheit, diesen Anspruch gegenüber der Umwelt entschlossen zum Ausdruck zu bringen.

---

[1] König, Hanno: Heinrich Mann. Der Dichter als Moralist, Tübingen 1972, S. 204.

Baustein 5: Der Roman als Satire auf den Untertan und den Kaiser

Die Impulsaufgabe für das Unterrichtsgespräch lautet:

■ *Lesen Sie den Textabschnitt S. 314, Z. 1 – 16. Beschreiben Sie, wie das Verhalten des Ehepaars Heßling auf Sie wirkt. Wie nennt man diese Art des Erzählens?*

Sollte die Lerngruppe über keine operationalisierbare Bestimmung des Begriffs „Satire" verfügen, kann eine entsprechende Begriffserläuterung vorgestellt und in Form eines Tafelbilds ausgewertet werden (siehe **Arbeitsblatt 19**, S. 121, Webcode SNG-22778-183).

■ *Erarbeiten Sie aus dem Text die Kennzeichen einer Satire.*

Was ist eine Satire? Auswertung eines Sachtextes

- keine eigenständige Textsorte, sondern verschiedener Textarten
- Kritik am Zeitgeschehen
- Aufzeigen des Verlustes einst gültiger Normen und Werte
- satirische Mittel: Humor, Ironie, Groteske, Spott

Die auf die Begriffssicherung aufbauende Untersuchung des Texts bietet eine Fülle an satirischen Wirkungen, hervorgerufen durch typisch satirische Mittel wie den Kontrast, den Widerspruch, die Verzerrung, die Diskrepanz zwischen Anspruch und Realität sowie den Spott. Zunächst untersuchen die Schülerinnen und Schüler eine ausgewählte Textpassage exemplarisch in Still- oder Partnerarbeit. Der Leseauftrag sollte vorab als Hausaufgabe gegeben werden.

■ *Untersuchen Sie die Reise der Eheleute Heßling und ihre Ankunft in Rom anhand der Textpassage S. 315, Z. 11 – S. 317, Z. 6. Welche satirischen Mittel setzt der Autor ein und welche Wirkungen rufen diese beim Leser/bei der Leserin hervor?*

In der gemeinsamen Zusammenstellung im Unterrichtsgespräch können beispielsweise folgende Aspekte zur Sprache kommen und in einer Übersicht gesammelt werden:

Baustein 5: Der Roman als Satire auf den Untertan und den Kaiser

Heßling und Guste in Rom – Die Kunst satirischen Erzählens

Textstelle	satirische Wirkung auf den Leser/die Leserin
Heßling bleibt vor Aufregung wach, während Guste friedlich schnarcht (vgl. S. 315, Z. 11 – 14).	Heßlings Anspannung wirkt durch den Kontrast mit der Ruhe seiner Gattin komisch.
Heßling begeistert sich an der Idee, dem Kaiser als treuer Untertan bei einem Kriegszug über die Alpen zu folgen (vgl. S. 315, Z. 14 – 23).	Die völlig unangebrachte Parallele zur Völkerwanderungszeit entlarvt die Lächerlichkeit der heßlingschen Vorstellungen.
Heßling versucht, die eigene Begeisterung auf die Mitreisenden zu übertragen (vgl. S. 315, Z. 24 – 30).	Die Reaktionen der Mitreisenden zeigen die Übertreibung in der Kaiserbegeisterung Heßlings.
Heßling läuft mit dem „Finger in einem Reiseführer" (S. 315, Z. 32) dem Zugpersonal nach.	Heßling wirkt wie die Parodie auf einen Touristen.
Guste spricht Heßling als „Diedel" (S. 316, Z. 1) an.	Die Verniedlichung des Eigennamens konterkariert das Sendungsbewusstsein Heßlings.
Heßling würde dem Kaiser sogar seine Gattin überlassen (vgl. S. 316, Z. 3 – 9).	Der Opfergedanke wirkt durch die offenkundige Diskrepanz zu den realen Verhältnissen äußerst lächerlich.
Heßling erkämpft sich bei der Ankunft in Rom einen direkten Blickkontakt mit dem Kaiser (vgl. S. 316, Z. 21 – 29).	Heßlings fanatischer Einsatz steht im Kontrast zur Würde des Staatsbesuchs.
Heßling erwidert den wohlwollenden Applaus der Menge und vergleicht diese herablassend mit Kindern (vgl. S. 316, Z. 33 – S. 317, Z. 3).	Heßling erkennt in seiner Begeisterung nicht, dass eigentlich nur er kindliches Verhalten zeigt.

→ Heßlings Begeisterung für den Kaiser wird mit Mitteln der Satire als realitätsfern und grotesk entlarvt.

Um das satirische Potenzial der Rom-Episode ausreichend zu würdigen, sollte der vorangegangene Lernschritt weiter vertieft werden. Hierzu bietet sich eine arbeitsteilige Gruppenarbeit an.

■ *Identifizieren Sie von S. 317, Z. 7 – S. 322, Z. 6 unterschiedliche satirische Mittel und bestimmen Sie deren Wirkung. Teilen Sie das Arbeitspensum sinnvoll in der Gruppe auf und wählen Sie einen Sprecher bzw. eine Sprecherin, der bzw. die Ihre Gruppenergebnisse den Mitschülern und Mitschülerinnen vorstellt.*

Folgende Aspekte könnten herausgearbeitet und in Auswahl gesammelt werden:

- Kontrast zwischen dem Frühaufsteher Heßling (S. 317, Z. 8: „Der Kaiser steht früh auf") und der im Bett grunzenden Guste (vgl. ebd., Z. 9)
- die ironische Brechung der herrschaftlichen Kulisse (prunkvoller Palast, Heßling mit Orden) durch das Erscheinen einer Ziegenherde (vgl. ebd., Z. 14 – 15)

- Heßlings arrogante Ignoranz gegenüber dem Portier, der ihn wohlwollend auf den Arm nimmt („Es schien ihm nur natürlich, dass man ihn über das Wohlergehen seines Kaisers unterrichtete", ebd., Z. 26 – 28)
- auffällige Diskrepanz zwischen der herrschaftlichen Erscheinung des Kaisers („der blonde Herr des Nordens", S. 318, Z. 3) sowie der Begeisterung Heßlings einerseits und der ironisch-distanzierten Reaktion der wenigen Zuschauerinnen und Zuschauer andererseits („Und gefällig schrie das Häuflein mit ...", ebd., Z. 5 – 6)
- Widerspruch zwischen dem begeisternden Fahrttempo Heßlings, verdeutlicht in der elliptischen Syntax („Wache. Der Kaiser im Tschako. Das Häuflein. Ein neues Ziel, eine neue Rückkehr, eine neue Uniform, und wieder Diederich, und wieder jubelnder Empfang.", ebd., Z. 15 – 18) und seiner in der Realität völlig unbedeutenden Rolle für die Reise des Kaisers
- Diskrepanz zwischen Heßlings Unwichtigkeit und seinem herrischen Auftreten gegenüber den italienischen Amtsträgern („Auch kam es vor, dass ein salutierender Beamter ihm eine Meldung machte, die er herablassend entgegennahm", ebd., Z. 20 – 22)
- lächerlicher Kontrast zwischen der historischen Mission des Kaisers, der in Rom „weltumspannende Unterredungen" (ebd., Z. 25 – 26) führt, und dem in der Hitze heroisch leidenden Diederich, der jedoch zunehmend Stärkung im Alkohol sucht (vgl. ebd., Z. 31 – 32)
- Heßling, von der südlichen Sonne „rot wie eine Tomate" (S. 319, Z. 15), als Parodie auf einen germanischen Eroberer aus der Völkerwanderungszeit
- Heßlings Verhinderung eines mutmaßlichen Attentäters, „bewaffnet" mit Zahnpulver, als Situationskomik, die Heßlings Übereifer der Lächerlichkeit preisgibt (vgl. ebd., Z. 25 – S. 320, Z. 32)
- Ansprache des „Botschafters" Heßling an das italienische Volk in einem Wirtshaus als grotesker Kontrast zum Empfang des Kaisers in der deutschen Botschaft (vgl. S. 320, Z. 33 – S. 321, Z. 11)
- der Stolz des gerührten Heßling auf ein gemeinsames Pressefoto mit dem Kaiser und Heßling als absurdes Nachspiel zum Attentatsversuch (vgl. S. 321, Z. 14 – 26)
- banales Ende des heroischen Wächteramts Heßlings in einer Pfütze mit eigenem Erbrochenen (vgl. S. 321, Z. 34 – S. 322, Z. 6) – ein zweites Mal nach dem Zusammentreffen in Berlin, dass Diederich vor seinem Kaiser im Dreck liegt (vgl. S. 57).

5.1.2 Heßling als satirische Personifikation des Kaisers

Eine besondere satirische Wirkung auf den Leser entfaltet der fortwährende Versuch Heßlings, die Rolle des Kaisers Wilhelm II. zu spielen und in seinem Sinne zu sprechen und zu handeln. In dieser Imitation liegt sogar der satirische Kern des gesamten Romans, wie Heinrich Mann in der Verteidigungsrede Wolfgang Bucks deutlich macht (vgl. die Ausführungen auf S. 94 in diesem Modell). Der Kaiser ist im Roman in der Person Heßling durchgehend präsent. Der Germanist Peter Sprengel hat in diesem Zusammenhang von Heßling als einem „Kaiseraffen"[1] gesprochen.

Zur Problematisierung des Kaiser-Bezugs in der Person Heßling kann eine der Lerngruppe bereits bekannte Szene herangezogen werden: Heßlings erster Auftritt vor seinen Arbeitern als neuer Firmenchef (vgl. S. 93, Z. 13 – S. 94, Z. 7), bei dem er sich in Worten, Gestus und Aussehen in der Rolle eines Kaiser-Stellvertreters fühlt.

Zunächst sollte die Textstelle anschaulich präsentiert werden. Als Impuls dient folgende Aufgabenstellung:

---

[1] Sprengel, Peter: Kaiser und Untertan. Zur Genese von Heinrich Manns Roman, in: Heinrich-Mann-Jahrbuch 108 (1992), S. 53 – 72, hier S. 69.

Baustein 5: Der Roman als Satire auf den Untertan und den Kaiser

- *Lesen Sie noch einmal Heßlings ersten Auftritt vor seinen Arbeitern (vgl. S. 93, Z. 13 – S. 94, Z. 7) und bereiten Sie mit einem Lernpartner oder einer Lernpartnerin einen anschaulichen Vortrag der Rede vor. Tragen Sie sowohl die Rede selbst als auch die erzählenden Teile vor.*

- *Tauschen Sie sich im Kurs darüber aus, wie die Rede auf Sie wirkt.*

- *Heßling als „Kaiseraffe", so bezeichnet ihn der Germanist Peter Sprengel – erläutern Sie diese Bezeichnung anhand der Rede vor den Arbeitern.*

Die satirische Wirkung des Auftritts von Heßling liegt in der Diskrepanz zwischen der historischen Dimension des Vorbilds, des Kaisers, und dem vergleichsweise nichtigen Anlass, in dem der „Kaiseraffe" Heßling seine Imitation probt. Auffällig sind zunächst die Ähnlichkeiten im Aussehen (ausdrücklich erwähnt wird der Schnurrbart, vgl. S. 93, Z. 27) und im Auftreten (Heßling spricht „[m]it erhobener Stimme, noch schneidiger und abgehackter", ebd., Z. 20). Noch deutlicher wird die Imitation des Kaisers in Heßlings verbaler Kommunikation. Leistungsstärkere Lerngruppen werden erwartungsgemäß die Vermutung äußern, dass hinter den einzelnen Aussagen und Formulierungen Heßlings wörtliche oder ähnliche Zitate aus historischen Reden des Kaisers stehen. Tatsächlich liegen allen Abschnitten der Rede direkte oder abgewandelte Originalzitate zugrunde, wie die Übersicht auf dem **Arbeitsblatt 20**, S. 122 (Webcode SNG-22778-211) zeigt.

Diese Übersicht mit einer Auflistung der historischen Vorlagen gleichen die Schülerinnen und Schüler mit der Rede Heßlings an die Arbeiter ab.

- *Vervollständigen Sie das Arbeitsblatt mit den entsprechenden Textbelegen aus dem Roman.*

Ein Lösungsvorschlag kann dem **Lösungsblatt 20**, S. 123 (Webcode SNG-22778-211) entnommen werden.

5.2 „Der Untertan" als Roman der „Miss-Bildung"?

5.2.1 Heßlings zunehmende Identifikation mit dem Kaiser

Die sich schrittweise entwickelnde äußere und innere Identifikation Heßlings mit dem deutschen Kaiser korreliert mit der sukzessiven Entwicklung Heßlings zum Untertanen und bildet damit ein wesentliches Strukturprinzip des Romans. Der Kaiser ist gewissermaßen der Orientierungspunkt, auf den hin sich die gesamte Entwicklung Heßlings vollzieht. Von der ersten Begegnung in Berlin führt der Weg bis hin zur völligen Identifikation am Ende des Romans.

Die markantesten Entwicklungsschritte Heßlings lassen sich jeweils mittels der Kapitelenden erschließen. Kapitel I endet mit der ersten persönlichen Kaiser-Begegnung, die Heßling dauerhaft beeindruckt. Am Ende des Kapitels II vollzieht Heßling die äußere Nachahmung durch einen Kaiserbart. Das Kapitel III schließt mit einem fingierten kaiserlichen Telegramm, mit dem Heßling im Namen des Kaisers agiert und ihm Nothgroschen „so viel Ähnlichkeit" (S. 141, Z. 23, Z. 27 – 28) mit dem Kaiser selbst konstatiert. In Kapitel IV setzt Heßling wiederum eine kaiserliche Äußerung in die Welt, wobei nicht einmal mehr klar ist, ob er oder der Kaiser der wirkliche Urheber ist. Am Ende des Kapitels V steht das gesamte Privatleben im Zeichen kaiserlichen Dienstes. Im Akt der Nachwuchszeugung ist selbst Guste Daimchen nicht mehr sicher, wen sie vor sich hat: „Bist – du – das – Diederich?" (S. 313, Z. 20)

Die Schlussszene des Kapitels VI zeigt Heßling als heimlichen Zeugen der Sterbeszene des alten Buck im Kreise seiner Familie. Von der trauernden Atmosphäre des Hauses Buck angezogen, fühlt Heßling sich – ganz in kaiserlicher Tradition – wie ein Sieger in einer Schlacht, der dem unterlegenen Gegner seinen Respekt erweist. Der politische, gesellschaftliche und wirtschaftliche Niedergang der Familie Buck ist ihm Beweis für den Triumph des Prinzips der „Macht". Allerdings nähert er sich dem Sterbezimmer Bucks zunächst nicht wie ein Triumphator, sondern wie ein verschlagener Feigling, der sich aus Angst, entdeckt zu werden, heimlich gegen die Wand drücken muss. Erst als er in die Mitte der Tür tritt, wo er vom sterbenden Buck und nicht von dessen Familie bemerkt wird, erscheint er als leibliche Verkörperung des Kaisers, und zwar mit Schärpe in den Farben des Hohenzollern-Kaiserhauses und einem Blitzen in den Augen. Der alte Buck stirbt, als ob er den Teufel gesehen habe. Der Schlusssatz „Diederich war schon <u>entwichen</u>." (S. 412, Z. 26–27) weist im Übrigen einen direkten sprachlichen Bezug zur Romaneinleitung auf: „Diederich Heßling war ein <u>weiches</u> Kind" (S. 4, Z. 1). Heßling ist auch auf dem Höhepunkt seiner gesellschaftlichen Macht das ängstliche Kind geblieben.

- *Beschreiben Sie die Entwicklung des Verhältnisses zwischen Heßling und dem Kaiser auf der Basis der Kapitelschlüsse I–VI.*
- *Fassen Sie diese Entwicklung in einem Resümee zusammen.*

Vorschlag für ein Tafelbild:

Auf dem Weg zum Kaiserdenkmal – Heßlings Identifikation mit Kaiser Wilhelm II.

Kapitel VI, S. 412:
Heßling erscheint dem sterbenden Buck als Teufel in Kaisergestalt
→ Heßling als Inkarnation des Kaisers

Kapitel V, S. 313:
Nachwuchszeugung im Dienste des Kaisers
→ Unterwerfung des Privatlebens

Kapitel IV, S. 214:
unklare Urheberschaft einer kaiserlichen Äußerung
→ Verschwimmen der beiden Identitäten

Kapitel III, S. 141:
Vorgriff auf eine kaiserliche Beförderung
→ Handeln im Namen des Kaisers

Kapitel II, S. 89:
Imitation des kaiserlichen Aussehens
→ äußere Anpassung durch den Bart

Kapitel I, S. 57:
beeindruckende erste Begegnung
→ Kaiser als Vorbild

zunehmende innere und äußere Identifikation

5.2.2 Heßling als Protagonist eines Entwicklungsromans?

Direkt an das Resümee über Heßlings innere Entwicklung lässt sich die Frage anknüpfen, inwieweit der Roman der Tradition des Entwicklungsromans zuzurechnen ist.

Unter einem Entwicklungsroman subsummiert man gängigerweise literarische Erzählungen, in denen der innere Entwicklungsprozess einer Person dargestellt wird, wie er sich in der Auseinandersetzung mit seiner Umwelt und deren Wertvorstellungen vollzieht. Gerade in der deutschen Literatur spielt der Entwicklungsroman eine prägende Rolle, beginnend im Mittelalter mit Wolfram von Eschenbachs „Parzival" über Goethes „Wilhelm Meisters Lehrjahre" (Ende 18. Jahrhundert) bis zu modernen Vertretern wie beispielsweise Hesses „Das Glasperlenspiel" (1943) oder Frischs „Homo faber" (1957).

Auch „Der Untertan" gehört zunächst einmal ohne Frage in die Tradition dieses Genres, da der Allgemeingültigkeit beanspruchende Entwicklungsprozess Heßlings hin zum Untertanen gezeigt wird. Allerdings vollzieht sich die Entwicklung Heßlings nicht auf ein positives Ziel hin. Heßling entwickelt sich nicht zur autonomen, sittlichen Prinzipien verpflichteten Persönlichkeit, etwa im Geiste der Aufklärung und der Weimarer Klassik, sondern er internalisiert die vorgefundenen Gesetze der Gesellschaft ohne kritische Reflexion und verharrt als angepasster Duckmäuser in Abhängigkeit vom Belohnungssystem der „Macht". Deshalb handelt es sich beim „Untertan" im Kern um einen Anti-Entwicklungsroman bzw. einer satirischen Verarbeitung dieses Genres. Mit der gleichen Begründung ist auch der Begriff des „Bildungsromans", eine Unterform des Entwicklungsromans, in diesem Falle nicht anwendbar, da der Protagonist um keinerlei höheres Bildungsgut ringt und sich sein Charakter nicht zu einer humanistischen Persönlichkeit ausbildet. Wolfgang Emmerich hat den Roman „Der Untertan" deshalb treffend als *„Miss-Bildungsroman"* bezeichnet[1].

Die Frage der Gattungszugehörigkeit kann beispielsweise durch eine Internetrecherche mit anschließender Diskussion, zunächst in Partnerarbeit, dann im Plenum, einer Klärung zugeführt werden.

- *Recherchieren Sie in Zweierteams die literaturhistorische Entwicklung des Genres „Entwicklungsroman" und eine Definition dieses Begriffs. Diskutieren Sie, inwieweit „Der Untertan" als Entwicklungsroman anzusehen ist.*

- *Erklären Sie in diesem Zusammenhang den Begriff „Miss-Bildungsroman", den der Germanist Wolfgang Emmerich für eine Einordnung von Heinrich Manns Roman verwendet.*

Alternativ kann der Lerngruppe auch eine Definition des Begriffs „Entwicklungsroman" an die Hand gegeben und kurz an der Tafel zusammengefasst werden (**Arbeitsblatt 21**, S. 124, Webcode SNG-22778-359).

- *Erarbeiten Sie aus dem Text die wichtigsten Kennzeichen des Entwicklungsromans.*

---

[1] Emmerich, Wolfgang: Heinrich Mann, Der Untertan, München 1984, S. 29.

Vorschlag für ein Tafelbild:

> **Was ist ein Entwicklungsroman? Auswertung eines Sachtextes**
>
> - besonders in der deutschen Literatur gebrauchter Romantyp
> - Reifen einer Person in Auseinandersetzung mit ihrer Umwelt
> - meist Darstellung des Persönlichkeitsideals einer Epoche
> - Abgrenzung zum „Bildungsroman" und zum „Erziehungsroman" nur begrenzt möglich

5.3 „Der Untertan" als Zeitroman

In den Jahren nach der Jahrhundertwende vom 19. ins 20. Jahrhundert positionierte sich Heinrich Mann politisch gegen die autoritären und repressiven Strukturen in Deutschland und als Vorkämpfer für demokratische und gerechte soziale Verhältnisse. Zunächst artikulierte er seine Haltung in Form von Essays. In diesen propagierte er gegen die vorherrschenden Denkmuster des deutschen Nationalismus die kulturelle Annäherung an Frankreich, wobei er das westliche Nachbarland als zivilisatorischen Gegenentwurf zum kraftmeiernden Kaiserreich beschrieb. Seinen gesellschaftskritischen Ansatz gab er zudem wirkungsvollen literarischen Ausdruck, vor allem in den Romanen „Professor Unrat oder das Ende eines Tyrannen" und eben auch in „Der Untertan". Heinrich Manns politische Weltsicht führte bekanntlich zeitweilig ein Zerwürfnis mit seinem Bruder Thomas herbei, der sich noch über den Ersten Weltkrieg hinaus als deutschnational gab und die Einsichten des älteren Bruders als naiv abtat.

Die Einordnung Heinrich Manns als politischer Schriftsteller wird durch eine Kontextualisierung seines Romans „Der Untertan" mit der in der gleichen Zeit vom Publizisten und Aktivisten Erich Mühsam (1878–1934) verfassten Polemik „Appell an den Geist" deutlich. Der gebürtige Berliner und Apothekersohn Mühsam hatte in Lübeck das gleiche Gymnasium wie die Brüder Mann besucht. Vor dem Ersten Weltkrieg war er als profiliertester Vertreter des deutschen politischen Anarchismus in München aktiv, wobei er als Figur der Schwabinger Intellektuellen- und Künstlerszene auch eine persönliche Freundschaft mit Heinrich Mann pflegte. Aufgrund seiner Beteiligung an der Münchner Räterepublik 1919 musste Mühsam eine mehrjährige Gefängnisstrafe verbüßen. Nach seiner Haftentlassung 1924 verlagerte er seine politischen Aktivitäten nach Berlin, wo er für die Revolution und für eine neue Menschlichkeit in Form einer kommunistisch-anarchisch geprägten Gesellschaftsutopie eintrat. Dadurch geriet er immer stärker in Konflikt mit dem aufkommenden Nationalsozialismus. Kurz nach der Machtübernahme Hitlers im Januar 1933 wurde Mühsam schließlich verhaftet und im darauffolgenden Jahr im Konzentrationslager Oranienburg von SS-Leuten ermordet.

Mühsams „Appell an den Geist" (siehe **Anhang der Textausgabe, S. 425–428**, Webcode SNG-22778-993), 1911 in seiner eigenen Monatsschrift „Kain. Zeitschrift für Menschlichkeit" publiziert, verbindet eine marxistisch motivierte Gesellschaftsanalyse mit dem Aufruf an die Gesamtheit der Kunstschaffenden, sich vom herrschenden System zu emanzipieren und ihr Wirken in den Dienst der revolutionären Ideale zu stellen.

Zur Motivation der Unterrichtsphase bietet sich ein Zitat Heinrich Manns aus dem Essay „Geist und Tat" an, den Mann 1910 und damit kurz vor Beginn der Arbeiten an „Der Untertan" verfasste:

Baustein 5: Der Roman als Satire auf den Untertan und den Kaiser

> „Sie *[die Schriftsteller, Ergänzung durch den Autor]* sollten herrschen, der Geist sollte herrschen, dadurch, dass das Volk herrscht. [...] Die Zeit verlangt und ihre Ehre will, dass sie endlich, endlich auch in diesem Lande dem Geist die Erfüllung seiner Forderungen sichern, dass sie Agitatoren werden, sich dem Volk verbünden gegen die Macht, dass sie die ganze Kraft des Wortes seinem Kampf schenken, der auch der Kampf des Geistes ist. [...] Der [...] Autoritätsmensch muss der Feind sein. Ein Intellektueller, der sich an die Herrenkaste heranmacht, begeht Verrat am Geist."[1]

Die Lehrkraft präsentiert den Text mittels Dokumentenkamera oder als Vortrag dem Plenum und stellt die Aufgabe:

- Umschreiben Sie mit eigenen Worten das Selbstverständnis des Schriftstellers Heinrich Mann.

Die Schülerinnen und Schüler sollten folgende Aussagen herausarbeiten: Für Heinrich Mann steht der Schriftsteller in einer besonderen gesellschaftlichen Verantwortung. Er habe sich in den Dienst des politischen Fortschritts zu stellen und die demokratische Bewegung in ihrem Kampf gegen bestehende Machtstrukturen zu unterstützen. Jegliches Paktieren mit den politisch Mächtigen sei dagegen ein Verrat am Schriftstellertum und seiner besonderen Berufung. Die Definition des politisch engagierten Schriftstellers bildet die Überleitung zum „Appell"-Text Mühsams. Die Behandlung dieses Texts im Unterricht kann durch ein Schülerreferat initiiert werden, in dem Leben und politisches Denken und Handeln Erich Mühsams vermittelt werden.

Vorschlag für die Themenformulierung:

- „Erich Mühsam (1878 – 1934) – ein radikaler Zeitgenosse Heinrich Manns."
  Zeigen Sie den Zusammenhang zwischen politischem Denken und Handeln bei Erich Mühsam auf. Setzen Sie dabei den Schwerpunkt auf Mühsams Wirken in München in der Zeit vor dem Ersten Weltkrieg.

In der eigentlichen Arbeitsphase erschließen sich die Schülerinnen und Schüler mithilfe des **Arbeitsblatts 22**, S. 125 (Webcode SNG-22778-457) in Partnerarbeit die Hauptthesen in Mühsams Text „Appell an den Geist".

- Erschließen Sie sich den Text „Appell an den Geist", indem Sie entlang der vorgegebenen Sinnabschnitte die Hauptthesen in eigenen Worten formulieren.

Ein Lösungsvorschlag ist dem Arbeitsblatt angehängt (**Lösungsblatt 22**, S. 126, Webcode SNG-22778-457).

Als nächsten Schritt soll die Lerngruppe in einer Transferaufgabe reflektieren, welche Erwartungen Erich Mühsam in seinem Text an einen politisch engagierten Autor/eine politisch engagierte Autorin formuliert und inwieweit Heinrich Mann als Autor des „Untertan" diesem Bild entsprechen könnte.

- Stellen Sie sich vor, dass Erich Mühsam für seine Zeitschrift „Kain. Zeitschrift für Menschlichkeit" 1911 einen Mitarbeiter oder eine Mitarbeiterin sucht. Entwerfen Sie in Stillarbeit eine kurze Stellenanzeige.

---

[1] Heinrich Mann: Geist und Tat, in: Geist und Tat. Essays über Franzosen, Frankfurt a. Main 1981, hier S. 15 – 16.

■ *Versetzen Sie sich in die Lage von Heinrich Mann, der gerade erste Vorarbeiten für sein Romanwerk „Der Untertan" macht. Er liest die Stellenanzeige Mühsams und ist neugierig auf die Aufgabe. Verfassen Sie ein kurzes Bewerbungsschreiben Manns an seinen Freund Erich Mühsam, in dem er aufzeigt, inwieweit er selbst dem gesuchten Profil entsprechen könnte.*

Die zu erwartenden Schülerlösungen basieren sowohl auf der Textkenntnis des Romans „Der Untertan" und des präsentierten Zitats aus „Geist und Tat" (S. 116) als auch auf der Kenntnis der Biografie Heinrich Manns. Die Schülerinnen und Schüler werden einerseits thematisieren, dass Mühsam und Mann ein ähnliches Ideal vom politisch engagierten Schriftsteller verfolgen, der gesellschaftliche Zustände, insbesondere Unterdrückungs- und Ausbeutungsmechanismen sowie ideologische Rechtfertigungen bestehender Strukturen, anprangert und als Gegenentwurf eine humane und gerechte Gesellschaft propagiert. Andererseits sollte auch herauskommen, dass Heinrich Mann für Freiheit und Demokratie eintritt, während Mühsam die kommunistische Revolution propagiert und echte Freiheit für ihn nur in der Anarchie denkbar ist.

In einem offenen Unterrichtsgespräch sollten sich die Schülerinnen und Schüler abschließend zu den Ansprüchen, die Erich Mühsam an einen Schriftsteller oder eine Schriftstellerin formuliert, positionieren.

■ *Diskutieren Sie über die Ansprüche, die Erich Mühsam an einen Schriftsteller oder eine Schriftstellerin formuliert. Stimmen Sie mit ihm überein? Sind Sie vielleicht völlig anderer Meinung? Besitzen diese Ansprüche auch für die Gegenwart Gültigkeit?*

In einem weiteren Schritt wird die Wahrnehmung des „Untertan" als politischer Zeitroman und die damit zusammenhängende Diskussion um den politisch engagierten Schriftsteller am Beispiel konträrer Kritikerreaktionen anlässlich des Erscheinens der Erstausgabe untersucht. Exemplarisch können im Unterricht die Rezensionen von Josef Froberger (1871–1931), einem Redakteur der „Kölnischen Volkszeitung", und des Satirikers und Politikjournalisten Kurt Tucholsky (1890–1935) untersucht werden. Die beiden Texte finden sich im **Anhang der Textausgabe, S. 440–441** bzw. **S. 441–443**.

Froberger verfasste für die an einer katholischen Leserschaft orientierte und liberal ausgerichtete Kölnische Volkszeitung eine Kritik, in der er einerseits das stilistische Können des Schriftstellers Heinrich Mann anerkennt, andererseits aber seinen Roman negativ beurteilt. So lege der satirische Ansatz des Werks zwar in treffender Weise Missstände im Staatswesen offen, vermittle aber eine „lähmende Stimmung" (S. 440, Z. 8), weil er keine Hoffnung auf eine Verbesserung der Verhältnisse zulasse. Die überspitzte Karikatur des Kaisers und des kaisertreuen Bürgertums mache den Roman geradezu zur „Spartakusliteratur" (S. 440, Z. 13), also zu einer marxistischen Kampfschrift. Überhaupt würden die Figuren des Romans lediglich als Typen agieren, ohne dass eine innere Entwicklung gezeigt werde. Auch die Handlung entstehe nicht aus inneren Konflikten der Figuren, sondern nur aus äußeren Handlungsimpulsen. Wenn Froberger feststellt, dass Heinrich Mann, „den Neigungen der Tagesmode folgend, seine Tätigkeiten an unwürdige Gegenstände verschwendet" (S. 441, Z. 13–14), lehnt er damit zugleich das Genre des Zeitromans generell ab. Als Fazit spricht er Heinrich Mann die Fähigkeit ab, eine führende Rolle bei den jüngeren Intellektuellen spielen zu können.

Tucholsky wiederum schrieb seine Rezension für die „Weltbühne" und damit für ein einflussreiches publizistisches Organ mit radikal linker Ausrichtung. Da in der „Weltbühne" sehr viele Artikel Tucholskys erschienen, legte er sich zur Vermeidung des Eindrucks zu großer Dominanz mehrere Pseudonyme zu, darunter den Namen Ignaz Wrobel, der offizielle Verfassername der Rezension zu „Der Untertan". In seiner Kritik hebt Tucholsky vor allem die politische Hellsicht Heinrich Manns hervor. Dessen Roman bilde ein „Herbarium des deutschen Mannes" (S. 441), den sowohl seine Sklavenmentalität als auch sein Streben, Macht über andere auszuüben, präge. Die allgemein verbreitete kleingeistige Untertanenmentalität sowie kritiklose Identifikation der Mehrheit mit dem deutschen Nationalismus erkläre den Weg in die Katastrophe des Ersten Weltkriegs. Diese Einsicht bestärke wiederum die politische Linke darin, mittels Überwindung der nationalistischen und unfreien Traditionen das gute Deutschland freizulegen.

Die Kontrastierung der beiden Rezensionen im Unterricht kann nacheinander oder arbeitsteilig erfolgen. Im letzteren Fall untersucht ein Teil der Lerngruppe die Besprechung Frobergers, die andere Gruppe setzt sich mit Tucholsky auseinander.

Folgende Arbeitsaufträge können in Gruppenarbeit ausgeführt werden:

Gruppe A:

■ *Lesen Sie die Besprechung von Josef Froberger (Anhang der Textausgabe, S. 440 – 441) und fassen Sie anschließend zusammen, was der Rezensent an Autor und Werk lobt beziehungsweise tadelt.*

Gruppe B:

■ *Lesen Sie die Besprechung von Kurt Tucholsky (Anhang der Textausgabe, S. 441 – 443) und fassen Sie anschließend zusammen, worin laut Rezensent die Hellsicht des Autors besteht und worin die Bedeutung der Lektüre für die Vertreter der politischen Linken zu sehen ist.*

Im Anschluss werden die Ergebnisse in exemplarischer Auswahl im Plenum vorgestellt und können in einem Tafelbild gebündelt werden.

„Der Untertan" im Spiegel der Kritik

	Kritik von Josef Froberger	Kritik von Kurt Tucholsky
positive Aspekte	• Offenlegung gesellschaftlicher Missstände • stilistisches Können	• Aufdeckung der Mechanismen von Macht und Machtmissbrauch • Untertanenhaltung und Nationalismus als hellsichtige Analyse für den Zweiten Weltkrieg • Bestärkung der politischen Linken in ihrem Kampf gegen Nationalismus und Unfreiheit
negative Aspekte	• fehlende Perkspektive • übertriebene Gesellschaftskritik im Fahrwasser des Marxismus • Romanpersonen nur Typen, keine Figuren mit innerer Entwicklung	
Fazit	Kritik am Niveau der literarischen Personenzeichnung und an der politischen Stoßrichtung	uneingeschränktes Lob für Schärfe der gesellschaftlichen Analyse und für die politische Motivation des Verfassers

Gemeinsam kann anschließend diskutiert werden, inwieweit die einzelnen Kritikpunkte und Bewertungen der beiden Rezensenten von den Schülerinnen und Schülern nachvollzogen werden können. Damit wird die folgende kreative Schreibaufgabe vorbereitet:

> ■ *Entscheiden Sie, welche der beiden Rezensionen Ihnen eher entspricht, und schreiben Sie einen Antworttext, z. B. in Form eines fiktiven Leserbriefs, auf die Rezension, in der Sie sich eher <u>nicht</u> wiederfinden können.*

Zur Vertiefung der Thematik, zum Beispiel in Form eines Referats, können weitere Rezensionen herangezogen werden. Hierzu finden sich im Anhang der Textausgabe zwei ergänzende Romankritiken

a) des Schriftstellers Richard Rieß (**Anhang der Textausgabe**, S. 444 – 445), der die inhaltliche und stilistische Qualität der Satire lobt, aber zugleich die Einseitigkeit des Deutschlandbildes kritisiert,
und
b) des liberalen Journalisten Theodor Heuss, dem späteren ersten Bundespräsidenten der Bundesrepublik Deutschland (**Anhang der Textausgabe**, S. 445 – 446), der in Heinrich Manns Werk weniger einen Roman, sondern vor allem ein politisches Pamphlet sieht.

5.4 Die Satire im Film

Der Roman „Der Untertan" wurde im Jahr 1951 von Regisseur Wolfgang Staudte (1906 – 1984) im Auftrag der DDR-Filmgesellschaft DEFA (Deutsche Film AG) verfilmt.
Eine Würdigung dieses Werks muss zunächst die politischen Entstehungsbedingungen berücksichtigen. Zwei Jahre nach der 1949 erfolgten Gründung der DDR als sozialistisches Gegenmodell zur demokratischen Bundesrepublik verfolgte die staatliche Seite mit dem Filmprojekt primär einen propagandistischen Zweck: Der ideologischen Absetzung der „antifaschistischen" DDR von der jungen Bundesrepublik, in der der deutsche Faschismus hitlerscher Prägung im Sinne der „Kontinuitätsthese" weiterlebe. Diese Intention wird besonders deutlich in der über das Romanende hinausgehenden Schlussszene des Films (Zeitraffer: Das Denkmal für Wilhelm I. bleibt bestehen, während die Stadt vom Krieg zerstört wird): Die wilhelminische Untertanengesellschaft habe direkt in den Nationalsozialismus und in den Untergang NS-Deutschlands im Zweiten Weltkrieg geführt. Dieser ideologisch eindeutigen Ausrichtung entspricht die selektive Aneignung der Romaninhalte im Drehbuch, in dem Heinrich Manns kritische Darstellung der Sozialdemokratie in der Figur Napoleon Fischer keinerlei Niederschlag findet.
Ungeachtet der politischen Implikationen gilt der Film heute als Meisterwerk des Schwarz-Weiß-Films. Mit dem Bekenntnis des Prinzips der Werktreue nutzte Wolfgang Staudte die spezifischen Möglichkeiten und Grenzen des Mediums Film und schuf damit eine kongeniale Umsetzung der Romanvorlage. Auch die großartigen Schauspielerleistungen (Werner Peters als Diederich Heßling, Paul Esser als Regierungspräsident von Wulckow, Eduard von Winterstein als Buck senior) trugen zum bleibenden Ansehen des Films bei.
Das Drehbuch musste die Konzentration der Romanhandlung auf eine zentrale Handlungslinie von 104 Minuten Spieldauer leisten und arbeitet deshalb mit zahlreichen Kürzungen und Raffungen. Zu den großen Stärken des Films gehört die Verdichtung der Romanhandlung in ausdrucksstarken, einprägsamen Szenenbildern. Das Standbild auf dem Arbeitsblatt 2, S. 31 ist ebenfalls dem Filmwerk entnommen.
Zur Analyse im Unterricht eignet sich besonders der Vergleich der Kindheitsschilderung im Roman mit der entsprechenden Umsetzung im Film (Timecode 00:02:14 – 00:03:01).
Im Film nimmt der Erzähler die Kernsätze (Einleitungssatz S. 4 und den Überleitungssatz zum Schulabschnitt) beinahe wörtlich auf. Die differenzierte Schilderung des heßlingschen

Charakters (vgl. S. 4–6) wird nicht umgesetzt, der Fokus liegt auf den prägenden Erziehungsinstanzen, den Eltern, den gesellschaftlichen Autoritäten und den unheimlichen Märchengestalten. Sehr wirksam ist vor allem die gewählte Kameraperspektive, die durch den Wechsel von Vogel- und Froschperspektive die Übermacht der Autoritäten gegenüber dem kleinen Diederich augenfällig macht.

Im Unterricht erhalten die Schülerinnen und Schüler den Auftrag, in Gruppenarbeit zunächst selbst einen Vorschlag für die filmische Umsetzung des Kindheitsabschnitts im Roman zu machen.

■ *Versetzen Sie sich in die Rolle von Regisseuren bzw. Regisseurinnen, die den Roman „Der Untertan" verfilmen möchten. Wie würden Sie die Kindheitsschilderung im Roman zu einer Filmszene von maximal einer Minute verdichten? Welche Elemente der Erzählung sind Ihrer Einschätzung nach dabei zentral, auf welche Elemente kann verzichtet werden?*

Der Vergleich der Vorschläge aus der Lerngruppe mit der Umsetzung im Film schärft den Blick der Schülerinnen und Schüler für die Möglichkeiten der Filmsprache und für die Schwierigkeiten, durch Verdichtung und Kürzung einen Erzähltext in laufenden Bildern zu erzählen.

■ *Vergleichen Sie die Darstellung der Kindheitsschilderung in der Verfilmung durch Staudte mit Ihren eigenen Vorschlägen. Was erscheint Ihnen in der Staudte-Verfilmung besonders gelungen, wo halten Sie Ihre Vorschläge für besser gelungen? Begründen Sie Ihre Entscheidung.*

Ebenfalls für die Behandlung im Unterricht geeignet ist die Prozess-Szene (Timecode 00:58:02–01:05:30).

Der Vergleich zur Textvorlage macht deutlich, wie stark im Film die Handlung reduziert wird. Auf der einen Seite werden die detailliert beschriebenen Befragungen der Zeugen und die sich allmählich zugunsten Heßlings wandelnde Stimmungslage der Zuschauer nicht umgesetzt. Auf der anderen Seite macht die Szene aber auch deutlich, wie treffend Personen durch starke schauspielerische Leistungen charakterisiert werden können, zum Beispiel der sehr vorsichtig aussagende, von der Angst in den Schweiß getriebene Pastor Zillich sowie Dr. Heuteuffel, der Ruhe und Standhaftigkeit ausstrahlt.

Auch im Film bleibt von Wulckows Rolle für den Ausgang des Prozesses entscheidend. Schon sein Erscheinen mit Kutsche und das Bereitstellen einer eigenen Sitzgelegenheit machen deutlich, dass mit von Wulckow gewissermaßen eine höhere Macht von außen eingreift. Anders als im Roman beeinflusst er nicht subtil die Stimmung im Publikum, sondern erreicht die Wende im Prozess durch die direkte Aufforderung an Heßling, seine Aussage gegen Lauer zu verdeutlichen.

Die folgende Ansprache Heßlings bildet den Höhepunkt der Szene: Höchst symbolträchtig unter dem Bildnis des Kaisers stehend, verschmelzen die beiden Rollen, und Heßling erreicht durch die vom Kaiser geliehene Autorität den Umschwung im Publikum. Die Szene schließt mit einem starken Bild: Während von Wulckow Heßling zu seinem Erfolg gratuliert, rückt die allegorische Darstellung der blinden Justitia ins Bild und verdeutlicht das Versagen der Rechtsinstanz. Die Verurteilung Lauers muss gar nicht mehr explizit gezeigt werden.

Die Filmanalyse kann Anregungen geben, einzelne Szenen im Kursraum aufzuführen oder sogar eine Dramatisierung in Zusammenarbeit mit der Schultheatergruppe zu versuchen.

Ebenfalls denkbar ist ein Vergleich der Verfilmung des Romans „Der Untertan" mit einer modernen politischen Filmsatire, so etwa mit der Berlin-Mitte-Parodie „Zettl" (Deutschland 2012; Regie: Helmut Dietl, Co-Autor Benjamin von Stuckrad-Barre, u. a. mit Bully Herbig, Götz George, Ulrich Tukur, Dieter Hildebrand, Sunnyi Melles).

Definition Satire

Die Satire (Begriff hergeleitet von dem lateinischen Wort satura für Fruchtschale) stellt keine eigene Textsorte dar. Vielmehr kann sie sich beinahe aller Textarten – auch nichtliterarischer Art – bedienen, um ihre beabsichtigte Wirkung zu erzielen: Der Autor einer Satire will seine kritische Haltung gegenüber einem konkreten politischen oder gesellschaftlichen Zeitgeschehen zum Ausdruck bringen. Dabei zeigt die Satire auf, dass ursprünglich gültige Normen und Werte ihre Bedeutung verloren haben und in ihr Gegenteil verkehrt wurden. Zu diesem Zweck bedient sich der Satiriker dabei unterschiedlicher Mittel, zum Beispiel der humorvollen Übertreibung, der ironischen Kontrastierung zwischen Anspruch und Wirklichkeit, der grotesken Verzerrung und der bissigen Verspottung.

(Originalbeitrag)

■ *Erarbeiten Sie aus dem Text die Kennzeichen einer Satire.*

Heßlings Rede vor seinen Arbeitern – Montagetechnik

wörtliche Aussagen Kaiser Wilhelms II. zu unterschiedlichen Anlässen	Heßlings Rede an seine Arbeiter
„[…] herrlichen Tagen führe ich euch noch entgegen. […] Mein Kurs ist der richtige, und er wird weiter gesteuert!" Rede beim Festmahl des Brandenburgischen Provinziallandtages, 24. Februar 1892	
„Diejenigen, welche Mir dabei behilflich sein wollen, sind Mir von Herzen willkommen, wer sie auch seien; diejenigen jedoch, welche sich Mir bei dieser Arbeit entgegenstellen, zerschmettere ich." Rede beim Festmahl des Provinziallandtages in Königsberg, 15. Mai 1890	
„Ich darf […] von den Mir vorgezeichneten Wegen die ich mit Meinem Gewissen und vor Meinem Gott allein verantworten muss, nicht abweichen. […] Einer nur ist Herr im Reiche, und das bin ich." Rede anlässlich einer Festspielaufführung in Düsseldorf, 4. Mai 1891	
„Sollten aber Ausschreitungen gegen die öffentliche Ordnung und Ruhe vorkommen, sollte sich der Zusammenhang der Bewegung mit socialdemokratischen Kreisen herausstellen, so würde ich nicht imstande sein, eure Wünsche mit Meinem Königlichen Wohlwollen zu erwägen. Denn für Mich ist jeder Socialdemokrat gleichbedeutend mit Reichs- und Vaterlandsfeind." Rede vor einer Abordnung streikender Bergleute, 14. Mai 1889	
Fahrt nun nach Hause, überlegt, was Ich gesagt." Rede vor einer Abordnung streikender Bergleute, 14. Mai 1889	

■ *Vervollständigen Sie das Arbeitsblatt mit den entsprechenden Textbelegen aus dem Roman.*

Heßlings Rede vor seinen Arbeitern – Montagetechnik (Lösung)

wörtliche Aussagen Kaiser Wilhelms II. zu unterschiedlichen Anlässen	Heßlings Rede an die Arbeiter
„[…] herrlichen Tagen führe ich euch noch entgegen. […] Mein Kurs ist der richtige, und er wird weiter gesteuert!" Rede beim Festmahl des Brandenburgischen Provinziallandtages, 24. Februar 1892	„Jetzt habe ich das Steuer selbst in die Hand genommen. Mein Kurs ist der richtige, ich führe euch herrlichen Tagen entgegen." (S. 93, Z. 21 ff.)
„Diejenigen, welche Mir dabei behilflich sein wollen, sind Mir von Herzen willkommen, wer sie auch seien; diejenigen jedoch, welche sich Mir bei dieser Arbeit entgegenstellen, zerschmettere ich." Rede beim Festmahl des Provinziallandtages in Königsberg, 15. Mai 1890	„Diejenigen, welche mir dabei behilflich sein wollen, sind mir von Herzen willkommen; diejenigen jedoch, welche sich mir bei dieser Arbeit entgegenstellen, zerschmettere ich." (S. 93, Z. 23 ff.)
„Ich darf […] von den Mir vorgezeichneten Wegen die ich mit Meinem Gewissen und vor Meinem Gott allein verantworten muss, nicht abweichen. […] Einer nur ist Herr im Reiche, und das bin ich." Rede anlässlich einer Festspielaufführung in Düsseldorf, 4. Mai 1891	„Einer ist hier der Herr, und das bin ich. Gott und meinem Gewissen allein schulde ich Rechenschaft." (S. 93, Z. 29 f.)
„Sollten aber Ausschreitungen gegen die öffentliche Ordnung und Ruhe vorkommen, sollte sich der Zusammenhang der Bewegung mit socialdemokratischen Kreisen herausstellen, so würde ich nicht imstande sein, eure Wünsche mit Meinem Königlichen Wohlwollen zu erwägen. Denn für Mich ist jeder Socialdemokrat gleichbedeutend mit Reichs- und Vaterlandsfeind." Rede vor einer Abordnung streikender Bergleute, 14. Mai 1889	„Ich werde euch stets mein väterliches Wohlwollen entgegenbringen, Umsturzgelüste aber scheitern an meinem unbeugsamen Willen. Sollte sich ein Zusammenhang irgendeines von euch […] mit sozialdemokratischen Kreisen herausstellen, so zerschneide ich zwischen ihm und mir das Tischtuch. Denn für mich ist jeder Sozialdemokrat gleichbedeutend mit Feind meines Betriebes und Vaterlandsfeind […]" (S. 93, Z. 29 – S. 94, Z. 6)
Fahrt nun nach Hause, überlegt, was Ich gesagt." Rede vor einer Abordnung streikender Bergleute, 14. Mai 1889	„So, nun geht wieder an eure Arbeit und überlegt euch, was ich euch gesagt habe." (S. 94, Z. 6 f.)

(alle Zitate: Heinrich Mann. Der Untertan. Westermann: Braunschweig 2021)

Definition Entwicklungsroman

Entwicklungsroman: grundlegender Typ gerade des dt. Romans, welcher das Reifen der natürlichen Gegebenheiten einer Person in ständiger Auseinandersetzung mit ihrer Umwelt zur Darstellung bringt und zumeist das Persönlichkeitsideal einer bestimmten Epoche spiegelt. Die Übergänge zu besonderen Spielarten des Erziehungsromans wie dem Bildungsroman und dem Erziehungsroman, der eine pädagogische Theorie an einem Beispiel verdeutlicht, sind fließend.

Bantel, Otto/Schaefer, Dieter: Grundbegriffe der Literatur. Frankfurt am Main: Hirschgraben Verlag, 15. Auflage 1999.

■ *Erarbeiten Sie aus dem Text die wichtigsten Kennzeichen des Entwicklungsromans.*

Texterschließung: Erich Mühsam, „Appell an den Geist"

■ *Erschließen Sie sich den Text „Appell an den Geist", indem Sie entlang der vorgegebenen Sinnabschnitte die Hauptthesen mit eigenen Worten formulieren.*

1. Abschnitt (S. 425, Z. 1–17):

2. Abschnitt (S. 425, Z. 18 – S. 426, Z. 10):

3. Abschnitt (S. 426, Z. 11 – S. 427, Z. 1):

4. Abschnitt (S. 427, Z. 1–19):

5. Abschnitt (S. 427, Z. 19 – S. 428, Z. 3):

6. Abschnitt (S. 428, Z. 3–28):

Texterschließung: Erich Mühsam, „Appell an den Geist" (Lösung)

1. Abschnitt (S. 425, Z. 1 – 17):
Die eigentlich auf Gemeinschaft und Zusammenarbeit angelegte menschliche Natur begünstigt ein System der Unterdrückung, das einen Teil der Gesellschaft in die Lage versetzt, für sein sorgenfreies Dasein den anderen Teil auszubeuten.

2. Abschnitt (S. 425, Z. 18 – S. 426, Z. 10):
In der kapitalistischen Gesellschaft sind einige wenige privilegiert, weil sie sich im alleinigen Besitz der wirtschaftlichen Produktionsmittel (Produktionsstätten und Rohstoffe) wissen und immer noch reicher werden, indem sie mittels Zwang und unter dem Deckmantel rechtlicher bzw. ideologischer Verbrämung auf Kosten der großen Masse leben.

3. Abschnitt (S. 426, Z. 11 – S. 427, Z. 1):
Das Machtsystem der Besitzenden kontrolliert den Staat, die Politik sowie die öffentliche Meinung, wodurch die Sehnsucht der Menschen nach Freiheit, Gerechtigkeit und Menschlichkeit unterdrückt und kritische Stimmen mundtot gemacht werden können.

4. Abschnitt (S. 427, Z. 1 – 19):
Schriftsteller/Schriftstellerinnen und Künstler/Künstlerinnen stützen das System, weil sie sich in einer erhabenen Position sehen und sie ihre Augen vor den ungerechten Zuständen und dem Elend der Menschen verschließen. Die Belange des einfachen Volks bilden kein würdiges Thema für ihr entrücktes Schaffen.

5. Abschnitt (S. 427, Z. 19 – S. 428, Z. 3):
Die Künstler bzw. Künstlerinnen hätten eigentlich allen Grund dazu, das bestehende System infrage zu stellen. Denn entweder sind sie auf die Kunst als Brotberuf angewiesen, was sie in ihrem Schaffen zu kleingeistiger Anpassung zwingt, oder sie sind materiell unabhängig und völlig frei in ihrem Schaffen. Ihre Werke können dann aber ihrer eigentlichen Wesensbestimmung, nämlich die Menschen in ihrem Bedürfnis nach Höherem zu bereichern, nicht gerecht werden, weil der Künstler bzw. die Künstlerin sich ja im Elfenbeinturm eingeigelt hat und die Menschen deshalb gar nicht erreicht.

6. Abschnitt (S. 428, Z. 3 – 28):
Echte Kultur kann nur entstehen, wenn sich die Kunstschaffenden mit dem Leben des Volks und mit seinen existenziellen Bedürfnissen auseinandersetzen. Deshalb dürfen die Künstler und Künstlerinnen nicht fortfahren, die harte Realität einfach nur zu verklären. Vielmehr müssen sie den Schulterschluss mit dem einfachen Volk finden und die Kraft des Geistes nutzen, um zu rebellieren und eine auf den Werten Wahrheit, Gerechtigkeit und Freiheit basierende Gesellschaft und Kultur zu begründen.

Franz Blei: Der Thomasmann und der Heinrichmann

Information zum Text:

Der österreichische Autor und Literaturkritiker Franz Blei (1871 – 1942) ist Verfasser des Werks „Das große Bestiarium der deutschen Literatur" (München 1920), in dem er zahlreiche prominente Schriftsteller in Form von Tiervergleichen charakterisierte.

Beide diese Tiere gehören zu einer Familie mittelgroßer Holzböcke, sind holzig und zäh wie Holz, aber von verschiedener Farbe bei sonstiger Gleichheit ihrer Natur und Lebensweise. Man findet sie immer auf demselben Baume lebend, aber auf dessen verschiedenen Seiten, da sich die beiden Holzkäfer durchaus nicht leiden mögen. Bohrt der Thomasmann unten an einem Baum, so sitzt auf dem gleichen der Heinrichmann oben. Findet der eine die bebohrte Linde saftig, so findet sie der andere morsch; und umgekehrt. Das Seltsame ist, dass sich beide immer im Baume irren und auf einer Eiche zu käfern meinen, wenn es eine Tür aus Kiefer, auf einer Fichte, wenn es eine Kommode aus Linde ist usw. Immer aber findet aus Ärger über des andern Anwesenheit der eine morsch, was der andere für saftig erklärt. Nur wenn man beide diese Käfer auf einen Federhalter setzt, geben sie sich eifrig ihrer Tätigkeit hin, indem sie emsig darauf hinauf und hinunter laufen. Was die Farbe anlangt, an der man die beiden Tierchen unterscheidet, so zeigt der Thomasmann schwarz-weiß gestreifte Flügeldecken, während die des Heinrichmanns blau-weiß-rot mit manchmal auftauchenden und rasch wieder verschwindenden winzigen roten Tupfen sind, die sich übrigens auch durch leichtes Reiben entfernen lassen.

Naumann, Uwe (Hrsg.): Mann oh Mann. Satiren und Parodien zur Familie Mann. Reinbek b. Hamburg: Rowohlt 2003, S. 14.

■ *Deuten Sie den satirischen Text als Charakterisierung des Verhältnisses zwischen Heinrich und Thomas Mann.*

Viktor Mann über das Korpswesen im Roman „Der Untertan"

Viktor Mann, der jüngste Bruder Heinrich Manns, Familienerinnerungen

Im Café Karlsthor, als Corpsier[1] und Senior[2] in Band und Mütze, las ich eines Nachmittages des Frühjahrs 1912 die krasseste literarische Karikatur des Couleurstudententums, die je in Deutschland geschrieben worden ist. Und der Autor war mein Bruder Heinrich.
Der „Simpl"[3] hatte schon im Herbst das erste Kapitel des „Untertan" unter dem Titel „Lebensfrüh-
5 ling" gebracht und „Die Neuteutonen" waren nun der folgende Abschnitt: Diederich Heßlings Studentenzeit. Aber das böse Kapitel bedrückte weder mein Gemüt noch brachte es mich in die Lage, den Dichter gegen die Empörung meiner Bundesbrüder oder anderer Couleurstudenten in Schutz nehmen zu müssen. Die karikierende Übertreibung hatte mit der „Neuteutonia" das Bild einer lächerlichen „Blase" geschaffen, einer minderwertigen Verbindung von Minderwertigen al-
10 so und der Nachäffung eines Korps, bei der gerade die Unsitten aufs Gröbste verstärkt in Erscheinung traten.
So etwas gab es. Wir wussten das und konnten Beispiele aufführen. Wir verachteten derartige Gebilde und bekämpften sie gegebenenfalls. Und da Heinrichs Neuteutonia alle Zeichen eines solchen Missgewächses trug, entstand der Eindruck, der Autor bekämpfe ausschließlich die Blasen. Er war
15 eines auf sein Wohl geriebenen Salamanders[4] wert. Die Impressionen wurden verstärkt durch Diederich Heßlings Charakter, der ja von Anfang an recht abscheulich schien. So ein Kerl, meinten wir, konnte sich natürlich nur in einer Blase halten. Ein kleiner, feiger Spießer, der den akademischen Bürger markierte, den schwülstigen Patrioten raushing, vor Adel und Garde zusammenklappte und nach unten trat. Wir wussten, dass es Tausende dieses Typs gab und dass ihr Hochkommen eine
20 Gefahr war. Wir hassten sie wie der Autor. Also vivat, crescat, floreat[5] der Autor! Nun, im Stillen war ich mir auch damals schon bewusst, dass die Dinge nicht ganz so lagen und dass mit dem übelsten Spießertyp der bürgerliche Untertan Wilhelms II. schlechthin gezeichnet, mit der Blase Neuteutonia aber die dunklen Seiten des Couleurwesens überhaupt aufgezeigt werden sollten. Verzerrung gehört zur Karikatur, aber sie war die krasse Verdeutlichung vorhandener, nicht erfundener Schwä-
25 chen. Hierüber viel zu reden hielt ich mich jedoch nicht für verpflichtet, und es freute mich, dass Stellen aus den „Neuteutonen" geflügelte Worte im Korps wurden. „Formen sind kein leerer Wahn", sagte man scheinbar tiefernst, wenn einer zu offiziell tat, und „Mein Vetter von Klappke!" scholl es drohend einem anderen entgegen, der „angeben" wollte. So also wirkte das zweite Kapitel des „Untertan" auf Couleurstudenten. In München wenigstens und damals. 1919 freilich sollte Heinrich
30 von irgendeinem wirklichen Diederich Heßling, der sich nachträglich getroffen fühlte und das Buch offenbar in den Komplex „Kriegsschuldlüge" einreihte, gefordert werden. Leider habe ich das erst Jahrzehnte später erfahren. Ich hätte mir den Beleidigten so gerne angesehen.

Mann, Viktor: Wir waren fünf. Bildnis der Familie Mann. 4. Auflage. Konstanz: Südverlag 1986, S. 338–340.

---

[1] Mitglied einer studentischen Verbindung
[2] Vorstand einer Verbindung
[3] Satirezeitschrift *Simplizissimus*
[4] studentisches Trinkritual
[5] verbreitetes Verbindungslied

■ *Erarbeiten Sie, wie Viktor Mann den Realitätsgehalt der Ausführungen seines Bruders Heinrich zum Studentenleben beurteilt.*

Brief von Thomas an Heinrich Mann

Die Musterung

München, den 27.IV.1912
Mauerkircherstraße 13

Lieber Heinrich!
[...]

Das Militärische: Meine Erinnerungen daran sind recht traum- und nebelhaft, es sind eigentlich Unwägbarkeiten, Atmosphärisches, was sich als Material nicht recht überliefern lässt, was ich aber ohne Weiteres in die Zuchthaus-Episode des Hochstaplers werde transponieren können. Die Haupterinnerung ist das Gefühl rettungsloser Abgeschnittenheit von der zivilisierten Welt, eines furchtbaren äußeren Machtdruckes und, im Zusammenhang damit, eines außerordentlich erhöhten Genusses der inneren Freiheit, so, wenn ich in der Kaserne, beim Gewehrputzen etwa (das ich nie gelernt habe), etwas aus Tristan pfiff. Aber so wird der Untertan die Sache wohl nicht auffassen. Er muss, auch wenn er bürgerlich abgeneigt ist, dem Geist dieser abgeschlossenen Welt, wie ich das bei meinen Miteinjährigen beobachtete, sofort auch innerlich vollkommen unterliegen. Will er freikommen? Dann lass es ihn machen, wie ich, und von vornherein eine Verbindung mit der bürgerlichen Welt suchen, mit deren Hilfe er sich befreien kann.

Heinrich und Thomas Mann, 1931

Ich steckte mich hinter Mamas damaligen Arzt, Hofrat May, den ich im Hochstapler als Sanitätsrat Düsing benutzt habe, einen streberischen Esel, der mit einem Ober-Stabsarzt befreundet war. Mit dem Ober-Stabsarzt kommt man beim Regiment kaum in Berührung; abhängig ist man von seinem Untergebenen, dem Stabsarzt, der untersucht, ins „Revier" (Kasernenkrankenzimmer für leichte Fälle) oder Lazarett schickt, „Dienst machen" lässt usw. Dieser Stabsarzt war äußerst grob gegen mich. „Wer sind Sie, was wollen Sie" war sein Ton. Bei Untersuchungen, zu denen ich ihn gehorsam nötigte, führte er unverschämte Reden und erklärte z. B., dass er sich eine Zigarre anzünden müsse, da er sonst ohnmächtig würde (vor Ekel). Das Resultat war „Macht Dienst. Schluss. Abtreten". Nun hatte aber May mit dem Ober-Stabsarzt gesprochen, und dieser ließ mich vom Exerzieren weg auf sein Zimmer zur Untersuchung rufen. Er schien zwar nichts Rechtes zu finden, erklärte aber, ich solle nur „vorläufig" weiter Dienst machen, das Weitere werde sich schon finden. „Bei dem Fuß ..." Nach einigen Tagen wurde von einem Revier-Gehülfen ein Abdruck meines Fußes auf geschwärztem Papier gemacht. Ich war im Lazarett auf „entzündlichen Plattfuß" behandelt worden, aber der Abdruck zeigte, dass von Plattfuß gar nicht die Rede sein konnte. Aber nun kam der Ober-Stabsarzt, das Papier in der Hand, in das Revierzimmer, wo ich wartete und wo auch der Stabsarzt anwesend war. Die Szene war ausgezeichnet und ist für Deinen Roman sehr geeignet. Der Ober-Stabsarzt kommt, die Mütze auf dem Kopf, mit einem gewissen Aplomb herein, stellt sich vor dem Stabsarzt auf und blickt mit finsterer, strenger Miene auf dessen Mütze. Der Stabsarzt, der sonst sehr kollegial mit ihm zu verkehren gewohnt ist, nimmt verblüfft die Mütze herunter und steht stramm. Darauf zeigt ihm der Ober-Stabsarzt das Papier, spricht leise zu ihm und befiehlt ihm, irgendetwas zu sehen, was nicht da ist. Der Stabsarzt blinzelt abwechselnd den Vorgesetzten, mich und das Papier (an) und stimmt zu, indem er die Hacken zusammenzieht. Von Stund an war er sehr höflich gegen mich und behandelte mich als Herrn. Er wusste nun, dass ich höhere Verbindungen hatte. Nur amtlicher Formalitäten halber vergingen noch einige Wochen, dann war ich „draußen". Die amüsanteste Korruption. Gemeinhin gilt es für außerordentlich schwer, loszukommen, nachdem man einmal drin ist.

Als Gegenstück ein Fall blödsinniger Strenge, der mir gleich zu Anfang großen Eindruck machte. Bei den anderen Kompanien durften revier- (also nicht lazarett-)kranke Einjährige nach den ersten 14 Tagen (die man ganz in der Kaserne verbringt) zu Hause liegen. Unser Hauptmann verpönte dies. Ein Einjähriger erkrankt abends und hat am nächsten Morgen 40°, ist also ganz unfähig, sich in die Kaserne zu begeben. Er macht die Krankheit zu Hause durch und bringt, genesen, ein Attest seines Arztes. Zur „Strafe" musste er sehr lange, ich glaube monatelang, in der Kaserne wohnen, was sehr hart für Einjährige ist: im Mannschaftszimmer schlafen etc. Verrückt. Aber der Hauptmann machte ein sehr stolzes Gesicht bei solchen Gelegenheiten. „Meine Kompanie", pflegte er zu sagen, „soll eine Kompanie von Soldaten sein." Und tatsächlich hieß die Kompanie „Die stramme Elfte". Auch etwas für Dich. – Bei „Mannschaftszimmer" fiel mir noch ein: Jemand ist tatsächlich als untauglich freigesprochen, weil er vor der Ober-Ersatz-Kommission laut erklärt hat, er sei homosexuell. Könntest Du das nicht einflechten?

Nun kann ich aber beim besten Willen nicht mehr schreiben. Ich gehe Mitte Mai nach Davos.

Herzlich T.

Brief von Thomas Mann an Heinrich Mann vom 27.IV.1912. Aus: Thomas Mann/Heinrich Mann, Briefwechsel 1900–1949. S. Fischer Verlag, Frankfurt am Main 1984.

■ *Überprüfen Sie, inwieweit Heinrich Mann die Anregungen seines Bruders Thomas in seinem Roman umsetzt.*

Klausurvorschlag 1 mit Bewertungsbogen

Name:	Schule:	Lehrkraft:
Klasse:		Arbeitszeit:

Thema der Unterrichtsreihe:
Heinrich Mann: Der Untertan

Aufgabenart:
Analyse eines literarischen Textes mit weiterführendem Schreibauftrag (IIA)

Aufgaben

1. Beschreiben und deuten Sie im Abschnitt S. 7, Z. 8 („Nach so vielen …") – S. 11, Z. 27 („… schickte Diederich nach Berlin.") die Machterfahrungen, die Diederich Heßling in der Schule erlebt. Gehen Sie dabei auch auf sprachliche Aspekte ein.

2. „Wer treten wollte, musste sich treten lassen, das war das eherne Gesetz der Macht." (S. 346, Z. 23) Nehmen Sie kritisch Stellung zu dieser Aussage Heßlings.

Hinweise:

- Nehmen Sie sich ausreichend Zeit für die Vorbereitung (Textbearbeitung, Stichworte, Gliederung der Analyse etc.) und die Nachbereitung der Verschriftlichung (sorgfältiges Überprüfen von sprachlicher Richtigkeit und Gedankenführung).
- Bedenken Sie, dass die sprachliche Darstellungsleistung (Struktur, Ausdruck, Satzbau, Zitierweise sowie formale Richtigkeit) einen hohen Anteil der Bewertung ausmacht.

Erlaubte Hilfsmittel:

- Deutsches Rechtschreibwörterbuch
- Kopie der Textszene

Viel Erfolg!

Text

Nach so vielen furchtbaren Gewalten, denen man unterworfen war, nach den Märchenkröten, dem Vater, dem lieben Gott, dem Burggespenst und der Polizei, nach dem Schornsteinfeger, der einen durch den ganzen Schlot¹ schleifen konnte, bis man auch ein schwarzer Mann war, und dem Doktor, der einen im Hals pinseln durfte und schütteln, wenn man schrie – nach allen diesen Ge-
⁵ walten geriet nun Diederich unter eine noch furchtbarere, den Menschen auf einmal ganz verschlingende: die Schule. Diederich betrat sie heulend, und auch die Antworten, die er wusste, konnte er nicht geben, weil er heulen musste. Allmählich lernte er den Drang zum Weinen gerade dann auszunützen, wenn er nicht gelernt hatte – denn alle Angst machte ihn nicht fleißiger oder weniger träumerisch –, und vermied so, bis die Lehrer sein System durchschaut hatten, manche
¹⁰ üblen Folgen. Dem Ersten, der es durchschaute, schenkte er seine ganze Achtung; er war plötzlich still und sah ihn, über den gekrümmten und vors Gesicht gehaltenen Arm hinweg, voll scheuer Hingabe an. Immer blieb er den scharfen Lehrern ergeben und willfährig. Den gutmütigen spielte er kleine, schwer nachweisbare Streiche, deren er sich nicht rühmte. Mit viel größerer Genugtuung sprach er von einer Verheerung in den Zeugnissen, von einem riesigen Strafgericht. Bei Tisch
¹⁵ berichtete er: „Heute hat Herr Behneke wieder drei durchgehauen." Und wenn gefragt ward, wen: „Einer war ich."

Denn Diederich war so beschaffen, dass die Zugehörigkeit zu einem unpersönlichen Ganzen, zu diesem unerbittlichen, menschenverachtenden, maschinellen Organismus, der das Gymnasium war, ihn beglückte, dass die Macht, die kalte Macht, an der er selbst, wenn auch nur leidend, teil-
²⁰ hatte, sein Stolz war. Am Geburtstag des Ordinarius² bekränzte man Katheder³ und Tafel. Diederich umwand sogar den Rohrstock.

Im Lauf der Jahre berührten zwei über Machthaber hereingebrochene Katastrophen ihn mit heiligem und süßem Schauder. Ein Hilfslehrer ward vor der Klasse vom Direktor heruntergemacht und entlassen. Ein Oberlehrer ward wahnsinnig. Noch höhere Gewalten, der Direktor und das Irren-
²⁵ haus, waren hier grässlich mit denen abgefahren, die bis eben so hohe Gewalt hatten. Von unten, klein, aber unversehrt, durfte man die Leichen betrachten und aus ihnen eine die eigene Lage mildernde Lehre ziehen.

Die Macht, die ihn in ihrem Räderwerk hatte, vor seinen jüngeren Schwestern vertrat Diederich sie. Sie mussten nach seinem Diktat schreiben und künstlich noch mehr Fehler machen, als ihnen
³⁰ von selbst gelangen, damit er mit roter Tinte wüten und Strafen austeilen konnte. Sie waren grausam. Die Kleinen schrien – und dann war es an Diederich, sich zu demütigen, um nicht verraten zu werden.

Er hatte, den Machthabern nachzuahmen, keinen Menschen nötig; ihm genügten Tiere, sogar Dinge. Er stand am Rande des Holländers und sah die Trommel die Lumpen ausschlagen. „Den
³⁵ hast du weg! Untersteht euch noch mal! Infame⁴ Bande!", murmelte Diederich, und in seinen blassen Augen glomm es. Plötzlich duckte er sich; fast fiel er in das Chlorbad. Der Schritt eines Arbeiters hatte ihn aufgestört aus seinem lästerlichen Genuss.

Denn recht geheuer und seiner Sache gewiss fühlte er sich nur, wenn er selbst die Prügel bekam. Kaum je widerstand er dem Übel. Höchstens bat er den Kameraden: „Nicht auf den Rücken, das ist
⁴⁰ ungesund."

Nicht, dass es ihm am Sinn für sein Recht und an Liebe zum eigenen Vorteil fehlte. Aber Diederich hielt dafür, dass Prügel, die er bekam, dem Schlagenden keinen praktischen Gewinn, ihm selbst keinen realen Verlust zufügten. Ernster als diese bloß idealen Werte nahm er die Schaumrolle, die der Oberkellner vom Netziger Hof ihm schon längst versprochen hatte, und mit der er nie heraus-
⁴⁵ rückte. Diederich machte unzählige Male ernsten Schrittes den Geschäftsweg die Meisestraße hinauf und zum Markt, um seinen befrackten⁵ Freund zu mahnen. Als der aber eines Tages von seiner Verpflichtung überhaupt nichts mehr wissen wollte, erklärte Diederich und stampfte ehr-

---

¹ Kamin, Schornstein
² ehemals gebräuchliche Bezeichnung für den Klassenlehrer
³ Lehrerpult
⁴ bösartig, durchtrieben
⁵ einen Frack bzw. eine Kellnerkleidung tragend

lich entrüstet auf: „Jetzt wird mir's doch zu bunt! Wenn Sie nun nicht gleich herausrücken, sag ich's Ihrem Herrn!" Darauf lachte Schorsch und brachte die Schaumrolle.

Das war ein greifbarer Erfolg. Leider konnte Diederich ihn nur hastig und in Sorge genießen, denn es war zu fürchten, dass Wolfgang Buck, der draußen wartete, darüber zukam und den Anteil verlangte, der ihm versprochen war. Indes fand er Zeit, sich sauber den Mund zu wischen, und vor der Tür brach er in heftige Schimpfreden auf Schorsch aus, der ein Schwindler sei und gar keine Schaumrolle habe. Diederichs Gerechtigkeitsgefühl, das sich zu seinen Gunsten noch eben so kräftig geäußert hatte, schwieg vor den Ansprüchen des anderen – die man freilich nicht einfach außer Acht lassen durfte, dafür war Wolfgangs Vater eine viel zu achtunggebietende Persönlichkeit. Der alte Herr Buck trug keinen steifen Kragen, sondern eine weißseidene Halsbinde[1] und darüber einen großen weißen Knebelbart[2]. Wie langsam und majestätisch er seinen oben goldenen Stock aufs Pflaster setzte! Und er hatte einen Zylinder auf, und unter seinem Überzieher sahen häufig Frackschöße hervor, mitten am Tage! Denn er ging in Versammlungen, er bekümmerte sich um die ganze Stadt. Von der Badeanstalt, vom Gefängnis, von allem, was öffentlich war, dachte Diederich: ‚Das gehört dem Herrn Buck.' Er musste ungeheuer reich und mächtig sein. Alle, auch Herr Heßling, entblößten vor ihm lange den Kopf. Seinem Sohn mit Gewalt etwas abzunehmen, wäre eine Tat voll unabsehbarer Gefahren gewesen. Um von den großen Mächten, die er so sehr verehrte, nicht ganz erdrückt zu werden, musste Diederich leise und listig zu Werk gehen.

Einmal nur, in Untertertia[3], geschah es, dass Diederich jede Rücksicht vergaß, sich blindlings betätigte und zum siegestrunkenen Unterdrücker ward. Er hatte, wie es üblich und geboten war, den einzigen Juden seiner Klasse gehänselt, nun aber schritt er zu einer ungewöhnlichen Kundgebung. Aus Klötzen, die zum Zeichnen dienten, erbaute er auf dem Katheder ein Kreuz und drückte den Juden davor in die Knie. Er hielt ihn fest, trotz allem Widerstand; er war stark! Was Diederich stark machte, war der Beifall ringsum, die Menge, aus der heraus Arme ihm halfen, die überwältigende Mehrheit drinnen und draußen. Denn durch ihn handelte die Christenheit von Netzig. Wie wohl man sich fühlte bei geteilter Verantwortlichkeit und einem Selbstbewusstsein, das kollektiv war!

Nach dem Verrauchen des Rausches stellte wohl leichtes Bangen sich ein, aber das erste Lehrergesicht, dem Diederich begegnete, gab ihm allen Mut zurück; es war voll verlegenen Wohlwollens. Andere bewiesen ihm offen ihre Zustimmung. Diederich lächelte mit demütigem Einverständnis zu ihnen auf. Er bekam es leichter seitdem. Die Klasse konnte die Ehrung dem nicht versagen, der die Gunst des neuen Ordinarius besaß. Unter ihm brachte Diederich es zum Primus[4] und zum geheimen Aufseher. Wenigstens die zweite dieser Ehrenstellen behauptete er auch später. Er war gut Freund mit allen, lachte, wenn sie ihre Streiche ausplauderten, ein ungeübtes, aber herzliches Lachen, als ernster junger Mensch, der Nachsicht hat mit dem Leichtsinn – und dann in der Pause, wenn er dem Professor das Klassenbuch vorlegte, berichtete er. Auch hinterbrachte er die Spitznamen der Lehrer und die aufrührerischen Reden, die gegen sie geführt worden waren. In seiner Stimme bebte, nun er sie wiederholte, noch etwas von dem wollüstigen Erschrecken, womit er sie, hinter gesenkten Lidern, angehört hatte. Denn er spürte, ward irgendwie an den Herrschenden gerüttelt, eine gewisse lasterhafte Befriedigung, etwas ganz unten sich Bewegendes, fast wie ein Hass, der zu seiner Sättigung rasch und verstohlen ein paar Bissen nahm. Durch die Anzeige der anderen sühnte er die eigene sündhafte Regung.

Andererseits empfand er gegen die Mitschüler, deren Fortkommen seine Tätigkeit infrage stellte, zumeist keine persönliche Abneigung. Er benahm sich als pflichtmäßiger Vollstrecker einer harten Notwendigkeit. Nachher konnte er zu dem Getroffenen hintreten und ihn, fast ganz aufrichtig, beklagen. Einst ward mit seiner Hilfe einer gefasst, der schon längst verdächtig war, alles abzuschreiben. Diederich überließ ihm, mit Wissen des Lehrers, eine mathematische Aufgabe, die in der Mitte absichtlich gefälscht und deren Endergebnis dennoch richtig war. Am Abend nach dem Zusammenbruch des Betrügers saßen einige Primaner[5] vor dem Tor in einer Gartenwirtschaft, was zum Schluss der Turnspiele erlaubt war, und sangen. Diederich hatte den Platz neben seinem

---

[1] um den Hals geknotetes Tuch, Vorgänger der Krawatte
[2] Bartmode, bestehend aus einem Kinnbart und einem an den Enden gezwirbelten Schnauzbart
[3] heutzutage: 8. Jahrgangsstufe
[4] Klassenbester
[5] heutzutage Schüler der 12. und 13. Jahrgangsstufe

Opfer gesucht. Einmal, als ausgetrunken war, ließ er die Rechte vom Krug herab auf die des anderen gleiten, sah ihm treu in die Augen und stimmte in Basstönen¹, die von Gemüt schleppten, ganz allein an:

> „Ich hatt einen Kameraden,
> Einen bessern findst du nit ..."²

Übrigens genügte er bei zunehmender Schulpraxis in allen Fächern, ohne in einem das Maß des Geforderten zu überschreiten oder auf der Welt irgendetwas zu wissen, was nicht im Pensum³ vorkam. Der deutsche Aufsatz war ihm das Fremdeste, und wer sich darin auszeichnete, gab ihm ein unerklärtes Misstrauen ein.

Seit seiner Versetzung nach Prima⁴ galt seine Gymnasialkarriere für gesichert, und bei Lehrern und Vater drang der Gedanke durch, er solle studieren. Der alte Heßling, der sechsundsechzig und einundsiebzig⁵ durch das Brandenburger Tor eingezogen war, schickte Diederich nach Berlin.

Heinrich Mann: Der Untertan. Westermann: Braunschweig 2021.

---

1 tiefster Ton eines Klanges
2 Lied vom guten Kameraden; bis heute gebräuchliches militärisches Trauerlied
3 Lehrstoff
4 veraltet für Oberstufe am Gymnasium
5 Die Siege Preußens im Krieg gegen Österreich 1866 und gegen Frankreich 1870/1871 wurden durch Soldateneinmärsche in der Hauptstadt Berlin gefeiert.

Bewertungsbogen für _____

1. Verstehensleistung

Teilaufgabe 1 Die Schülerin/Der Schüler	max. Punktzahl	erreichte Punkte
formuliert eine funktionalisierte Einleitung: Autor, Titel, Gattung, Entstehungszeit, Epochenzuordnung, zentrales Thema/zentraler Konflikt	3	
stellt den Protagonisten vor und ordnet den Romanauszug in den Gesamtzusammenhang ein: • Diederich Heßling: durch Vorerfahrungen mit „furchtbaren Gewalten" (S. 7) verängstigtes Kind • Schule als früher Sozialisationsort, im Handlungsverlauf des Romans eingebettet zwischen den primären familiären Erfahrungen mit Macht und der Studentenzeit Heßlings	5	
beschreibt die Schulerfahrungen des Protagonisten und verbindet damit eine knappe Inhaltsangabe, z. B.: 1) Diederich sieht zu autoritären Lehrern auf und verhält sich ihnen gegenüber gefügig, nachgiebige Lehrer dagegen verachtet er (vgl. S. 7). 2) Diederich erlebt, dass auch die Lehrer sich ihrerseits noch höheren Gewalten unterordnen müssen (vgl. S. 8). 3) Die in der Schule beobachteten Strukturen verarbeitet Diederich durch Nachspielen mit seinen Geschwistern (vgl. S. 8). 4) Als er einen jüdischen Mitschüler demütigt, fühlt sich Diederich im Einklang mit der Gemeinschaft. (vgl. S. 10) 5) Durch das Denunzieren seiner Klassenkameraden erwirbt Diederich sich das Wohlwollen der Lehrer (vgl. S. 10). 6) Diederich besteht das Abitur, wobei sich sein Wissen rein auf das schulische Lernpensum beschränkt (vgl. S. 11).	6	
beschreibt und deutet die Machterfahrungen des Protagonisten in der Schule: • Schule ist für Diederich eine auf Hierarchien und Ausübung von Macht basierende Einrichtung. • In dieser Hierarchie kommt er am besten voran, wenn er sich den Mächtigen kompromisslos unterordnet und sich bei ihnen anbiedert. Pädagogen, die nicht auf Macht setzen, sondern Menschlichkeit vorleben, verachtet er als schwach. • Die Machterfahrungen in der Schule adaptiert Diederich, indem er sie zu Hause nachspielt. • Gegenüber seinen Mitschülern empfindet Diederich keinerlei Solidarität. Im Denunziantentum sieht er auch die eigene versteckte Lust abgegolten, Autoritäten herauszufordern. • Das Ausgrenzen gesellschaftlicher Randgruppen verschafft Diederich ein Gefühl der Zugehörigkeit zu einem größeren Ganzen. • In der Schulzeit erwirbt Diederich keine persönliche Bildung, sondern er paukt nur das Nötige, um im System voranzukommen. Der Deutschaufsatz, der selbstständiges Denken voraussetzt und fördert, ist ihm dagegen suspekt.	11	
erarbeitet die Merkmale der sprachlich-stilistischen Gestaltung des Romanauszugs im Hinblick auf ihre Funktion, insbesondere: • In den wörtlichen Reden Diederichs dominieren herrische Formulierungen. • Die vom Erzähler eingesetzte Metaphorik verbildlicht die Wirkweisen von Macht („Strafgericht", S. 7, „maschinellen Organismus", S. 7, „Räderwerk", S. 8 ...). • Übertreibungen erzeugen eine satirische Wirkung („Verheerung in den Zeugnissen", S. 7, „Denn durch ihn handelte die Christenheit von Netzig.", S. 10).	8	

© Westermann Gruppe
Best.-Nr. 022778

	max. Punktzahl	erreichte Punkte
fasst im Schlussteil die Ergebnisse zusammen und zieht ein Fazit: Der Romanauszug beschreibt mit der Schule eine wesentliche Sozialisationsinstanz, in der Diederich die zentralen Aspekte seiner Untertanenmentalität ausbildet: Hörigkeit und Unterwürfigkeit gegenüber der Macht, kompensiert durch Machtmissbrauch gegenüber Schwächeren.	6	
bezieht textexterne Aspekte und Zugänge zum Roman in die Darstellung ein, z. B.: das auch in der historischen Wirklichkeit auf Autorität, Gehorsam und nationale Erziehung aufbauende Bildungssystem des Kaiserreichs oder die gescheiterte Schulkarriere Heinrich Manns	6	
Summe Teilaufgabe 1	**45**	

Teilaufgabe 2 Die Schülerin/Der Schüler	max. Punktzahl	erreichte Punkte
erläutert das Zitat im Zusammenhang des Romanausschnitts.	10	
bewertet das Machtverständnis Heßlings kritisch, z. B. durch folgende Aspekte: • „Treten" impliziert, dass Macht immer ein Opfer braucht. • Heßling betrachtet Machtausübung als Selbstzweck ohne Reflexion der damit verbundenen Verantwortung. • Für Heßling ist Macht die Kompensation seines Minderwertigkeitsgefühls. • Heßling lässt die Frage nach Legitimierung von Macht außer Acht. • Macht in der Definition Heßlings erzeugt einen willfährigen Untertanengeist.	17	
Summe Teilaufgabe 2	**27**	
Summe Verstehensleistung	**72**	

2. Darstellungsleistung

Anforderungen Die Schülerin/Der Schüler	max. Punktzahl	erreichte Punkte
strukturiert ihren/seinen Text kohärent, schlüssig, stringent und gedanklich klar: • angemessene Gewichtung der Teilaufgaben in der Durchführung • gegliederte und angemessen gewichtete Anlage der Arbeit • schlüssige Verbindung der einzelnen Arbeitsschritte • schlüssige gedankliche Verknüpfung von Sätzen	6	
formuliert unter Beachtung der fachsprachlichen und fachmethodischen Anforderungen: • Trennung von Handlungs- und Metaebene • begründeter Bezug von beschreibenden, deutenden und wertenden Aussagen • Verwendung von Fachtermini in sinnvollem Zusammenhang • Beachtung der Tempora • korrekte Redewiedergabe (Modalität)	6	
belegt Aussagen durch angemessenes und korrektes Zitieren: • sinnvoller Gebrauch von vollständigen oder gekürzten Zitaten in begründender Funktion	3	
drückt sich allgemeinsprachlich präzise, stilistisch sicher und begrifflich differenziert aus: • sachlich-distanzierte Schreibweise • Schriftsprachlichkeit • begrifflich abstrakte Ausdrucksfähigkeit	5	
formuliert lexikalisch und syntaktisch sicher, variabel und komplex (und zugleich klar).	5	
schreibt sprachlich richtig.	3	
Summe Darstellungsleistung	**28**	

Bewertung:	max. Punktzahl	erreichte Punktzahl
Summe insgesamt (Verstehens- und Darstellungsleistung):	100	

Kommentar:

_____

_____

_____

_____

_____

_____

_____

_____

_____

_____

Die Arbeit wird mit der Note _____ **beurteilt.**

Datum: _____ Unterschrift: _____

Bepunktung

Note	Punkte	erreichte Punktzahl
sehr gut plus	15	100 – 95
sehr gut	14	94 – 90
sehr gut minus	13	89 – 85
gut plus	12	84 – 80
gut	11	79 – 75
gut minus	10	74 – 70
befriedigend plus	9	69 – 65
befriedigend	8	64 – 60
befriedigend minus	7	59 – 55
ausreichend plus	6	54 – 50
ausreichend	5	49 – 45
ausreichend minus	4	44 – 39
mangelhaft plus	3	38 – 33
mangelhaft	2	32 – 27
mangelhaft minus	1	26 – 20
ungenügend	0	19 – 0

© Westermann Gruppe
Best.-Nr. 022778

Zusatzmaterial

Klausurvorschlag 2 mit Bewertungsbogen

Name:	Schule:	Lehrkraft:
Klasse:		Arbeitszeit:

Thema der Unterrichtsreihe:
Heinrich Mann: Der Untertan

Aufgabenart:
Analyse eines literarischen Textes mit weiterführendem Schreibauftrag (IIA)

Aufgaben

1. Beschreiben und deuten Sie den Abschnitt S. 70, Z. 11 („Eines Abends im Mai …") – S. 73, Z. 26 („… nicht gemuckt hatte.") unter inhaltlichen und sprachlichen Gesichtspunkten.

2. Wolfgang Buck beschreibt den Kaiser als einen Schauspieler, der eine „Rolle" (S. 72, Z. 9) spielt. Zeigen Sie an selbstgewählten Textstellen, dass Diederich Heßling seinerseits zunehmend die Rolle des Kaisers adaptiert.

Hinweise:

- Nehmen Sie sich ausreichend Zeit für die Vorbereitung (Textbearbeitung, Stichworte, Gliederung der Analyse etc.) und die Nachbereitung der Verschriftlichung (sorgfältiges Überprüfen von sprachlicher Richtigkeit und Gedankenführung).

- Bedenken Sie, dass die sprachliche Darstellungsleistung (Struktur, Ausdruck, Satzbau, Zitierweise sowie formale Richtigkeit) einen hohen Anteil der Bewertung ausmacht.

Erlaubte Hilfsmittel:

- Deutsches Rechtschreibwörterbuch
- Kopie der Textszene

Viel Erfolg!

Text

Eines Abends im Mai, wie er verspätet heimkam, traf er vor der Tür einen jungen Mann in Einjährigenuniform, der ihn zögernd ansah. „Herr Diederich Heßling?" – „Ach ja", stammelte Diederich, „Sie – du – Sie sind wohl Herr Wolfgang Buck?"

Der jüngste Sohn des großen Mannes von Netzig hatte sich endlich entschlossen, dem Befehl
5 seines Vaters zu folgen und Diederich aufzusuchen. Diederich nahm ihn mit hinauf, er fand so schnell keinen Vorwand, um ihn zu entfernen, und drinnen saß Agnes! Im Flur sprach er laut, damit sie es höre und sich verstecke. Mit Bangen öffnete er. Im Zimmer war niemand; auch ihr Hut lag nicht auf dem Bett; aber Diederich wusste wohl: Sie war noch soeben da gewesen. Er sah es dem Stuhl an, der nicht ganz am Fleck stand, er fühlte es in der Luft, die noch leise zu schwingen
10 schien vom Hindurchstreifen ihres Kleides. Sie musste in dem fensterlosen kleinen Gelass[1] sein, wo sein Waschtisch stand. Er schob einen Sessel davor und murrte, unwirsch vor Verlegenheit, über die Wirtin, die nicht aufräume. Wolfgang Buck meinte, er komme wohl ungelegen. „O nein!", versicherte Diederich. Er lud den Gast zum Sitzen ein und brachte Kognak. Buck entschuldigte sich wegen der ungewöhnlichen Stunde; der Dienst lasse ihm keine Wahl. „Das kennen wir", sag-
15 te Diederich; und um Fragen zuvorzukommen, berichtete er sofort, dass sein Jahr schon hinter ihm liege. Er sei begeistert vom Militär, es sei das Wahre. Wer ganz dabeibleiben könnte! Leider riefen ihn Familienpflichten. Buck lächelte, ein weiches, skeptisches Lächeln, das Diederich missfiel. „Nun ja, die Offiziere: man ist wenigstens unter Leuten mit guten Manieren."

„Sie verkehren mit ihnen?", fragte Diederich, und er meinte es höhnisch. Aber Buck erklärte ein-
20 fach, dass er zuweilen in die Offiziersmesse geladen werde. Er zuckte die Achseln. „Ich gehe hin, weil ich es für nützlich halte, mich in allen Lagern umzusehen. Andererseits verkehre ich viel mit Sozialisten." Er lächelte wieder. „Manchmal möchte ich nämlich General werden und manchmal Arbeiterführer. Auf welche Seite ich schließlich fallen werde, darauf bin ich selbst neugierig." Und er trank das zweite Glas Kognak aus. ‚Ein ekelhafter Mensch', dachte Diederich. ‚Und Agnes in der
25 Dunkelkammer!' Er sagte: „Mit Ihren Mitteln steht es Ihnen ja frei, sich in den Reichstag wählen zu lassen oder was Ihnen sonst Spaß macht. Ich bin auf praktische Arbeit angewiesen. Die Sozialdemokratie betrachte ich übrigens als meinen Feind, denn sie ist der Feind des Kaisers."

„Wissen Sie das so genau?", fragte darauf Buck. „Ich traue eher dem Kaiser eine heimliche Liebe für die Sozialdemokratie zu. Er wäre gern selbst der erste Arbeiterführer geworden. Sie haben nur
30 nicht gewollt."

Diederich empörte sich. Das sei beleidigend für Seine Majestät. Aber Buck ließ sich nicht stören. „Erinnern Sie sich nicht, wie er Bismarck gegenüber gedroht hat, er wolle den reichen Leuten seinen militärischen Schutz entziehen? Er hat, wenigstens anfangs, gradesolche Ranküne[2] gegen die Reichen gehabt wie die Arbeiter – wenn auch natürlich aus abweichenden Gründen, weil er
35 sich nämlich schwer damit abfindet, dass auch andere Macht haben."

Den Ausrufen, die in Diederichs Mienen standen, kam Buck zuvor. „Glauben Sie bitte nicht", sagte er lebhafter, „dass Antipathie[3] aus mir spricht. Es ist im Gegenteil Zärtlichkeit: eine Art feindlicher Zärtlichkeit, wenn Sie wollen."

„Verstehe ich nicht", sagte Diederich.

40 „Nun ja: wie man sie für jemand hat, bei dem man seine eigenen Fehler wiederfindet, oder nennen Sie es Tugenden. Jedenfalls sind wir jungen Leute jetzt alle so wie unser Kaiser, dass wir nämlich unsere Persönlichkeit ausleben möchten und doch ganz gut fühlen, Zukunft hat nur die Masse. Einen Bismarck wird es nicht mehr geben und auch keinen Lassalle[4] mehr. Vielleicht sind es die Begabteren unter uns, die sich das heute noch ableugnen möchten. Er jedenfalls möchte es sich ab-
45 leugnen. Und wenn einem solche Unmenge Macht in den Schoß gefallen ist, wäre es auch wirklich Selbstmord, sich nicht zu überschätzen. Aber in tiefster Seele hat er sicher seine Zweifel an der Rolle, die er sich zumutet."

---

[1] enger Nebenraum
[2] heimlicher Groll
[3] Abneigung
[4] Ferdinand Lasalle (1825 – 1864), deutscher Sozialist, führende Figur in der Arbeiterbewegung

„Rolle?", fragte Diederich. Buck merkte es gar nicht.

„Denn die kann ihn weit führen, da sie in der Welt, wie sie heute nun einmal ist, verdammt paradox wirken muss. Diese Welt erwartet von keinem Einzelnen irgend mehr als von seinem Nachbarn. Auf Niveau¹ kommt es an, nicht auf Auszeichnung, und am allerwenigsten auf große Männer."

„Erlauben Sie!" Diederich warf sich in die Brust. „Und das Deutsche Reich, hätten wir das ohne große Männer? Hohenzollern² sind immer große Männer." – Buck verzog schon wieder den Mund, wehmütig und skeptisch. „Dann müssen sie sich in Acht nehmen. Und wir andern auch. Der Kaiser steht, auf seine Verhältnisse übertragen, vor derselben Frage wie ich. Soll ich General werden und mein ganzes Leben auf einen Krieg einrichten, der voraussichtlich nie mehr geführt werden wird? Oder ein womöglich genialer Volksführer, während das Volk doch schon so weit ist, dass es auf die Genies verzichten kann? Beides wäre Romantik³, und Romantik führt bekanntlich zum Bankerott.⁴" Buck trank zwei Kognaks nacheinander.

„Was soll ich also werden?"

‚Ein Alkoholiker', dachte Diederich. Er fragte sich, ob es nicht seine Pflicht sei, Buck einen Krach zu machen. Aber Buck trug Uniform! Auch würde der Lärm vielleicht Agnes hervorgescheucht haben, und was konnte dann alles entstehen. Immerhin beschloss er, sich Bucks Äußerungen genau zu merken. Dachte der Mensch mit solchen Gesinnungen Karriere zu machen? Diederich erinnerte sich, dass auf der Schule Bucks deutsche Aufsätze, die zu geistreich waren, ihm ein unerklärtes, aber tiefes Misstrauen eingegeben hatten. ‚Stimmt', dachte er, ‚so ist er geblieben. Ein Schöngeist. Die ganze Familie ist so.' Die Frau des alten Buck war eine Jüdin gewesen, die Theater gespielt hatte. Und Diederich fühlte sich nachträglich gedemütigt durch das herablassende Wohlwollen des alten Buck, beim Begräbnis seines Vaters. Auch der junge demütigte ihn, fortwährend und mit allem: mit seinen überlegenen Redensarten, seinen Manieren, seinem Verkehr bei den Offizieren. War er ein Herr von Barnim? Er war auch nur aus Netzig. ‚Ich hasse die ganze Familie!' Und Diederich betrachtete aus gekniffenen Lidern dies fleischige Gesicht mit der weich gebogenen Nase und den feucht glänzenden Augen, die sannen. Buck stand auf. „Nun, wir sehen uns zu Hause wieder. Nächstes oder übernächstes Semester mache ich mein Examen, und was bleibt dann weiter übrig, als Rechtsanwalt spielen in Netzig … Und Sie?", fragte er. Diederich erklärte streng, dass er seine Zeit nicht zu verlieren und noch im Sommer seine Doktorarbeit abzuschließen denke. Damit führte er Buck hinaus. ‚Ein dummer Kerl bist du doch nur', dachte er. ‚Merkst gar nicht, dass ich ein Mädchen bei mir habe.' Er kehrte zurück, froh seiner Überlegenheit über Buck und auch über Agnes, die im Dunkeln gewartet und nicht gemuckt hatte.

Heinrich Mann: Der Untertan. Westermann: Braunschweig 2021.

---

1   hier: geistige Reife, Stil
2   bedeutendes deutsches Adelsgeschlecht, im deutschen Kaiserreich die Kaiser stellend
3   hier: Schwärmerei
4   Bankerott, Bankrott: finanzieller Ruin

Bewertungsbogen für _____

1. Verstehensleistung

Teilaufgabe 1 Die Schülerin/Der Schüler	max. Punktzahl	erreichte Punkte
formuliert eine funktionalisierte Einleitung: Autor, Titel, Gattung, Entstehungszeit, Epochenzuordnung, zentrales Thema/zentraler Konflikt	3	
stellt die Protagonisten vor und ordnet den Romanauszug in den Gesamtzusammenhang ein: • Diederich Heßling: Doktorand in Chemie, strebt Macht und Prestige durch eine angepasste bürgerliche Karriere an • Wolfgang Buck: zum Zeitpunkt des Aufeinandertreffens Jurastudent, der seinen einjährigen Militärdienst ableistet, ist auf der Suche nach der Richtung in seinem Leben • Romanauszug zeigt Teil der Berliner Studentenzeit Diederich Heßlings. Begegnung mit Buck ist eingebettet in die Beziehungsepisode zwischen Heßling und Agnes Göppel, die sich während der Begegnung im Hinterzimmer von Heßlings Wohnung versteckt.	6	
beschreibt den Romanauszug, indem sie/er den Auszug in sinnvolle Abschnitte gliedert und damit eine knappe Inhaltangabe verbindet, z. B.: 1. Abschnitt: Beim Empfang Bucks in seiner Wohnung ist Heßling vor allem bestrebt, Buck durch eine glatte bürgerliche Fassade zu beeindrucken. 2. Abschnitt: Der weltanschaulich stark festgelegte Diederich zeigt sich fassungslos gegenüber Bucks offener und spielerischer Identitätssuche. 3. Abschnitt: Buck stellt das von Heßling kritiklos propagierte Kaiserbild infrage, indem er die kaiserliche Pose eines Anführers der Massen als bloße „Rolle" (S. 72, Z. 9) einstuft. 4. Abschnitt: Heßling macht sein Unbehagen gegenüber Buck an seiner Verachtung für seine ganze Familie fest.	8	
analysiert und deutet die unterschiedlichen Positionen der beiden Protagonisten: 1) Diederich Heßling: Er benötigt zur Stabilisierung seiner Identität den Kaiser als idealisierte und verabsolutierte Vorbildfigur, an der er keinerlei Zweifel zulässt, sowie ein an den Kaiser geknüpftes Freund-Feind-Bild. Seine Identität trägt damit uneigentlichen Charakter. 2) Wolfgang Buck: Er ist als junger Mensch noch auf der Suche nach sich selbst und versucht sich daher in verschiedenen Identitäten. Den daraus entstehenden Widersprüchen ist seine Persönlichkeit gewachsen. Folgerichtig wechselt er im späteren Verlauf der Handlung von der bürgerlichen Anwaltskarriere in den Schauspielberuf.	10	
erarbeitet die Merkmale der jeweiligen Figurenrede im Hinblick auf ihre Funktion für die Figurencharakterisierung: 1) Diederich Heßling: Seine Sprache ist geprägt durch apodiktische Feststellungen („Hohenzollern sind immer große Männer", S. 72, Z. 17). Die Auseinandersetzung mit Buck erregt ihn emotional, wie seine wütenden und empörten Reaktionen zeigen („Erlauben Sie!", S. 72, Z. 16). Des Weiteren spielt sich ein wesentlicher Teil seiner Kommunikation versteckt ab, weil er seine abwertenden Ansichten über Wolfgang Buck nur denkt und nicht laut ausspricht. Seine Nachfragen („Rolle?", S. 72, Z. 10) verraten, dass er den intellektuellen Ausführungen seines Gesprächspartners inhaltlich kaum folgen kann. 2) Wolfgang Buck: Seine reflektierte Weltsicht drückt sich in einem differenzierten und komplexen Satzbau aus. Der mehrfache Gebrauch von Fragen zeigt Buck als nachdenklichen Menschen. Ebenso wie sein Denken hält auch seine Sprache Gegensätze aus („feindlicher Zärtlichkeit", S. 71, Z. 30 f.).	8	

	max. Punktzahl	erreichte Punkte
bewertet den Textausschnitt für die Romanhandlung und zieht ein Fazit: • Die Textstelle entlarvt den engstirnigen Identitätsentwurf Diederich Heßlings. • Heßling ist ein unaufrichtiger Charakter und nur zu verdruckster Kommunikation fähig. • Die Textstelle bietet ein Deutungsangebot des theatralisch auftretenden Kaisers als Rollenspieler.	6	
erkennt die Haltung des Autors zu seinem Buch und zu seiner Hauptfigur, z. B.: • Heinrich Mann ist wie Wolfgang Buck selbst ein Künstler und als solcher ein Kritiker des Kaiserreichs, der Untertanenmentalität sowie des Kults um den Kaiser.	4	
Summe Teilaufgabe 1	**45**	

Teilaufgabe 2 Die Schülerin/Der Schüler	max. Punktzahl	erreichte Punkte
erläutert das Zitat im Zusammenhang des Romanausschnitts.	10	
legt am Text dar, dass Diederich Heßling selbst immer mehr zum Schauspieler wird. Mögliche Aspekte: • Heßling übernimmt das Aussehen des Kaisers (vgl. S. 89). • Heßling spricht im Namen des Kaisers (vgl. S. 141). • Heßling erscheint dem alten Buck als Kaiser in Uniform (vgl. S. 412).	17	
Summe Teilaufgabe 2	**27**	
Summe Verstehensleistung	**72**	

2. Darstellungsleistung

Anforderungen Die Schülerin/Der Schüler	max. Punktzahl	erreichte Punkte
strukturiert ihren/seinen Text kohärent, schlüssig, stringent und gedanklich klar: • angemessene Gewichtung der Teilaufgaben in der Durchführung • gegliederte und angemessen gewichtete Anlage der Arbeit • schlüssige Verbindung der einzelnen Arbeitsschritte • schlüssige gedankliche Verknüpfung von Sätzen	6	
formuliert unter Beachtung der fachsprachlichen und fachmethodischen Anforderungen: • Trennung von Handlungs- und Metaebene • begründeter Bezug von beschreibenden, deutenden und wertenden Aussagen • Verwendung von Fachtermini in sinnvollem Zusammenhang • Beachtung der Tempora • korrekte Redewiedergabe (Modalität)	6	
belegt Aussagen durch angemessenes und korrektes Zitieren: • sinnvoller Gebrauch von vollständigen oder gekürzten Zitaten in begründender Funktion	3	
drückt sich allgemeinsprachlich präzise, stilistisch sicher und begrifflich differenziert aus: • sachlich-distanzierte Schreibweise • Schriftsprachlichkeit • begrifflich abstrakte Ausdrucksfähigkeit	5	
formuliert lexikalisch und syntaktisch sicher, variabel und komplex (und zugleich klar).	5	
schreibt sprachlich richtig.	3	
Summe Darstellungsleistung	**28**	

Bewertung:	max. Punktzahl	erreichte Punkte
Summe insgesamt (Verstehens- und Darstellungsleistung):	100	

Kommentar:

_____

_____

_____

_____

_____

_____

_____

_____

_____

Die Arbeit wird mit der Note _____ **beurteilt.**

Datum: _____ Unterschrift: _____

Bepunktung

Note	Punkte	erreichte Punktzahl
sehr gut plus	15	100 – 95
sehr gut	14	94 – 90
sehr gut minus	13	89 – 85
gut plus	12	84 – 80
gut	11	79 – 75
gut minus	10	74 – 70
befriedigend plus	9	69 – 65
befriedigend	8	64 – 60
befriedigend minus	7	59 – 55
ausreichend plus	6	54 – 50
ausreichend	5	49 – 45
ausreichend minus	4	44 – 39
mangelhaft plus	3	38 – 33
mangelhaft	2	32 – 27
mangelhaft minus	1	26 – 20
ungenügend	0	19 – 0

© Westermann Gruppe
Best.-Nr. 022778

Vorschläge für eine selbstständige Seminar- oder Facharbeit

1. Wolfgang Buck – eine Gegenfigur zu Diederich Heßling?

2. „Es gehört nicht viel Fantasie dazu zu erkennen, dass Heinrich Manns „Untertan" zu einem Teil zumindest gegen Thomas Manns „Buddenbrooks" angeschrieben worden ist, bei aller Übereinstimmung in der grundsätzlichen Diagnose des Verfalls."[1] (Helmut Koopmann)
Erarbeiten Sie eine selbstständige Beurteilung dieser These.

3. Diederich Heßling – ein Fall für die Couch? Diederich Heßling als autoritärer Charakter im Sinne der Sozialpsychologie
(Als Grundlage kann dem Bearbeiter/der Bearbeiterin der Text „Diederich Heßlings autoritärer Charakter" von Jochen Vogt an die Hand gegeben werden; s. bibliografische Angaben im Literaturverzeichnis, S. 146; möglich ist auch ein Verweis auf das Interview mit Erich Fromm, s. S. 56)

4. Heinrich Manns „Der Untertan" und die Novelle „Katz und Maus" von Günter Grass: Motivvergleich „Kaiser" und „Ritterkreuz"

5. „War die wilhelminische Gesellschaft eine Untertanengesellschaft?" – Die Darstellung des Kaiserreichs im Roman „Der Untertan" im Urteil eines modernen Historikers
(bibliografische Angabe zum gleichnamigen Aufsatz von Thomas Nipperdey im Literaturverzeichnis, S. 145)

6. „Der Untertan" von Heinrich Mann und „Imperium" von Christian Kracht: Vergleich der beiden Hauptfiguren Diederich Heßling und August Engelhardt
(bibliografische Angabe: Christian Kracht: Imperium, Köln 2012)

7. „Der Untertan" auf der Bühne? – Vorschläge für eine szenische Umsetzung des Stoffes durch die Theatergruppe der Schule

8. Heinrich Mann und die DDR: Künstlerisch gefördert oder politisch missbraucht?

---

[1] Koopmann, Helmut: Heinrich Mann – Der Untertan oder die Begründung der Macht aus dem Geiste des Katechismus, in: Heinrich-Mann-Jahrbuch 10 (1992), S. 75–93, hier S. 89.

Literaturverzeichnis

Textausgabe

Heinrich Mann: Der Untertan. Westermann: Braunschweig 2021.

Weitere Werke des Autors

Mann, Heinrich: Ein Jahrhundert wird besichtigt, Reinbek b. Hamburg 1976.
Mann, Heinrich: Geist und Tat, in: Geist und Tat. Essays über Franzosen, Frankfurt a. Main1981, S. 9 – 16.
Mann, Heinrich: „Kaiserreich und Republik", in: ders.: Politische Essays, Frankfurt a. Main 1977, S. 20 – 57.

Verfilmung

Der Untertan, DDR 1951; Regie: Wolfgang Staudte

Literatur

Arntzen, Helmut: Die Reden Wilhelms II. und Diederich Heßlings. Historisches Dokument und Heinrich Manns Romansatire. In: Literatur für Leser, 1980. S. 1 – 14.
Betz, Frederick: Heinrich Mann, Der Untertan. Erläuterungen und Dokumente, Stuttgart 1993.
Brummack, Jürgen: Zu Begriff und Theorie der Satire, in: Deutsche Vierteljahresschrift für Literaturwissenschaft und Geistesgeschichte, Sonderheft 1971, S. 275 – 377.
Dirksen, Edgar: Autobiographische Züge in Romanen Heinrich Manns, in: Orbis Litterarum 21 (1966), S. 321 – 332.
Emmerich, Wolfgang: Heinrich Mann, Der Untertan, München ³1984.
Flügge, Manfred: Heinrich Mann. Eine Biographie, Reinbek b. Hamburg 2006.
Haupt, Jürgen: Heinrich Mann, Stuttgart 1980 (= Sammlung Metzler 189).
Johann, Ernst (Hrsg.): Reden des Kaisers. Ansprachen, Predigten und Trinksprüche Wilhelms II., München 1966.
Kesting, Hanjo: Heinrich und Thomas Mann. Ein deutscher Bruderzwist, aus den Quellen dokumentiert, Göttingen 2003.
König, Hanno: Heinrich Mann. Der Dichter als Moralist, Tübingen 1972.
Koopmann, Helmut: Heinrich Mann und die politische Satire, in: Heinrich Mann-Jahrbuch 12 (1994), S. 75 – 93.
Koopmann, Helmut: Heinrich Mann und Thomas Mann. Die ungleichen Brüder, München 2005.
Krockow, Christian von: Kaiser Wilhelm II. und seine Zeit, Berlin 1999.
Mann, Heinrich: Kaiserreich und Republik, in: Politische Essays, S. 20 – 57, Frankfurt a. Main 1977.
Nägele, Rainer: Theater und kein gutes. Rollenpsychologie und Theatersymbolik in Heinrichs Roman „Der Untertan", in: Colloquia Germanica 7 (1973), S. 28 – 49.
Naumann, Uwe (Hrsg.): Mann oh Mann. Satiren und Parodien zur Familie Mann, Reinbek b. Hamburg 2003.
Nipperdey, Thomas: Deutsche Geschichte 1800 – 1918, 2. Band: 1866 – 1918. Bd. 2/1: Arbeitswelt und Bürgergeist. Bd. 2/2: Machtstaat vor der Demokratie, München 1998.
Nipperdey, Thomas: War die deutsche Gesellschaft eine Untertanengesellschaft, in: ders.: Nachdenken über die deutsche Geschichte. Essays, S. 208 – 223, München ²1991.

Riha, Karl: „Dem Bürger fliegt vom spitzen Kopf der Hut". Zur Struktur des satirischen Romans bei Heinrich Mann, in: Arnold, Heinz Ludwig (Hrsg.): Text + Kritik. Heinrich Mann, München 1971, S. 48–57.
Röhl, John C. G.: Kaiser, Hof und Staat. Wilhelm II. und die deutsche Politik, München 2002.
Röhl, John C. G.: Wilhelm II.. Der Aufbau der persönlichen Monarchie, München 2001.
Scheuer, Helmut: Heinrich Mann: „Der Untertan", in: Interpretationen. Romane des 20. Jahrhunderts, Stuttgart 1993, S. 7–54.
Schneider, Peter-Paul: Nietzsche in Netzig. Ein unbekanntes Notizbuch Heinrich Manns zum „Untertan", in: Heinrich Mann-Jahrbuch 14 (1996), S. 139–164.
Schröter, Klaus: Heinrich Mann in Selbstzeugnissen und Bilddokumenten, Reinbek b. Hamburg neu bearbeitete Aufl. 1983.
Schulze, Hagen: Kleine deutsche Geschichte, München 1998.
Sprengel, Peter: Kaiser und Untertan. Zur Genese von Heinrich Manns Roman, in: Heinrich-Mann-Jahrbuch 10 81992), S. 57–73.
Vogt, Jochen: Diederich Heßlings autoritärer Charakter. Sozialpsychologisches im „Untertan", in: Arnold, Heinz Ludwig (Hrsg.): Heinrich Mann, München 1971, S. 70–81.
Wisskirchen, Hans: Die Familie Mann, Reinbek 1999.
Wisskirchen, Hans: Heinrich Mann, „Der Untertan": Epochenroman oder Satire?, in: Heinrich Mann-Jahrbuch 11 (1993), S. 53–72.

Übersicht Webcodes

zum Unterrichtsmodell Einfach Deutsch „Heinrich Mann: Der Untertan, Neubearbeitung" (022778)

Baustein	Arbeitsblatt/ Zusatzmaterial	Name	Seite im Unterrichtsmodell	Webcode
Baustein 1	Arbeitsblatt 1	„Zitateteppich"	S. 30	SNG-22778-101
Baustein 1	Arbeitsblatt 2	Ein Szenenbild	S. 31	SNG-22778-293
Baustein 1	Arbeitsblatt 3	Ein Überblick über die Romanhandlung	S. 32–33	SNG-22778-981
Baustein 1	Arbeitsblatt 4	Thomas Andre: Diesen „Mann" muss man auch heute noch lesen	S. 34–35	SNG-22778-753
Baustein 1	Arbeitsblatt 5	Frank Walter Steinmeier – Rede anlässlich des 150. Geburtstags von Heinrich Mann	S. 36	SNG-22778-642
Baustein 1	Arbeitsblatt 6	Literarisches Alphabet	S. 39	SNG-22778-513
Baustein 1	Arbeitsblatt 7	Persönliche Einschätzungen	S. 40	SNG-22778-392
Baustein 1	Arbeitsblatt 8a	Interview mit Diederich Heßling – Die identifikatorische Perspektive	S. 41	SNG-22778-154
Baustein 1	Arbeitsblatt 8b	Interview mit einem Leser oder einer Leserin über Diederich Heßling – Die kritische Perspektive	S. 42	SNG-22778-811
Baustein 1	Arbeitsblatt 9	Test zum Text (+ Lösung)	S. 43–44	SNG-22778-448
Baustein 1	Arbeitsblatt 10	Persönliche Wertungen	S. 45	SNG-22778-135
Baustein 2	Arbeitsblatt 11	Die Charakterisierung des kleinen Diederich (S. 4) – Eine Analyse der sprachlichen Gestaltung	S. 73	SNG-22778-594
Baustein 2	Arbeitsblatt 12	Der Begriff der Sozialisation	S. 74	SNG-22778-719
Baustein 2	Arbeitsblatt 13	Erziehung und Sozialisation im Hause Heßling (+ Lösung)	S. 75–76	SNG-22778-143
Baustein 2	Arbeitsblatt 14	Referatsthema zum Textvergleich Heinrich Mann – Franz Kafka	S. 77	SNG-22778-999
Baustein 2	Arbeitsblatt 15	Auszug aus einer Schulordnung	S. 78	SNG-22778-297
Baustein 2	Arbeitsblatt 16	Erich Fromm: Die Entwicklung eines „autoritären Charakters"	S. 79	SNG-22778-144
Baustein 2	Arbeitsblatt 17	Heßling und die „Neuteutonen" (+ Lösung)	S. 80–82	SNG-22778-339
Baustein 2	Arbeitsblatt 18	Heßlings erste Begegnung mit dem Kaiser (+ Lösung)	S. 83–84	SNG-22778-429
Baustein 5	Arbeitsblatt 19	Definition Satire	S. 121	SNG-22778-183
Baustein 5	Arbeitsblatt 20	Heßlings Rede vor seinen Arbeitern – Montagetechnik (+ Lösung)	S. 122–123	SNG-22778-211
Baustein 5	Arbeitsblatt 21	Definition Entwicklungsroman	S. 124	SNG-22778-359

Übersicht Webcodes

Baustein	Arbeitsblatt/ Zusatzmaterial	Name	Seite im Unterrichts-modell	Webcode
Baustein 5	Arbeitsblatt 22	Texterschließung: Erich Mühsam, „Appell an den Geist" (+ Lösung)	S. 125 – 126	SNG-22778-457
	Zusatzmaterial 1	Franz Blei: Der Thomasmann und der Heinrichmann	S. 127	SNG-22778-471
	Zusatzmaterial 2	Viktor Mann über das Korpswesen im Roman „Der Untertan"	S. 128	SNG-22778-583
	Zusatzmaterial 3	Brief von Thomas an Heinrich Mann	S. 129 – 130	SNG-22778-611
	Zusatzmaterial 4	Klausurvorschlag 1 mit Bewertungsbogen	S. 131 – 137	SNG-22778-820
	Zusatzmaterial 5	Klausurvorschlag 2 mit Bewertungsbogen	S. 138 – 143	SNG-22778-622
	Zusatzmaterial 6	Vorschläge für eine selbstständige Seminar- oder Facharbeit	S. 144	SNG-22778-778

Anhang der Textausgabe (022706) (PDF-Dokumente)

Text	Seite in der Textausgabe	Seite im Unterrichts-modell	Webcode
Wichtige Lebensstationen Heinrich Manns	S. 413 – 416	S. 23	SNG-22778-529
Hagen Schulze: Kleine deutsche Geschichte (Auszüge, leicht verändert)	S. 417 – 424	S. 28	SNG-22778-814
Erich Mühsam: Appell an den Geist	S. 425 – 428	S. 115	SNG-22778-993